税法通关宝典

陈 英 编著

苏州大学出版社

图书在版编目(CIP)数据

税法通关宝典/陈英编著;财鑫教育研究院组织编写.—苏州:苏州大学出版社,2020.11(2021.4 重印)
中国注册会计师(CPA)认证应试指导.得"鑫"应"首"系列
ISBN 978-7-5672-3389-8

Ⅰ.①税… Ⅱ.①陈… ②财… Ⅲ.①税法-中国-资格考试-自学参考资料 Ⅳ.①D922.22

中国版本图书馆 CIP 数据核字(2020)第 208277 号

税法通关宝典

陈 英 编著

责任编辑 孙志涛

苏州大学出版社出版发行
(地址:苏州市十梓街1号 邮编:215006)
苏州工业园区美柯乐制版印务有限责任公司印装
(地址:苏州工业园区东兴路7-1号 邮编:215021)

开本 787mm×1 092mm 1/16 印张 16.75 字数 367 千
2020 年 11 月第 1 版 2021 年 4 月第 2 次修订印刷
ISBN 978-7-5672-3389-8 定价:82.00 元

苏州大学版图书若有印装错误,本社负责调换
苏州大学出版社营销部 电话:0512-67481020
苏州大学出版社网址 http://www.sudapress.com
苏州大学出版社邮箱 sdcbs@suda.edu.cn

序 言

我国经济体制改革的目标是建立社会主义市场经济体制，与这一体制相适应，要大力发展注册会计师事业。1993年10月，全国人民代表大会常务委员会审议通过了《中华人民共和国注册会计师法》，从法律的高度全面推动了我国注册会计师行业建设和管理的规范化。为了加快注册会计师人才的培养和严格把关我国注册会计师职业资格的取得，我国从1991年开始每年组织一次注册会计师考试。凡是符合报考条件并通过考试，获得中国注册会计师协会非执业会员资格，且在一家会计师事务所任职时间达到要求者，即可申请中国注册会计师执业会员资格，拥有独立从事审计和相关会计鉴证业务的权利。这种注册会计师考试制度不仅向广大考生，而且向全社会很好地宣传了注册会计师事业，扩大了会计服务行业的社会影响力，不仅为注册会计师队伍增添了新鲜血液，而且为我国经济建设培养了大批高质量的会计专业人才。因此，每年有越来越多的青年学子踊跃报名参加中国注册会计师考试。

目前，中国注册会计师考试分为专业阶段和综合阶段。专业阶段主要测试考生对于注册会计师执业所需基本知识的掌握程度及其专业技能和职业道德水平；综合阶段则是测试考生是否具备在执业环境中综合运用专业科学知识，遵守职业价值观，正确处理实务问题的能力。只有全部通过专业阶段规定的会计、审计、财务成本管理、公司战略与风险管理、经济法、税法6门考试之后，考生才能参加综合阶段的试卷一、试卷二考试。所以，注册会计师考试是一种具有相当难度的职业资格考试，其通过率不是很高，被人们一致认为在各种职业资格考试中"门槛最高"。因此，凡是通过考试者也被认为是含金量最高的人才，受到企事业单位的热捧。

尽管注册会计师考试不易通过，但报考者仍然热情不减。为了帮助广大考生准备和通过注册会计师专业阶段的考试，财鑫教育组织了一批有丰富授课经验、有热情的中青年教师，结合其自身复习备考和通过考试的心得体会，撰写出一套考试辅导丛书，分为会计、审计、财务成本管理、公司战略与风险管理、经济法、税法6个分册，旨在用生动活泼的语言、图文并茂的形式、案例习题的演练和线上线下的讲解互动，迅速提高考生的解题能力和理解记忆能力。这套丛书的特色在于紧跟考试大纲，较少纠缠于细枝末节，突出各门考试内容的重点、难点、得分点；语言通俗，条理清楚，逻辑紧凑，便于消化理解；淘汰过时的业务和规定，内容紧跟最新法规制度和准则要求。

相信该套丛书一定会成为每一位考生的良师益友，能够为大家顺利通过注册会计师考试提供必要的帮助。作为一名从教38年的会计专业教师和注册会计师协会会员，我将此书推荐给你们，预祝越来越多的考生早日实现自己的追求！

北京国家会计学院　于长春

目 录

- **第一部分 知识点总结**

  第一章 税法总论 / 1

  第二章 增值税法 / 5

  第三章 消费税法 / 14

  第四章 企业所得税法 / 18

  第五章 个人所得税法 / 28

  第六章 城市维护建设税法和烟叶税法 / 36

  第七章 关税法和船舶吨税法 / 37

  第八章 资源税法和环境保护税法 / 42

  第九章 城镇土地使用税法和耕地占用税法 / 44

  第十章 房产税法、契税法和土地增值税法 / 47

  第十一章 车辆购置税法、车船税法和印花税法 / 52

- **第二部分 章节课后精练**

  第一章 税法总论 / 55

  第二章 增值税法 / 58

  第三章 消费税法 / 77

  第四章 企业所得税法 / 88

  第五章 个人所得税法 / 104

  第六章 城市维护建设税法和烟叶税法 / 118

  第七章 关税法和船舶吨税法 / 122

  第八章 资源税法和环境保护税法 / 130

  第九章 城镇土地使用税法和耕地占用税法 / 137

  第十章 房产税法、契税法和土地增值税法 / 142

第十一章　车辆购置税法、车船税法和印花税法　/158

第十二章　国际税收税务管理实务　/168

第十三章　税收征收管理法　/177

第十四章　税务行政法制　/181

■ 第三部分　模拟试卷

模拟试卷一　/184

模拟试卷二　/199

■ 第四部分　历年试卷精析

2018年注册会计师考试税法真题　/214

2019年注册会计师考试税法真题　/230

2020年注册会计师考试税法真题　/246

第一部分 知识点总结

第一章 税法总论

考情分析

题型为单选题和多选题,分值为3分左右。

重点内容

税法原则和税收执法。

【鑫考点1】税法及其特征

一、税收及其内涵

1. 税收是政府为了满足社会公共需要,凭借政治权力,强制、无偿地取得财政收入的一种形式。
2. 税收内涵:
(1) 税收本质是一种分配关系;
(2) 国家征税的依据是政治权力;
(3) 国家课征税款的目的是满足社会公共需要。
3. 特征:强制性、无偿性。

二、税法概念及特征

1. 税法是国家制定的用以调整国家与纳税人之间在征纳税方面的权利及义务关系的法律规范的总称。
2. 税法特征:义务性法规;综合性法规。

税法与税收关系:税收的本质特征具体体现为税收制度,而税法则是税收制度的法律表现形式。二者关系概括为:有税必有法,无法不成税。

【鑫考点2】税收法律关系

一、税收法律关系的构成——三方面内容

1. 权利主体。

（1）双主体：

对征税方：税务、海关、财政。

对纳税方：采用属地兼属人原则。

（2）权利主体双方法律地位是平等的，但权利和义务不对等。

2. 权利客体：征税对象。

3. 关系的内容：征、纳双方各自享有的权利和承担的义务。

二、税收法律关系的产生、变更与消灭

税收法律关系的产生、变更与消灭必须有能够引起税收法律关系产生、变更或消灭的客观情况，也就是由税收法律事实来决定。

三、税收法律关系的保护

税收法律关系的保护对权利主体双方是平等的。

【鑫考点3】税法基本原则

1. 税收法定原则——核心基本原则。
2. 税法公平原则。
3. 税收效率原则。
4. 实质课税原则。

【鑫考点4】税法适用原则

法律优位原则	（1）含义：法律的效力高于行政立法的效力； （2）作用：主要体现在处理不同等级税法的关系； （3）效力低的税法与效力高的税法发生冲突，效力低的税法即无效。
法律不溯及既往原则	（1）含义：一部新法实施后，对新法实施之前人们的行为不得适用新法，而只能沿用旧法； （2）目的：维护税法的稳定性和可预测性。
新法优于旧法原则	（1）含义：新法、旧法对同一事项有不同规定时，新法的效力优于旧法； （2）作用：避免因法律修订带来新法、旧法对同一事项有不同的规定而给法律适用带来的混乱。
特别法优于普通法原则	（1）含义：对同一事项两部法律分别订有一般和特别规定时，特别规定效力高于一般规定的效力； （2）应用：居于特别法地位级别较低的税法，其效力可以高于作为普通法的级别较高的税法。
实体从旧、程序从新原则	（1）实体税法不具备溯及力； （2）程序性税法在特定条件下具备一定的溯及力。
程序优于实体原则	（1）含义：在诉讼发生时，税收程序法优于税收实体法适用； （2）目的：确保国家课税权的实现，不因争议的发生而影响税款的及时、足额入库。

【鑫考点 5】税法构成要素

1. 纳税义务人。
（1）自然人、法人、其他组织；
（2）居民纳税人和非居民纳税人；
（3）纳税人与负税人、扣缴义务人关系。
2. 征税对象即纳税客体。

征税对象是区别一种税与另一种税的重要标志，是税法最基本的要素，体现着征税的最基本界限，决定着某一种税的基本征税范围，同时，征税对象也决定了各个不同税种的名称。

税目：对课税对象质的界定，体现征税广度。

税基（计税依据）：对课税对象量的规定。

3. 税率。
4. 纳税期限：关于税款缴纳时间方面的限定。
（1）纳税义务发生时间。
（2）纳税期限。
（3）缴库期限。

【鑫考点 6】税收立法程序

目前我国税收立法程序主要包括以下几个阶段：

1. 提议阶段；
2. 审议阶段；
3. 通过和公布阶段。

【鑫考点 7】我国现行税收执法

征收机关	征收税种
税务系统 （即国家税务总局系统）	增值税、消费税、车辆购置税、企业所得税、个人所得税、资源税、城镇土地使用税、耕地占用税、土地增值税、房产税、车船税、印花税、契税、城市维护建设税、环境保护税和烟叶税
海关系统	关税、船舶吨税、代征进出口环节增值税和消费税

1. 中央政府固定收入包括：消费税（含进口环节海关代征的部分）、车辆购置税、关税、海关代征的进口环节增值税等。
2. 地方政府固定收入包括：城镇土地使用税、耕地占用税、土地增值税、房产税、车船税、契税、环境保护税和烟叶税等。
3. 中央政府与地方政府共享收入主要包括：
（1）增值税（不含进口环节由海关代征的部分）：中央政府分享50%，地方政府分享 50%。

（2）企业所得税：中国铁路总公司（原铁道部）、各银行总行及海洋石油企业缴纳的部分归中央政府，其余部分中央与地方政府按 60% 与 40% 的比例分享。

（3）个人所得税：除储蓄存款利息所得的个人所得税外，其余部分的分享比例与企业所得税相同。

（4）资源税：海洋石油企业缴纳的部分归中央政府，其余部分归地方政府。

（5）城市维护建设税：中国铁路总公司、各银行总行、各保险总公司集中缴纳的部分归中央政府，其余部分归地方政府。

（6）印花税：多年来证券交易印花税收入的 97% 归中央政府，其余 3% 和其他印花税收入归地方政府。为妥善处理中央与地方的财政分配关系，国务院决定，从 2016 年 1 月 1 日起，将证券交易印花税由现行按中央 97%、地方 3% 比例分享全部调整为中央收入。

【鑫考点8】征纳双方权利与义务

征纳双方	义务	权利
税务机关和税务人员	税务机关应当广泛宣传税收法律、行政法规，普及纳税知识，无偿地为纳税人提供纳税咨询服务；税务机关负责征收、管理、稽查，行政复议人员的职责应当明确，并相互分离、相互制约；为检举人保密；回避制度等	负责税收征收管理工作；税务机关依法执行职务，任何单位和个人不得阻挠
纳税人、扣缴义务人	必须依照法律、行政法规的规定缴纳税款、代扣代缴、代收代缴税款；如实向税务机关提供与纳税和代扣代缴、代收代缴税款有关的信息	向税务机关了解税收法律、行政法规、纳税程序；依法享有申请减税、免税、退税的权利；享有陈述权、申辩权；依法享有申请行政复议、提起行政诉讼、请求国家赔偿等权利

【鑫考点9】国际重复征税

一、税收管辖权

划分税收管辖权的原则：属地原则、属人原则。

国际重复征税类型主要有 3 种。

1. 法律性国际重复征税。

不同一征税主体，对同一纳税人的同一税源重复征税。

2. 经济性国际重复征税。

不同一征税主体，对不同一纳税人的同一税源重复征税。

3. 税制性国际重复征税。

各国普遍实行复合税制度。

第二章 增值税法

考情分析

本章非常重要,包括各种题型,单项选择题、多项选择题、计算问答题、综合题均会涉及。分值一般为 20 分以上。

重点内容

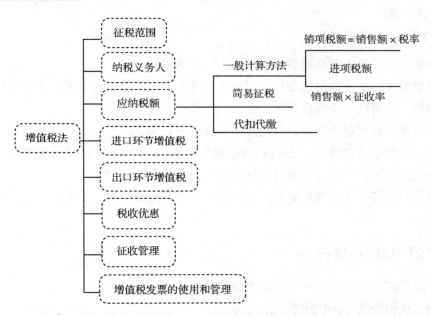

征税范围	项目
一般规定	(1) 销售或进口的货物(有形动产) (2) 提供的加工、修理修配劳务 (3) 发生应税行为 (4) 销售无形资产 (5) 销售不动产
特殊规定	(1) 特殊项目 (2) 视同销售货物或视同发生应税行为 (3) 混合销售与兼营行为

【鑫考点1】征税范围的特殊项目

一、属于增值税项目

1. 货物期货（包括商品期货和贵金属期货），应在期货的实物交割环节纳税。
2. 对供电企业进行电力调压并按电量向电厂收取的并网服务费。
3. 二手车经销业务。
4. 罚没物品，由经营单位购入拍卖物品再销售的应照章征收增值税。
5. 自2018年1月1日起，纳税人已售票但客户逾期未消费取得的运输逾期票证收入，按照"交通运输服务"缴纳增值税。
6. 纳税人为客户办理退票而向客户收取的退票费、手续费等收入，按照"其他现代服务"缴纳增值税。

二、不征收增值税项目

1. 对增值税纳税人收取的会员费收入不征收增值税。
2. 各燃油电厂从政府财政专户取得的发电补贴不属于增值税规定的价外费用。
3. 纳税人取得的中央财政补贴。
4. 融资性售后回租业务中，承租方出售资产的行为。
5. 药品生产企业销售自产创新药的销售额，为向购买方收取的全部价款和价外费用，其提供给患者后续免费使用的相同创新药不按视同销售处理。
6. 根据国家指令无偿提供的铁路运输服务、航空运输服务，属于以公益活动为目的的服务。

【鑫考点2】视同销售行为

1. 将货物交付他人代销——代销中的委托方。
2. 销售代销货物——代销中的受托方：
（1）售出时发生增值税纳税义务；
（2）按实际售价计算销项税；
（3）取得委托方增值税专用发票，可以抵扣进项税额；
（4）受托方收取的代销手续费，应按"现代服务"税目6%的税率征收增值税。
3. 总分机构（不在同一县市）之间移送货物用于销售——移送当天发生增值税纳税义务。
4. 将自产或委托加工的货物用于非应税项目。
5. 将自产、委托加工的货物用于集体福利或个人消费。
6. 将自产、委托加工或购买的货物作为投资，提供给其他单位或个体经营者。
7. 将自产、委托加工或购买的货物分配给股东或投资者。
8. 将自产、委托加工或购买的货物无偿赠送给其他单位或者个人。

9. 单位或者个体工商户向其他单位或者个人无偿销售应税服务、无偿转让无形资产或者不动产，但用于公益事业或者以社会公众为对象的除外。

【鑫考点3】混合销售与兼营行为

一、混合销售行为

1. 含义：一项销售行为如果既涉及货物又涉及服务，为混合销售。

混合销售行为须同时具备两个条件：其一，销售行为必须是一项；其二，该项行为必须既涉及服务又涉及货物。

2. 税务处理：从事货物的生产、批发或者零售的单位和个体工商户的混合销售，按照销售货物缴纳增值税；其他单位和个体工商户的混合销售，按照销售服务缴纳增值税。

二、兼营行为

1. 含义：纳税人同时兼有销售货物、提供应税劳务、发生应税行为，适用不同税率或征收率。

2. 税务处理：分别核算适用不同税率或者征收率的销售额，未分别核算销售额的，从高适用税率。具体情况有：

（1）兼有不同税率的销售货物、加工修理修配劳务、服务、无形资产或者不动产，从高适用税率。

（2）兼有不同征收率的销售货物、加工修理修配劳务、服务、无形资产或者不动产，从高适用征收率。

（3）兼有不同税率和征收率的销售货物、加工修理修配劳务、服务、无形资产或者不动产，从高适用税率。

【鑫考点4】综合保税区增值税一般纳税人资格管理

一、备案管理

综合保税区增值税一般纳税人资格试点（以下简称一般纳税人资格试点）实行备案管理。符合下列条件的综合保税区，由所在地省级税务、财政部门和直属海关将一般纳税人资格试点实施方案（包括综合保税区名称、企业申请需求、政策实施准备条件等情况）向国家税务总局、财政部和海关总署备案后，可以开展一般纳税人资格试点：

1. 综合保税区内企业确有开展一般纳税人资格试点的需求；

2. 所在地市（地）级人民政府牵头建立了综合保税区行政管理机构、税务、海关等部门协同推进试点的工作机制；

3. 综合保税区主管税务机关和海关建立了一般纳税人资格试点工作相关的联合监管和信息共享机制；

4. 综合保税区主管税务机关具备在综合保税区开展工作的条件，明确专门机构或人员负责纳税服务、税收征管等相关工作。

二、综合保税区内企业的税收政策

企业自增值税一般纳税人资格生效之日起，适用下列税收政策：

1. 试点企业进口自用设备（包括机器设备、基建物资和办公用品）时，暂免征收进口关税和进口环节增值税、消费税（以下简称进口税收）。

上述暂免进口税收按照该进口自用设备海关监管年限平均分摊到各个年度，每年年终对本年暂免的进口税收按照当年内外销比例进行划分，对外销比例部分执行试点企业所在海关特殊监管区域的税收政策，对内销比例部分比照执行海关特殊监管区域外税收政策补征税款。

2. 除进口自用设备外，购买的下列货物适用保税政策：

（1）从境外购买并进入试点区域的货物；

（2）从海关特殊监管区域（试点区域除外）或海关保税监管场所购买并进入试点区域的保税货物；

（3）从试点区域内非试点企业购买的保税货物；

（4）从试点区域内其他试点企业购买的未经加工的保税货物。

3. 销售的下列货物，向主管税务机关申报缴纳增值税、消费税：

（1）向境内区外销售的货物；

（2）向保税区、不具备退税功能的保税监管场所销售的货物（未经加工的保税货物除外）；

（3）向试点区域内其他试点企业销售的货物（未经加工的保税货物除外）。

（4）试点企业销售上述货物中含有保税货物的，按照保税货物进入海关特殊监管区域时的状态向海关申报缴纳进口税收，并按照规定补缴缓税利息。

4. 向海关特殊监管区域或者海关保税监管场所销售的未经加工的保税货物，继续适用保税政策。

5. 销售的下列货物（未经加工的保税货物除外），适用出口退（免）税政策，主管税务机关凭海关提供的与之对应的出口货物报关单电子数据审核办理试点企业申报的出口退（免）税。

（1）离境出口的货物；

（2）向海关特殊监管区域（试点区域、保税区除外）或海关保税监管场所（不具备退税功能的保税监管场所除外）销售的货物；

（3）向试点区域内非试点企业销售的货物。

6. 未经加工的保税货物离境出口实行增值税、消费税免税政策。

7. 销售或者进口下列货物，税率为9%：

（1）粮食等农产品、实用植物油、食用盐；

（2）自来水、暖气、冷气、热水、煤气、石油液化气、天然气、二甲醚、沼气、居民用煤炭制品；

（3）图书、报纸、杂志、音像制品、电子出版物；

(4) 饲料、化肥、农药、农机、农膜;
(5) 其他。

【鑫考点5】销售额

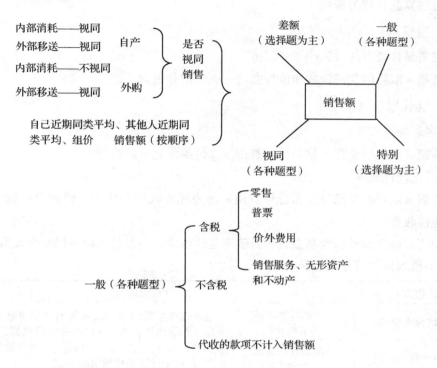

【鑫考点6】销售额的差额确定

一、金融业（6%）

1. 金融商品转让。

销售额 = 卖出价 − 买入价

2. 融资租赁（三方关系）属于"现代服务——租赁服务"（16%）。

销售额 = 取得的全部价款和价外费用 − 支付的借款利息（包括外汇借款和人民币借款利息）− 发行债券利息 − 车辆购置税

3. 融资性售后回租（两方关系），2016年4月30日之前，属于"现代服务——租赁服务"（16%）；2016年5月1日之后，属于"金融服务——贷款服务"（6%）。

销售额 = 取得的全部价款和价外费用（不含本金）− 扣除对外支付的借款利息（包括外汇借款和人民币借款利息）− 发行债券利息

2016年4月30日前签订的有形动产融资性售后回租合同，在合同到期前提供的有形动产融资性售后回租服务，可继续按照有形动产融资租赁服务缴纳增值税，二选一计税。

二、交通运输服务（10%）

航空运输企业的销售额，不包括代收的机场建设费和代售其他航空运输企业客票而代收转付的价款。

自 2018 年 1 月 1 日起航空运输销售代理企业提供境外航段机票代理服务：

销售额=取得的全部价款和价外费用－向客户收取并支付给其他单位或个人的境外航段机票结算款和相关费用

三、建筑业

适用简易计税方法（3%）。

销售额=取得的全部价款和价外费用－支付的分包款

四、现代服务（6%）

1. 客运场站服务：

销售额=取得的全部价款和价外费用－支付给承运方运费

2. 经纪代理服务：

销售额=取得的全部价款和价外费用－向委托方收取并代为支付的政府性基金或者行政事业性收费

向委托方收取的政府性基金或者行政事业性收费，不得开具增值税专用发票。

3. 纳税人提供劳务派遣服务。

提供方	计税方法	
一般纳税人提供	一般计税方法（全额6%）	也可选择差额纳税，以取得的全部价款和价外费用，扣除代用工单位支付给劳务派遣员工的工资、福利、社保、住房公积金后的余额为销售额，依5%征收率计算缴纳增值税
小规模纳税人提供	简易计税方法（全额3%）	

五、生活服务——旅游服务（6%）

销售额=取得的全部价款和价外费用－向旅游服务购买方收取并支付给其他单位或者个人的住宿费、餐饮费、交通费、签证费、门票费－支付给其他接团旅游企业的旅游费用

选择上述办法计算销售额的试点纳税人，向旅游服务购买方收取并支付的上述费用，不得开具增值税专用发票，可以开具普通发票。

六、房企销售自行开发不动产（10%）

房地产开发企业中的一般纳税人销售其开发的房地产项目（选择简易计税方法的房地产老项目除外，即开工日期在 2016 年 4 月 30 日前）：

销售额=取得的全部价款和价外费用－受让土地时向政府部门支付的土地价款

七、转让不动产

纳税人转让 2016 年 4 月 30 日前取得非自建不动产，可以选择适用简易计税方法依 5%计税。

销售额=取得的全部价款和价外费用－该项不动产购置原价或取得不动产时的作价

【鑫考点 7】 进项税额的计算

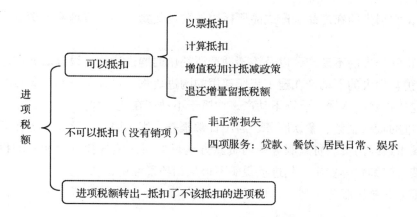

【鑫考点 8】 购进农产品增值税进项税额抵扣

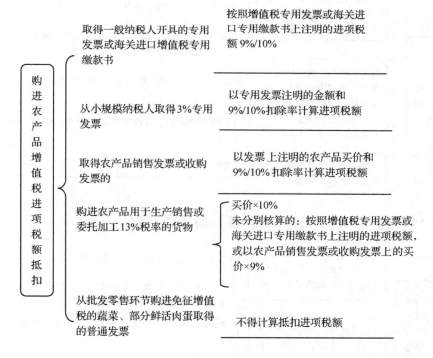

【鑫考点 9】 不得抵扣的进项税额

1. 用于简易计税方法计税项目、免征增值税项目、集体福利或者个人消费的购进货物、加工修理修配劳务、服务、无形资产和不动产。

2. 非正常损失的购进货物，以及相关的加工修理修配劳务和交通运输服务。

非正常损失，指因管理不善造成货物被盗、丢失、霉烂变质，或因违反法律法规造成货物被依法没收、销毁的情形。

非正常损失货物在增值税中不得扣除（须做进项税额转出处理）；在企业所得税中，经批准准予作为财产损失扣除。

3. 非正常损失的在产品、产成品所耗用的购进货物、加工修理修配劳务和交通运输服务。

4. 非正常损失的不动产，以及该不动产所耗用的购进货物、设计服务和建筑服务。

5. 非正常损失的不动产在建工程所耗用的购进货物、设计服务和建筑服务。纳税人新建、改建、扩建、修缮、装饰不动产，均属于不动产在建工程。

6. 购进的贷款服务、餐饮服务、居民日常服务、娱乐服务。这些服务主要接受对象是个人，属于最终消费。贷款服务中向贷款方支付的与该笔贷款直接相关的投融资顾问费、手续费、咨询费等费用，其进项税额不得从销项税额中抵扣。

住宿服务和旅游服务未列入，可抵扣。

【鑫考点10】提供不动产经营租赁服务增值税征管

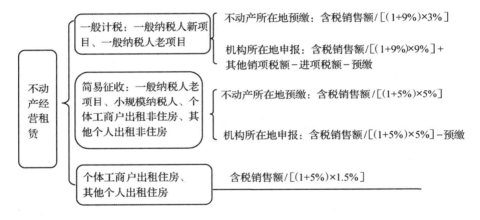

【鑫考点11】跨县（市、区）建筑服务增值税征管

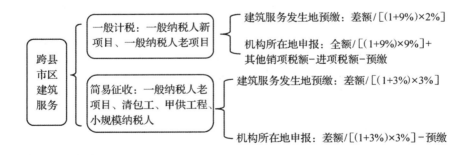

【鑫考点12】房地产开发企业销售自行开发的房地产项目增值税征管

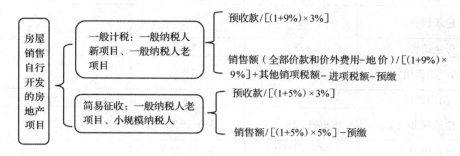

【鑫考点13】不动产转让

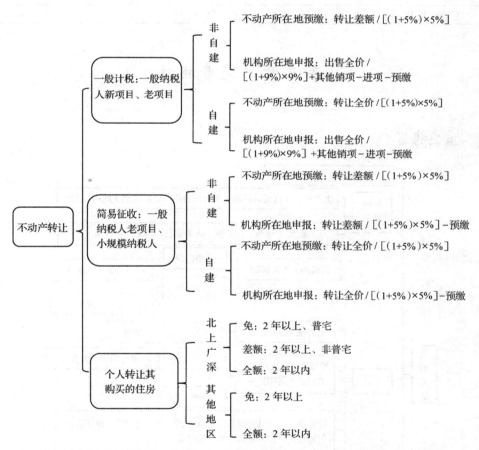

纳税人以契税计税金额进行差额扣除的，按照下列公式计算增值税应纳税额：

契税缴纳时间	税额计算
2016年4月30日及以前缴纳契税	应纳增值税=[全部交易价格(含增值税)-契税计税金额(含营业税)]÷(1+5%)×5%
2016年5月1日及以后缴纳契税	应纳增值税=[全部交易价格(含增值税)÷(1+5%)-契税计税金额(不含增值税)]×5%

总结:

项目	税率	征收率	预征率
建筑服务	9%	3%	一般：2% 简易：3%
房企销售	9%	5%	3%
不动产经营租赁	9%	5%	一般：3% 简易：5%
不动产转让	9%	5%	5%
建筑服务	9%（2%）	3%（3%）	一般：2% 简易：3%
房企销售	9%（3%）	5%（3%）	3%
不动产经营租赁	9%（3%）	5%（5%）	一般：3% 简易：5%
不动产转让	9%	5%（5%）	5%

第三章 消费税法

重点内容

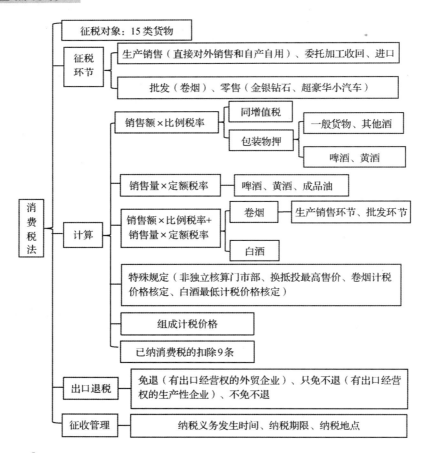

【鑫考点 1】 消费税税目——15 类货物

1. 烟，包括卷烟、雪茄烟、烟丝。
2. 酒，包括粮食白酒、薯类白酒、黄酒、啤酒（含果啤）、其他酒。

自 2014 年 12 月 1 日起，取消对酒精征收消费税。

3. 高档化妆品。自 2016 年 10 月 1 日起，取消对普通美容、修饰类化妆品征收消费税，但不包括舞台、戏剧、影视演员化妆用的上妆油、卸装油、油彩。
4. 贵重首饰及珠宝玉石。
5. 高尔夫球及球具，包括高尔夫球、高尔夫球杆、高尔夫球包（袋）。高尔夫球杆的杆头、杆身和握把属于本税目的征收范围。
6. 高档手表。高档手表是指销售价格（不含增值税）每只在 10 000 元（含）以上的各类手表。
7. 游艇。游艇指长度大于 8 米小于 90 米，主要用于水上运动和休闲娱乐等非营利活动的各类机动艇。
8. 成品油，包括汽油、柴油、石脑油、溶剂油、航空煤油、润滑油、燃料油 7 个子目。

（1）变压器油、导热类油等绝缘油类产品不征收消费税；

（2）航空煤油暂缓征收；

（3）同时符合下列条件的纯生物柴油免征消费税：

① 生产原料中废弃的动物油和植物油用量所占比重不低于 70%。

② 生产的纯生物柴油符合国家相关标准。

9. 木制一次性筷子（卫生筷子）。
10. 实木地板。
11. 小汽车：小轿车、中轻型商用客车。不包括：

（1）电动汽车不属于本税目征收范围；

（2）车身长度大于 7 米（含）、座位 10～23 座（含）；

（3）沙滩车、雪地车、卡丁车、高尔夫车。

12. 摩托车。
13. 鞭炮、焰火。不包括体育上用的发令纸、鞭炮药引线。
14. 电池。
15. 涂料。

应税消费品	环节	定额税率	比例税率
卷烟	生产、委托加工、进口	150元/箱 0.6元/条 0.003元/支	56%（每条价格≥70元）
			36%（每条价格<70元）
	批发	1元/条 250元/箱	11%
白酒	生产、委托加工、进口	每斤0.5元（吨、千克）	20%

【鑫考点2】 从高适用税率征收消费税

有两种情况：
1. 纳税人兼营不同税率应税消费品，未分别核算各自销售额的；
2. 将不同税率应税消费品组成成套消费品销售的（即使分别核算也从高税率）。

【鑫考点3】 包装物

1. 包装物连同产品销售——包装物交消费税。
2. 包装物押金的税务处理。

押金种类	收取时，未逾期	逾期时/1年以上的押金
一般应税消费品的包装物押金	不缴纳增值税，不缴纳消费税	缴纳增值税，缴纳消费税（押金需换算为不含税价）
酒类产品包装物押金（除啤酒、黄酒外）	缴纳增值税、消费税（押金需换算为不含税价）	不再缴纳增值税、消费税
啤酒、黄酒包装物押金	不缴纳增值税，不缴纳消费税	只缴纳增值税，不缴纳消费税（因为从量征收）

【鑫考点4】 酒类关联企业间关联交易消费税处理

白酒生产企业向商业销售单位收取的"品牌使用费"是随着应税白酒的销售而向购货方收取的，属于应税白酒销售价款的组成部分，因此，不论企业采取何种方式或以何种名义收取价款，均应并入白酒的销售额中缴纳消费税。

【鑫考点5】 消费税的计算

1. 生产销售环节应纳消费税的计算。
（1）直接对外销售应纳消费税的计算。
（2）自产自用应纳消费税的计算。
2. 委托加工应税消费品应纳消费税的计算。
3. 进口应税消费品应纳消费税的计算。
4. 已纳消费税扣除的计算。
（1）外购应税消费品已纳消费税的扣除。

（2）委托加工收回的应税消费品连续生产应税消费品的税款抵扣。

5．扣税范围：

（1）外购、委托加工已税烟丝生产的卷烟；

（2）外购、委托加工已税高档化妆品生产的高档化妆品；

（3）外购、委托加工已税珠宝玉石生产的贵重首饰及珠宝玉石［对于在零售环节缴纳消费税的金银首饰（含镶嵌首饰）、钻石及钻石饰品已纳消费税不得扣除］；

（4）外购、委托加工已税鞭炮焰火生产的鞭炮焰火；

（5）外购、委托加工已税杆头、杆身和握把为原料生产的高尔夫球杆；

（6）外购、委托加工已税木制一次性筷子为原料生产的木制一次性筷子；

（7）外购、委托加工已税实木地板为原料生产的实木地板；

（8）外购、委托加工汽油、柴油、石脑油、燃料油、润滑油用于连续生产应税成品油；

（9）从葡萄酒生产企业购进、进口葡萄酒连续生产应税葡萄酒的，准予从葡萄酒消费税应纳税额中扣除所耗用应税葡萄酒已纳消费税税款。

6．扣税计算：按当期生产领用数量扣除其已纳消费税。（实耗扣税法）

当期准予扣除的外购应税消费品已纳税款 = 当期准予扣除的外购应税消费品买价 × 外购应税消费品适用税率

当期准予扣除的外购应税消费品买价 = 期初库存的外购应税消费品买价 + 当期购进的外购应税消费品买价 − 期末库存的外购应税消费品买价（买价均不含增值税）

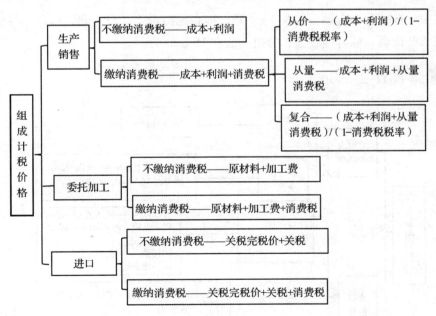

【鑫考点6】消费税出口退税

一、出口免税并退税

有出口经营权的外贸企业购进应税消费品直接出口，以及外贸企业受其他外贸企业委托代理出口应税消费品。

二、出口免税但不退税

有出口经营权的生产性企业自营出口或生产企业委托外贸企业代理出口自产的应税消费品，依据其实际出口数量免征消费税，不予办理退还消费税。

三、出口不免税也不退税

除生产企业、外贸企业外的其他企业（指一般商贸企业），这类企业委托外贸企业代理出口应税消费品一律不予退（免）税。

第四章　企业所得税法

考情分析

考试中单选题和多选题会涉及3~4题，综合题型每年必有一题，可以与其他税法相联系，跨章节命题，综合性较强，分值一般在15~20分。

重点内容

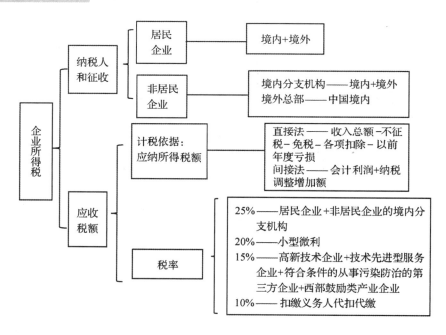

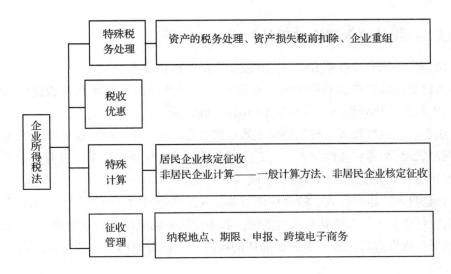

【鑫考点1】所得来源的确定

所得形式	所得来源地
销售货物所得	按照交易活动发生地确定
提供劳务所得	按照劳务发生地确定
转让财产所得	(1) 不动产转让所得按照不动产所在地确定 (2) 动产转让所得按照转让动产的企业或者机构、场所所在地确定 (3) 权益性投资资产转让所得,按照被投资企业所在地确定
股息、红利等权益性投资所得	按照分配所得的企业所在地确定
利息所得、租金所得、特许权使用费所得	按照负担、支付所得的企业或者机构、场所所在地确定

【鑫考点2】企业所得税视同销售

内部处置资产:不确认收入	移送他人:按视同销售确认收入
(1) 将资产用于生产、制造、加工另一产品 (2) 改变资产形状、结构或性能 (3) 改变资产用途(如自建商品房转为自用或经营) (4) 将资产在总机构及其分支机构之间转移(限于境内) (5) 上述两种或两种以上情形的混合 (6) 其他不改变所有权的用途	(1) 用于市场推广或销售 (2) 用于交际应酬 (3) 用于职工奖励或福利 (4) 用于股息分配 (5) 用于对外捐赠 (6) 其他改变资产所有权属的用途 自制资产,按同类同期对外销售价格确定销售收入(按移送的存货成本结转成本);外购资产,按被移送资产的公允价值确定销售收入(按购入时的价格结转成本)

【鑫考点3】相关收入实现的确认时间

1. 销售商品采取预收款方式的，在发出商品时确认收入。
2. 销售商品需要安装和检验的，在购买方接受商品以及安装和检验完毕时确认收入。如果安装程序比较简单，可在发出商品时确认收入。
3. 企业转让股权收入在转让协议生效且完成股权变更手续时，确认收入的实现。
4. 股息、红利等权益性投资收益，除国务院财政、税务主管部门另有规定外，按照被投资方作出利润分配决定的日期确认收入的实现。
5. 利息收入、租金收入、特许权使用费收入按照合同约定的债务人、承租人、特许权使用人应付费用的日期确认收入的实现。如果交易合同或协议中规定租赁期限跨年度，且租金提前一次性支付，可对上述已确认的收入，在租赁期内，分期均匀计入相关年度收入。
6. 接受捐赠收入按照实际收到捐赠资产的日期确认收入的实现。
7. 企业取得财产（包括各类资产、股权、债权等）转让收入、债务重组收入、接受捐赠收入、无法偿付的应付款收入等不论是以货币形式、还是非货币形式体现，除另有规定外，均应一次性计入确认收入的年度计算缴纳企业所得税。

【鑫考点4】扣除项目及其标准

有扣除限额标准的一般项目（8项）：职工福利费、职工教育经费、工会经费、借款利息、业务招待费、广告费和业务宣传费、公益捐赠、手续费及佣金。

一、工资、薪金支出

1. 企业发生的合理的工资、薪金支出准予据实扣除。
2. 企业因雇佣季节工、临时工、实习生、返聘离退休人员及接受外部劳务派遣用工，也属于企业任职或者受雇员工范畴。注意区分工资薪金与福利费，属于工资薪金支出，准予计入企业工资薪金总额的基数，作为计算其他各项相关费用扣除的依据。
3. 接受外部劳务派遣用工所实际发生的费用。
（1）接受外部劳务派遣用工，作为劳务费支出；
（2）直接支付给员工个人的费用，应作为工资薪金支出和职工福利费支出。其中属于工资薪金支出的费用，准予计入企业工资薪金总额的基数，作为计算其他各项相关费用扣除的依据。

二、职工福利费、工会经费、职工教育经费

按规定标准与实际数较小者扣除。标准为：

1. 企业实际发生的职工福利费支出，不超过工资薪金总额14%的部分准予扣除。工资薪金总额不包括五险一金、三项经费。
2. 企业拨缴的工会经费，不超过工资薪金总额2%的部分准予扣除。

3. 除国务院财政、税务主管部门另有规定外，企业发生的职工教育经费支出，不超过工资薪金总额8%的部分准予扣除，超过部分准予结转以后纳税年度扣除——以后年度未超标时纳税调减。

【特殊1】软件生产企业发生的职工教育经费中的职工培训费用（单独核算），可以全额在企业所得税前扣除。

【特殊2】核电厂操作员发生的培养费用（单独核算），可作为发电厂成本在税前扣除。

三、社会保险费

1. 按照政府规定的范围和标准缴纳的"五险一金"，即基本养老保险费、基本医疗保险费、失业保险费、工伤保险费、生育保险费等基本社会保险费和住房公积金，准予扣除。

2. 企业为投资者或者职工支付的补充养老保险费、补充医疗保险费，在国务院财政、税务主管部门规定的范围和标准内，准予扣除。

企业依照国家有关规定为特殊工种职工支付的人身安全保险费和符合国务院财政、税务主管部门规定可以扣除的商业保险费准予扣除。

四、利息费用

1. 非金融企业向金融企业借款的利息支出、金融企业的各项存款利息支出和同业拆借利息支出、企业经批准发行债券的利息支出，可据实扣除。

2. 非金融企业向非金融企业借款的利息支出，不超过按照金融企业同期同类贷款利率计算的数额的部分可据实扣除，超过部分不许扣除。

3. 关联企业利息费用的扣除——双标准。

企业从其关联方接受的债权性投资与权益性投资的比例超过规定标准而发生的利息支出，不得在计算应纳税所得额时扣除。

（1）企业实际支付给关联方的利息支出，不超过下列比例的准予扣除，超过的部分不得扣除。

接受关联方债权性投资与其权益性投资比例：金融企业，为5:1；其他企业，为2:1。

（2）企业能证明关联方相关交易活动符合独立交易原则的；或者该企业的实际税负不高于境内关联方的，实际支付给关联方的利息支出，在计算应纳税所得额时准予扣除。

（3）企业自关联方取得的不符合规定的利息收入应按照有关规定缴纳企业所得税。

4. 企业向自然人借款的利息支出。

（1）企业向股东或其他与企业有关联的自然人借款的利息支出，符合规定条件的，准予扣除。

（2）企业向除上述规定以外的内部职工或其他人员借款的利息支出，其借款情况同时符合以下条件的，其利息支出在不超过按照金融企业同期同类贷款利率计算的数额的部分，准予扣除。

① 企业与个人之间的借贷是真实、合法、有效的，并且不具有非法集资目的或其他违反法律、法规的行为；

② 企业与个人之间签订了借款合同。

五、借款费用

1. 企业在生产经营活动中发生的合理的不需要资本化的借款费用，准予扣除——费用化。

2. 企业为购置、建造固定资产、无形资产和经过 12 个月以上的建造才能达到预定可销售状态的存货发生借款的——资本化，作为资本性支出计入有关资产的成本；有关资产交付使用后发生的借款利息，可在发生当期扣除。

3. 通过发行债券、取得贷款等方式融资发生的合理费用，按资本化和费用化处理。

六、汇兑损失

汇率折算形成的汇兑损失，准予扣除；已经计入有关资产成本、与向所有者进行利润分配相关的部分，不得扣除。

七、业务招待费

1. 会计计入"管理费用"。

2. 税法税前限额扣除——按下列 2 个扣除标准中的较小者扣除：

（1）最高不得超过当年销售（营业）收入的 5‰；

（2）有合法票据的，按实际发生额的 60% 扣除。

计算限额的依据，包括销售货物收入、劳务收入、利息收入、租金收入、特许权使用费收入、视同销售收入等，但不得扣除现金折扣。

即：会计"主营业务收入" + "其他业务收入" + 会计不做收入的税法视同销售收入。

3. 对从事股权投资业务的企业（包括集团公司总部、创业投资企业等），其从被投资企业所分配的股息、红利以及股权转让收入，可以按规定的比例计算业务招待费扣除限额。

4. 企业筹建期间，与筹办有关的业务招待费支出，按实际发生额的 60% 计入筹办费，按规定税前扣除。

筹建期间发生的筹办费扣除：生产经营当年一次性扣除，或作为长期待摊费用不短于 3 年摊销。

八、广告费和业务宣传费

1. 会计计入"销售费用"。

2. 税法限额税前扣除——一般不超过当年销售（营业）收入 15% 的部分，准予扣除；例举行业限额比率为 30%〔化妆品制造与销售、医药制造、饮料制造（不含酒类制造）〕。

3. 超过限额标准部分，准予结转以后纳税年度扣除——以后年度未超标时纳税调减。

4. 企业筹建期间，发生的广告费、业务宣传费，按实际发生额计入筹办费，按规定税前扣除。

5. 与生产经营无关的非广告性质的赞助费不得在所得税前列支。

6. 对签订广告费和业务宣传费分摊协议的关联方，一方可以将不超过限额的部分在本企业扣除，也可以将其中的部分或全部在另一方扣除，另一方在计算扣除限额时不将其计算在内。

7. 烟草企业的烟草广告费和业务宣传费支出，一律不得在计算应纳税所得额时扣除。

九、环境保护专项资金

企业依照法律、行政法规有关规定提取的用于环境保护、生态恢复等方面的专项资金准予扣除；上述专项资金提取后改变用途的，不得扣除。

十、保险费

企业参加财产保险，按照规定缴纳的保险费，准予扣除。

十一、租赁费（从承租方角度）

方式	租赁费	租入固定资产折旧费
经营租赁	按照租赁期限均匀扣除	不得计提折旧，不扣折旧费
融资租赁	不得扣除	计提折旧，扣折旧费

十二、劳动保护费

企业发生的合理的劳动保护支出，准予扣除。

注意区分劳动保护费与职工福利费。

根据其工作性质和特点，由企业统一制作并要求员工工作时统一着装所发生的工作服饰费用，准予税前扣除。

十三、公益性捐赠支出

1. 税法区分限额扣除（公益性捐赠）和不得扣除（非公益性捐赠）。

2. 公益性捐赠税前扣除标准：企业发生的公益性捐赠支出，不超过年度利润总额12%的部分，准予扣除；超过12%的部分准予向以后年度结转扣除，但自捐赠发生年度的次年起计算最长不得超过三年。

3. 非货币资产对外捐赠：（1）企业将自产货物用于捐赠，按公允价值缴纳增值税；（2）视同对外销售缴纳所得税；（3）会计上不确认收入和结转成本。

十四、有关资产的费用

1. 企业转让各类固定资产发生的费用，允许扣除；

2. 企业按规定计算的固定资产折旧费、无形资产和递延资产的摊销费，准予扣除。

十五、总机构分摊的费用

非居民企业在中国境内设立的机构、场所，就其中国境外总机构发生的与该机构、场所生产经营有关的费用，能够提供总机构出具的费用汇集范围、定额、分配依据和方法等证明文件，并合理分摊的，准予扣除。

十六、资产损失

1. 企业当期发生的固定资产和流动资产盘亏、毁损净损失，由其提供清查盘存资料经主管税务机关审核后，准予扣除；

2. 企业因存货盘亏、毁损、报废等原因不得从销项税金中抵扣的进项税金，应视同企业财产损失，准予与存货损失一起在所得税前按规定扣除。

十七、其他项目

如会员费、合理的会议费、差旅费、违约金、诉讼费用等，准予扣除。

十八、手续费及佣金支出。

1. 企业发生与生产经营有关的手续费及佣金支出，不超过以下规定计算限额以内的部分，准予扣除；超过部分，不得扣除。

（1）保险企业：企业按当年全部保费收入扣除退保金等后余额，财产保险按15%计算限额，人身保险按10%计算限额。

（2）其他企业：按与具有合法经营资格中介服务机构或个人（不含交易双方及其雇员、代理人和代表人等）所签订服务协议或合同确认的收入金额的5%计算限额。

2. 支付方式：向具有合法经营资格中介服务机构支付的，必须转账支付；向个人支付的，可以以现金方式，但需要有合法的凭证。

3. 特殊行业：从事代理服务，主营业务收入为手续费、佣金的企业为取得该类收入实际发生的营业成本（包括手续费、佣金），据实扣除。

【鑫考点5】不得扣除的项目

1. 向投资者支付的股息、红利等权益性投资收益款项。
2. 企业所得税税款。
3. 税收滞纳金。
4. 罚金、罚款和被没收财物的损失。
5. 超过规定标准的捐赠支出。
6. 赞助支出，指与生产经营无关的非广告性质支出。
7. 未经核定的准备金支出，指不符合规定各项资产减值准备、风险准备等准备金支出。
8. 企业之间支付的管理费、企业内营业机构之间支付的租金和特许权使用费，以及非银行企业内营业机构之间支付的利息，不得扣除。
9. 与取得收入无关的其他支出。

【鑫考点6】企业重组的特殊性税务处理

企业重组同时符合下列条件的,适用特殊性税务处理规定:
1. 具有合理的商业目的,且不以减少、免除或者推迟缴纳税款为主要目的。
2. 企业重组后的连续12个月内不改变重组资产原来的实质性经营活动。
3. 企业重组中取得股权支付的原主要股东,在重组后连续12个月内,不得转让所取得的股权。
4. 被收购、合并或分立部分的资产或股权比例符合规定的比例。
5. 重组交易对价中涉及股权支付金额符合规定比例。

重组方式	特殊性税务处理条件	特殊性税务处理
股权收购 资产收购	(1)购买的股权(收购的资产)不低于被收购企业全部股权(转让企业全部资产)的50% (2)股权支付金额不低于其交易支付总额的85%	对交易中一方取得股权支付,暂不确认有关资产的转让所得或损失;另一方按原计税基础确认新资产或负债的计税基础 对交易中非股权支付,确认所得或损失 非股权支付对应的资产转让所得或损失=(被转让资产的公允价值-被转让资产的计税基础)×(非股权支付金额÷被转让资产的公允价值) 另一方按公允价值确认资产或负债的计税基础
合并	(1)股权支付金额不低于其交易支付总额的85% (2)同一控制下且不需要支付对价的企业合并	合并中的亏损弥补,被合并企业合并前的亏损可由合并企业弥补 补亏限额=被合并企业净资产公允价值×截至合并业务发生当年年末国家发行的最长期限的国债利率
分立	1. 股权支付金额不低于其交易支付总额的85% 2. 被分立企业所有股东按原持股比例取得分立企业的股权	被分立企业未超过法定弥补期限的亏损额可按分立资产占全部资产的比例进行分配,由分立企业继续弥补

【鑫考点7】普遍适用的税收优惠

企业所得税法的税收优惠方式包括:
税基式:加计扣除、加速折旧、减计收入;
税率式:优惠税率等;
税额式:免税、减税、税额抵免。

一、免征与减征优惠

1. 从事农、林、牧、渔业项目的所得。
(1)免税:直接从事农、林、牧、渔业项目的所得。
(2)减半征收企业所得税。
①花卉、茶以及其他饮料作物和香料作物的种植;
②海水养殖、内陆养殖。

2. 定期减免：三免三减半。

（1）从事国家重点扶持的公共基础设施项目投资经营的所得，自取得第一笔生产经营收入所属纳税年度起三免三减半。

（2）从事符合条件的环境保护、节能节水项目的所得，自取得第一笔生产经营收入所属纳税年度起三免三减半。

3. 符合条件的技术转让所得

居民企业转让技术所有权所得不超过500万元的部分，免征企业所得税；超过500万元的部分，减半征收企业所得税。

技术转让的范围，包括居民企业转让专利技术、计算机软件著作权、集成电路布图设计权、植物新品种、生物医药新品种、5年以上非独占许可使用权等。不包括销售或转让设备、仪器、零部件、原材料等非技术性收入。

不得享受此优惠情形包括100%关联方之间技术转让所得，禁止出口和限制出口技术转让所得，未单独核算技术转让所得。

二、小型微利企业优惠（减按20%的税率）

类型	年度应纳税所得额	从业人数 （全年季度平均数）	资产总额 （全年季度平均数）
工业企业	不超过50万元	不超过100人	不超过3 000万元
其他企业		不超过80人	不超过1 000万元

1. 自2017年1月1日至2017年12月31日，小微企业年应纳税所得额低于50万元（含50万元）的其所得减按50%计入应纳税所得额，按20%的税率缴纳企业所得税。（上限从50万元提高到100万元，实施期限为2018年1月1日至2018年12月31日。）

小型微利企业是指从事国家非限制和禁止行业，且同时符合年度应纳税所得额不超过300万元、从业人数不超过300人、资产总额不超过5 000万元等三个条件的企业。

自2019年1月1日至2021年12月31日，对小型微利企业年应纳税所得额不超过100万元的部分，减按25%计入应纳税所得额，按20%的税率缴纳企业所得税；对年应纳税所得额超过100万元但不超过300万元的部分，减按50%计入应纳税所得额，按20%的税率缴纳企业所得税。

2. 小型微利企业的全部生产经营活动产生的所得均负有我国企业所得税纳税义务。仅就来源于我国所得负有我国纳税义务的非居民企业，不适用上述规定。

3. 无论是查账征收企业，还是核定征收企业，符合条件的，均可享受小型微利企业的税收优惠。

三、加计扣除优惠

1. 一般企业研究开发费，自2018年1月1日至2020年12月31日，未形成无形资产计入当期损益的，在按照规定据实扣除的基础上，按照研究开发费用的75%加计扣除；形成无形资产的，按照无形资产成本的175%摊销。

2. 科技型中小企业研发费用，未形成无形资产计入当期损益的，在按规定据实扣除的基础上，再按照实际发生额的75%在税前加计扣除；形成无形资产的，按照无形资产成本的175%在税前摊销。适用期间为2017年1月1日至2020年12月31日。

3. 企业安置残疾人员所支付的工资在按照支付给残疾职工工资据实扣除的基础上，按照支付给残疾职工工资的100%加计扣除。属于纳税调减项目，一不影响会计利润，二不影响计算三项经费的工资总额。

4. 委托境外进行研发活动所发生的费用，按照费用实际发生额的80%计入委托方的委托境外研发费用，不超过境内符合条件的研发费用三分之二的部分，可以按规定在企业所得税前加计扣除。

四、加速折旧优惠

1. 一般性加速折旧。

（1）企业的固定资产由于技术进步原因确实需要加速折旧的，可以缩短折旧年限或者采取加速折旧的方法。

（2）可以加速折旧的固定资产包括：

①由于技术进步，产品更新换代较快的固定资产；

②常年处于强震动、高腐蚀状态的固定资产。

（3）采取缩短折旧年限方法的，最低折旧年限不得低于规定折旧年限的60%；采取加速折旧方法的，可以采取双倍余额递减法或者年数总和法。

2. 特殊性加速折旧。

（1）2014年1月1日后新购进的专门用于研发的仪器、设备单位价值不超过100万元的，允许一次性扣除；单位价值超过100万的，可缩短折旧年限或加速折旧。

（从100万元提高到500万元，实施期限为2018年1月1日至2020年12月31日。）

（2）单位价值不超过5 000元的固定资产允许一次性扣除。

五、减计收入优惠

综合利用资源，生产国家非限制和禁止并符合国家和行业相关标准的产品取得的收入，减按90%计入收入总额。

六、税额抵免优惠

企业购置并实际使用优惠目录规定的环境保护、节能节水、安全生产等专用设备的，该专用设备的投资额的10%可以从企业当年的应纳税额中抵免；当年不足抵免的，可以在以后5个纳税年度结转抵免。

1. 专用设备的投资额不包括允许抵扣的增值税进项税额；无法抵扣的进项税额，计入专用设备投资额（取得普通发票，专用设备投资额为普通发票上价款）。

2. 专用设备正常计提折旧。

3. 企业购置上述设备在5年内转让、出租的，停止享受企业所得税优惠，并补缴已经抵免的企业所得税税款。

七、非居民企业优惠

免税范围包括：
1. 外国政府向中国政府提供贷款取得的利息所得。
2. 国际金融组织向中国政府和居民企业提供优惠贷款取得的利息所得。
3. 经国务院批准的其他所得。

八、创投企业

采取股权投资方式投资直接投资于初创科技型企业2年以上的，可以按照其投资额的70%在股权持有满2年的当年抵扣该创业投资企业的应纳税所得额；当年不足抵扣的，可以在以后纳税年度结转抵扣。

第五章 个人所得税法

考情分析

分值大概10分，包括单选题、多选题、计算问答题。

重点内容

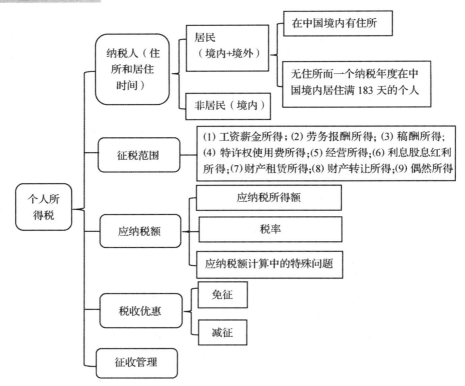

	居民	非居民
工资薪金所得	合计按年 （有扣缴义务人的，扣缴义务人按月或按次扣缴）	按月
劳务报酬所得		按次
稿酬所得		按次
特许权使用费所得		按次
经营所得	按年	
财产租赁所得	按次	
财产转让所得	按次	
利息股息红利所得	按次	
偶然所得	按次	

综合所得个人所得税税率表/居民个人工资、薪金预扣预缴税率表

级数	全年应纳税所得额	税率/%	速算扣除数/元
1	不超过36 000元的部分	3	0
2	超过36 000元~144 000元的部分	10	2 520
3	超过144 000元~300 000元的部分	20	16 920
4	超过300 000元~420 000元的部分	25	31 920
5	超过420 000元~660 000元的部分	30	52 920
6	超过660 000元~960 000元的部分	35	85 920
7	超过960 000元的部分	45	181 920

非居民个人工资、薪金、劳务报酬、稿酬所得及特许权使用费所得适用税率表/居民个人的综合所得按月计算税额

级数	应纳税所得额	税率/%	速算扣除数/元
1	不超过3 000元的部分	3	0
2	超过3 000元~12 000元的部分	10	210
3	超过12 000元~25 000元的部分	20	1 410
4	超过25 000元~35 000元的部分	25	2 660
5	超过35 000元~55 000元的部分	30	4 410
6	超过55 000元~80 000元的部分	35	7 160
7	超过80 000元的部分	45	15 160

经营所得个人所得税税率表

级数	全年应纳税所得额	税率/%	速算扣除数/元
1	不超过30 000元的部分	5	0
2	超过30 000元~90 000元的部分	10	1 500
3	超过90 000元~300 000元的部分	20	10 500
4	超过300 000元~500 000元的部分	30	40 500
5	超过500 000元的部分	35	65 500

居民个人劳务报酬预扣预缴税率表

级数	预扣预缴应纳税所得额	税率/%	速算扣除数/元
1	不超过20 000元的部分	20	0
2	超过20 000元~50 000元的部分	30	2 000
3	超过50 000元的部分	40	7 000

【鑫考点1】专项附加扣除标准

目前包含了子女教育、继续教育、大病医疗、住房贷款利息、住房租金、赡养老人等6项支出。

一、子女教育

纳税人年满3岁的子女接受学前教育和学历教育的相关支出，按照每个子女每月1 000元（每年12 000元）的标准定额扣除。

学前教育包括年满3岁至小学入学前教育；学历教育包括义务教育（小学、初中教育）、高中阶段教育（普通高中、中等职业、技工教育）、高等教育（大学专科、大学本科、硕士研究生、博士研究生教育）。

父母可以选择由其中一方按扣除标准的100%扣除，也可以选择由双方分别按扣除标准的50%扣除，具体扣除方式在一个纳税年度内不能变更。

纳税人子女在中国境外接受教育的，纳税人应当留存境外学校录取通知书、留学签证等相关教育的证明资料备查。

二、继续教育

纳税人在中国境内接受学历（学位）继续教育的支出，在学历（学位）教育期间按照每月400元（每年4 800元）定额扣除。同一学历（学位）继续教育的扣除期限不能超过48个月（4年）。纳税人接受技能人员职业资格继续教育、专业技术人员职业资格继续教育支出，在取得相关证书的当年，按照3 600元定额扣除。

个人接受本科及以下学历（学位）继续教育，符合税法规定扣除条件的，可以选择由其父母扣除，也可以选择由本人扣除。

纳税人接受技能人员职业资格继续教育、专业技术人员职业资格继续教育的，应当留存相关证书等资料备查。

三、大病医疗

在一个纳税年度内，纳税人发生的与基本医保相关的医药费用支出，扣除医保报销后个人负担（指医保目录范围内的自付部分）累计超过15 000元的部分，由纳税人在办理年度汇算清缴时，在80 000元限额内据实扣除。

医药费用支出可以选择由其本人或者其配偶扣除；未成年子女发生的医药费用支出可以选择由其父母一方扣除。纳税人及其配偶、未成年子女发生的医药费用支出，应按前述规定分别计算扣除额。

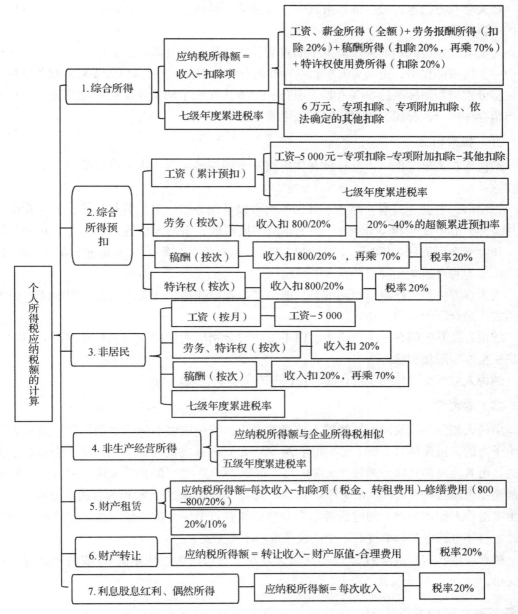

纳税人应当留存医药服务收费及医保报销相关票据原件（或复印件）等资料备查。医疗保障部门应当向患者提供在医疗保障信息系统记录的本人年度医药费用信息查询服务。

四、住房贷款利息

纳税人本人或配偶，单独或共同使用商业银行或住房公积金个人住房贷款，为本人或其配偶购买中国境内住房，发生的首套住房贷款利息支出，在实际发生贷款利息的年度，按照每月1 000元（每年12 000元）的标准定额扣除，扣除期限最长不超过240个月（20年）。纳税人只能享受一套首套住房贷款利息扣除。所称首套住房贷款是指购买住房享受首套住房贷款利率的住房贷款。

经夫妻双方约定，可以选择由其中一方扣除，具体扣除方式在确定后，一个纳税年度内不得变更。

夫妻双方婚前分别购买住房发生的首套住房贷款，其贷款利息支出，婚后可以选择其中一套购买的住房，由购买方按扣除标准的100%扣除，也可以由夫妻双方对各自购买的住房分别按扣除标准的50%扣除，具体扣除方式在一个纳税年度内不能变更。纳税人应当留存住房贷款合同、贷款还款支出凭证备查。

五、住房租金

纳税人在主要工作城市没有自有住房而发生的住房租金支出，可以按照以下标准定额扣除：

直辖市、省会（首府）城市、计划单列市以及国务院确定的其他城市，扣除标准为每月1 500元（每年18 000元）。除上述所列城市外，市辖区户籍人口超过100万的城市，扣除标准为每月1 100元（每年13 200元）；市辖区户籍人口不超过100万的城市，扣除标准为每月800元（每年9 600元）。

夫妻双方主要工作城市相同的，只能由一方扣除住房租金支出。住房租金支出由签订租赁住房合同的承租人扣除。

纳税人及其配偶在一个纳税年度内不得同时分别享受住房贷款利息专项附加扣除和住房租金专项附加扣除。

纳税人应当留存住房租赁合同、协议等有关资料备查。

六、赡养老人

纳税人赡养一位及以上被赡养人的赡养支出，统一按以下标准等额扣除：纳税人为独生子女的，按照每月2 000元（每年24 000元）的标准定额扣除；纳税人为非独生子女的，由其与兄弟姐妹分摊每月2 000元（每年24 000元）的扣除额度，每人分摊的额度最高不得超过每月1 000元（每年12 000元）。可以由赡养人均摊或者约定分摊，也可以由被赡养人指定分摊。约定或者指定分摊的须签订书面分摊协议，指定分摊优于约定分摊。具体分摊方式和额度在一个纳税年度内不得变更。

所称被赡养人是指年满60岁的父母，以及子女均已去世的年满60岁的祖父母、外祖父母。

【鑫考点2】捐赠

个人将其所得对教育、扶贫、济困等公益慈善事业进行捐赠，捐赠额未超过纳税人申报的应纳税所得额30%的部分，可以从其应纳税所得额中扣除；国务院规定对公益慈善事业捐赠实行全额税前扣除的，从其规定。

【鑫考点3】应纳税额计算中的特殊问题处理

一、居民个人所得全年一次性奖金的个人所得税规定

居民个人取得全年一次性奖金，在2021年12月31日前，可以选择并入当年综合所

得计算纳税，也可选择不并入当年综合所得。

（1）先将居民个人取得的全年一次性奖金，除以 12 个月，按其商数依照按月换算后的综合所得税率表确定适用税率和速算扣除数。

（2）将居民个人取得的全年一次性奖金，按上述第（1）条确定的适用税率和速算扣除数计算征税。计算公式如下：

应纳税额 = 居民个人取得的全年一次性奖金收入 × 适用税率 − 速算扣除数

二、关于外籍个人有关津贴的政策

1. 2019 年 1 月 1 日至 2021 年 12 月 31 日期间，外籍个人符合居民个人条件的，可以选择享受个人所得税专项附加扣除，也可以选择享受住房补贴、语言训练费、子女教育费等津补贴免税优惠政策，但不得同时享受。外籍个人一经选择，在一个纳税年度内不得变更。

2. 自 2022 年 1 月 1 日起，外籍个人不再享受住房补贴、语言训练费、子女教育费津补贴免税优惠政策，应按规定享受专项附加扣除。

三、个人取得公务交通、通信补贴收入征税问题

个人因公务用车和通信制度改革而取得的公务用车、通信补贴收入，扣除一定标准的公务费用后，按照"工资、薪金所得"项目征税。按月发放的，并入当月"工资、薪金所得"合并后计征个人所得税；不按月发放的，分解到所属月份并与该月份"工资、薪金所得"合并征税。

四、在中国境内无住所的个人取得工资薪金的征税问题

居住时间	纳税人性质	境内所得		境外所得	
		境内支付	境外支付	境内支付	境外支付
90 天以内	非居民	√	免税	×	×
90～183 天	非居民	√	√	×	×
累计满 183 天的年度连续不满 6 年	居民	√	√	√	免税
累计满 183 天的年度连续满 6 年	居民	√	√	√	√

从第七年起不再享受境外所得境外支付免税优惠。

五、解决劳动关系取得的一次性补偿收入的个人所得税规定

解除劳动关系取得的一次性补偿收入，在扣除一定的免税额度后，单独计算应纳税额。

个人与用人单位解除劳动关系取得一次性补偿收入（包括用人单位发放的经济补偿金、生活补助费和其他补助费），在当地上年职工平均工资 3 倍数额以内的部分，免征个人所得税；超过 3 倍数额的部分，不并入当年综合所得，单独适用年度综合所得税率表，计算纳税。

企业职工从破产企业取得的一次性安置费收入，免征个人所得税。

个人在解除劳动合同后又再次任职、受雇的，已纳税的一次性补偿收入不再与再次任职、受雇的工资薪金所得合并计算补缴个人所得税。

六、个人提前退休取得补贴收入征收个人所得税的规定

提前退休属于特殊情形下的正式退休，退休工资法定免税，一次性补贴收入不属于免税范畴，需要将一次性收入折算成办理提前退休手续至法定离退休年龄之间的年度平均所得水平，减去年度费用扣除标准、查找税率计税。

应纳税额=[（一次性补贴收入÷办理提前退休手续至法定退休年龄的实际年度－费用扣除标准）×适用税率－速算扣除数]×办理提前退休手续至法定退休年龄的实际年度数

七、关于企业减员增效和行政事业单位、社会团体在机构改革过程中实行内部退养办法人员取得收入的征税问题

实行内部退养的个人在其办理内部退养手续后至法定离退休年龄之间从原任职单位取得的工资、薪金，不属于离退休工资，应按"工资、薪金所得"项目计征个人所得税。

个人在办理内部退养手续后至法定离退休年龄之间重新就业取得的"工资、薪金"所得，应与其从原任职单位取得的同一月份的"工资、薪金"所得合并纳税。

个人在办理内部退养手续后从原任职单位取得的一次性收入，应按办理内部退养手续后至法定离退休年龄之间的所属月份进行平均，并与领取当月的"工资、薪金"所得合并后减除当月费用扣除标准，以余额为基数确定适用税率，计征个人所得税。

八、企业年金、职业年金个人所得税的计税规定

按月领取的，适用月度税率表计算纳税。

按季领取的，平均分摊计入各月，按每月领取额适用月度税率表计算纳税。

按年领取的，适用综合所得税率表计算纳税。

个人因出境定居而一次性领取的年金个人账户资金，或个人死亡后，其指定的受益人或法定继承人一次性领取的年金个人账户余额，适用综合所得税率表计算纳税。

对个人除上述特殊原因外一次性领取年金个人账户资金或余额的，适用月度税率表计算纳税。

九、个人兼职和退休人员再任职取得收入个人所得税的征税方法

1. 个人兼职取得的收入应按照"劳务报酬所得"应税项目缴纳个人所得税。

2. 退休人员再任职取得的收入，在减除按个人所得税法规定的费用扣除标准后，按"工资、薪金所得"应税项目缴纳个人所得税。

十、企业向个人支付不竞争款项的个人所得税规定

企业向个人支付不竞争款项按照"偶然所得"项目计算缴纳个人所得税，税款由资产购买方企业在向资产出售方企业自然人股东支付不竞争款项时代扣代缴。

十一、个人取得拍卖收入征收的个人所得税规定

1. 作者将自己的文字作品手稿原件或复印件拍卖取得的所得，按照"特许权使用

费"所得项目纳税。

2. 个人拍卖除文字作品原稿及复印件外的其他财产,应以其转让收入额减除财产原值和合理税费后的余额为应纳税所得额,按照"财产转让所得"项目纳税。

应纳税所得额 = 转让收入 – 财产原值 – 合理税费

纳税人如不能提供合法、完整、准确的财产原值凭证,不能正确计算财产原值的,按转让收入额的3%征收率计算缴纳个人所得税;拍卖品为经文物部门认定是海外回流文物的,按转让收入额的2%征收率计算缴纳个人所得税。

十二、沪港股票市场交易互联互通机制试点个人所得税的规定（包括其他税种优惠,"深港通"同）

	香港投资者投资沪市A股	内地投资者投资香港联交所股票
股息红利所得	暂不执行按持股时间的差别化征税政策,由上市公司按10%税率代扣	(1) 上市H股,公司按20%税率代扣 (2) 上市的非H股,中国结算按20%税率代扣
转让差价所得	暂免征税	暂免征收

十三、律师事务所从业人员取得收入征收个人所得税的有关规定

1. 合伙人律师：经营所得。
2. 雇员律师：工资薪金所得［分成并入工资薪金,分成 = 收入 – 办案费（收入的30%以内）］。
3. 兼职律师：以收入全额（= 分成收入 – 办案费）直接确定适用的税率。
4. 律师以个人名义再聘请其他人员、法律顾问费或其他酬金,应并入其从律师事务所取得的其他收入,按照规定计算缴纳个人所得税。（新增）

【鑫考点4】纳税人应当依法办理纳税申报的情形

1. 取得综合所得需要办理汇算清缴。
2. 取得应税所得没有扣缴义务人。
3. 取得应税所得,扣缴义务人未扣缴税款。
4. 取得境外所得。
5. 因移居境外注销中国户籍。
6. 非居民个人在中国境内从两处以上取得工资、薪金所得。
7. 国务院规定的其他情形。

第六章 城市维护建设税法和烟叶税法

考情分析

本章作为非重点章节,在往年的试题中,分值为1~3分,题型主要为单选题、多选题,也会在计算题、综合题中涉及,但难度不大。

【鑫考点1】城市维护建设税法

一、纳税人

缴纳增值税、消费税单位和个人为纳税义务人。即只要缴纳了"两税"就必须缴纳城建税。

二、税率

城建税采用地区差别比例税率,共分三档:

档次	纳税人所在地	税率
1	市区	7%
2	县城、镇	5%
3	不在市、县城、镇	1%

特殊情况:

受托方代扣代缴"两税"的纳税人,按受托方所在地适用税率计算代扣代缴的城建税。

开采海洋石油资源的中外合作油(气)田所在地在海上,其城市维护建设税适用1%的税率。

三、计税依据

城市维护建设税的计税依据是纳税人实际缴纳的增值税、消费税税额之和。

1. 纳税人违反"两税"有关规定,被查补"两税"和被处以罚款时,也要对其未缴的城建税进行补税和罚款。

2. 纳税人违反"两税"有关规定而加收的滞纳金和罚款,不作为城建税的计税依据。

3. 城建税出口不退,进口不征。

4. 经国家税务总局正式审核批准的当期免抵的增值税税额应纳入城市维护建设税、教育费附加和地方教育费附加的计征范围,分别按规定的税率征收。

【鑫考点2】烟叶税法

一、纳税义务人
烟叶税的纳税义务人为在我国境内收购烟叶的单位。

二、征税范围
烟叶税的征税范围包括晾晒烟叶、烤烟叶。

三、应纳税额
应纳税额 = 实际支付价款总额 × 税率 = 收购价款 × （1 + 10%） × 20%

四、纳税义务发生时间
纳税人收购烟叶的当天。

五、纳税地点
纳税人收购烟叶，应向收购地的主管税务机关申报纳税。

六、纳税期限
烟叶税按月计征，于纳税义务发生月终了之日起15日内申报纳税。

【鑫考点3】教育费附加和地方教育附加

应纳教育费附加 = 实纳增值税、消费税 × 3%
应纳地方教育附加 = 实纳增值税、消费税 × 2%

第七章 关税法和船舶吨税法

考情分析

本章是税法考试中的非重点章，除选择题外，关税还可能与进口消费税、进口增值税一并出现在计算题或综合题当中，分值一般为2~4分。

重点内容

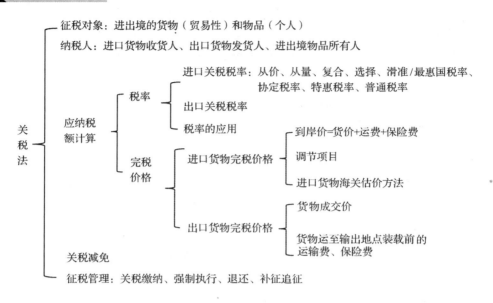

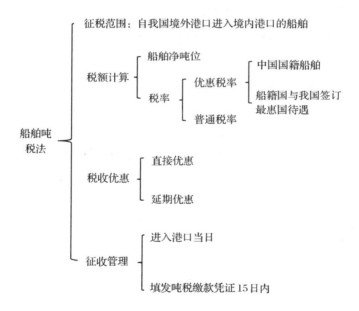

【鑫考点1】 关税中计入完税价格的项目

计入完税价格的项目	不计入完税价格的项目
(1) 由买方负担的除购货佣金以外的佣金和经纪费,购货佣金不计入完税价格,购货佣金是向自己的代理人支付的 (2) 由买方负担的与该货物视为一体的容器费用 (3) 由买方负担的包装材料和包装劳务费用 (4) 与该货物的生产和向我国境内销售有关的,在境外开发、设计等相关服务的费用 (5) 与该货物有关,应当由买方直接或间接支付的特许权使用费 (6) 卖方直接或间接从买方对该货物进口后转售、处置或使用所得中获得的收益	(1) 厂房、机械、设备等货物进口后的基建、安装、装配、维修和技术服务的费用 (2) 货物运抵境内输入地点之后的运输费用 (3) 进口关税及其他国内税 (4) 为在境内复制进口货物而支付的费用 (5) 境内外技术培训及境外考察费用 (6) 符合条件的利息

【鑫考点2】 进口货物海关估价方法

1. 相同货物成交价格估价方法。
2. 类似货物成交价格估价方法。
3. 倒扣价格估价方法。
4. 计算价格估价方法。
5. 合理方法。

以客观量化的数据资料为基础审查确定进口货物完税价格的估价方法。

海关在采用合理方法确定进口货物的完税价格时,不得使用以下价格:

(1) 境内生产的货物在境内的销售价格;
(2) 可供选择的价格中较高的价格;
(3) 货物在出口地市场的销售价格;
(4) 以计算价格估价方法规定的有关各项之外的价值或费用计算的价格;
(5) 出口到第三国或地区的货物的销售价格;
(6) 最低限价或武断、虚构的价格。

【鑫考点3】 进口货物完税价格中运输及相关费用、保险费计算

1. 运输工具作为进口货物,利用自身动力进境的,海关在审查确定完税价格时,不再另行计入运输及相关费用。
2. 邮寄费:邮运进口货物,以邮费作为运输及相关费用、保险费。

【鑫考点4】 减免关税

一、法定减免关税

1. 关税税额在人民币50元以下的一票货物。

2. 无商业价值的广告品和货样。
3. 外国政府、国际组织无偿赠送的物资。
4. 进出境运输工具装载的途中必需的燃料、物料和饮食用品。
5. 在海关放行前损失的货物。
6. 在海关放行前损坏的货物,依受损程度减税。
7. 我国缔结或参加国际条约规定的减免。

二、特定减免关税

1. 科教用品。
2. 残疾人专用品。
3. 慈善捐赠物资。
4. 重大技术装备。

三、暂时免税

暂时进境或者暂时出境的下列货物,在进境或者出境时纳税义务人向海关缴纳相当于应纳税款的保证金或者提供其他担保的,可以暂不缴纳关税,并应当自进境或者出境之日起6个月内复运出境或者复运进境;需要延长复运出境或者复运进境期限的,纳税义务人应当根据海关总署的规定向海关办理延期手续。

四、临时减免税

临时减免税是指以上法定和特定减免税以外的其他减免税,即由国务院根据《海关法》对某个单位、某类商品、某个项目或某批进出口货物的特殊情况,给予特殊照顾,一案一批,专文下达的减免税。

【鑫考点5】关税征收管理项目

征收管理项目	内容
关税缴纳	(1) 申报时间为进口货物自运输工具申报进境之日起14日内,出口货物在运抵海关监管区后装货的24小时以前; (2) 纳税期限为关税的纳税义务人或其代理人,应在海关填发税款缴纳证之日起15日内向指定银行缴纳; (3) 不能按期缴纳税款,经海关总署批准,可延期缴纳,但最长不得超过6个月。
关税强制执行	两种形式: (1) 征收关税滞纳金。 关税滞纳金金额=滞纳关税税额×滞纳金征收比率(万分之五)×滞纳天数; (2) 强制征收。 如纳税义务人自海关填发缴款书之日起3个月仍未缴纳税款,经海关关长批准,海关可以采取强制扣缴、变价抵缴等强制措施。

续表

征收管理项目	内容
关税退还	如遇下列情况之一，可自缴纳税款之日起1年内，书面声明理由，连同原纳税收据向海关申请退税，并加计同期银行活期存款利率计算的利息： （1）已征进口关税的货物，因品质或规格原因，原状退货复运出境； （2）已征出口关税的货物，因品质或规格原因，原状退货复运进境，并已缴纳因出口退还的国内税收； （3）已征出口关税的货物，因故未装运出口，申报退关。
关税补征和追征	（1）关税补征，是因非纳税人违反海关规定造成的少征或漏征关税，关税补征期为缴纳税款或货物放行之日起1年内； （2）关税追征，是因纳税人违反海关规定造成少征或漏征关税，关税追征期为进出口货物完税之日或货物放行之日起3年内，并加收万分之五的滞纳金。
关税纳税争议	争议时可以向海关申请复议，但同时应当在规定期限内按海关核定的税额缴纳关税，逾期则构成滞纳，海关有权按规定采取强制执行措施。

【鑫考点6】船舶吨税税收优惠

一、直接优惠

下列船舶免征吨税：

1. 应纳税额在人民币50元以下的船舶；
2. 自境外以购买、受赠、继承等方式取得船舶所有权的初次进口到港的空载船舶；
3. 吨税执照期满后24小时内不上下客货的船舶；
4. 非机动船舶（不包括非机动驳船）；
5. 捕捞、养殖渔船；
6. 避难、防疫隔离、修理、终止运营或者拆解，并不上下客货的船舶；
7. 军队、武装警察部队专用或者征用的船舶；
8. 警用船舶；
9. 依照法律规定应当予以免税的外国驻华使领馆、国际组织驻华代表机构及其有关人员的船舶；
10. 国务院规定的其他船舶。

二、延期优惠

在吨税执照期限内，应税船舶发生下列情形之一的，海关按照实际发生的天数批注延长吨税执照期限。

1. 避难、防疫隔离、修理，并不上下客货；
2. 军队、武装警察部队征用。

第八章 资源税法和环境保护税法

重点内容

资源税法
- 纳税人义务人：特殊考虑水资源税
- 税目（征税范围）
  - 能源矿产、金属矿产、非金属矿产、水气矿产、盐
  - 水（试点9个省区市）
- 计算
  - 从价定率
  - 从量定额
- 税收优惠：特殊考虑水资源税优惠
- 征收管理：特殊考虑水资源税征收管理

环境保护税
- 纳税义务人：直接向环境排放应税污染物的企事业单位和其他生产经营者
- 税目：大气污染物、水污染物、固体废物、噪声
- 计算
  - 大气污染物：污染物排放量=该污染物的污染当量值×适用税额
  - 水污染物：污染当量数×适用税额
    - 适用抽样测算法：见下图
    - 适用监测数据法：污染当量数=污染物的排放量/该污染物的污染当量值=污水排放量×浓度值/该污染物的污染当量值
  - 固体废物：排放量(产生量−综合利用量−储存量−处置量)×适用税额
  - 噪声：超过国家规定标准的分贝数对应的具体适用税额
- 税收优惠
  - 免征
  - 减征
- 征收管理：按月计算，按季申报

适用抽样测算法
- 规模化禽畜养殖业排放的水污染物的污染当量数 = 养殖数量/该污染物的污染当量值
- 小型企业和第三产业排放的水污染物的污染当量数 = 污染排放量（吨）/该污染物的污染当量值（吨）
- 医院(2选1)：污染当量数=医院床位数/污染当量值
  污染当量数=污水排放量/污染当量值

【鑫考点1】 不缴纳相应污染环境保护税的情形

有下列情形之一的，不属于直接向环境排放污染物，不缴纳相应污染物的环境保护税：

1. 企业事业单位和其他生产经营者向依法设立的污水集中处理、生活垃圾集中处理场所排放应税污染物的；

2. 企业事业单位和其他生产经营者在符合国家和地方环境保护标准的设施、场所贮存或者处置固体废物的。

3. 达到省级人民政府确定的规模标准并且有污染物排放口的畜禽养殖场，应当依法缴纳环境保护税，但依法对畜禽养殖废弃物进行综合利用和无害化处理的。

【鑫考点2】 环境保护税计税依据

征税对象	计税依据	具体要求
应税大气污染物	污染当量数	每一排放口或者没有排放口的应税大气污染物，按照污染当量数从大到小排序，对前三项污染物征税
应税水污染物		每一排放口的应税水污染物，第一类水污染物按照前五项征税；其他类水污染物按照前三项征税
应税固体废物	固体废物的排放量	排放量＝当期应税固体废物的产生量－当期应税固体废物贮存量－处置量－综合利用量
应税噪声	超过国家规定标准的分贝数	每月统一定额税

【鑫考点3】 环境保护税税收减免

一、暂免征税项目

1. 农业生产（不包括规模化养殖）排放应税污染物的；

2. 机动车、铁路机车、非道路移动机械、船舶和航空器等流动污染源排放应税污染物的；

3. 依法设立的城乡污水集中处理、生活垃圾集中处理场所排放相应应税污染物，不超过国家和地方规定的排放标准的；

4. 纳税人综合利用的固体废物，符合国家和地方环境保护标准的；

二、减征税额项目

1. 纳税人排放应税大气污染物或者水污染物的浓度值低于国家和地方规定的污染物排放标准30%的，减按75%征收环境保护税。

2. 纳税人排放应税大气污染物或者水污染物的浓度值低于国家和地方规定的污染物排放标准50%的，减按50%征收环境保护税。

第九章 城镇土地使用税法和耕地占用税法

考情分析

多为选择题,城镇土地使用税法分值为 1~2 分,耕地占用税法分值为 1~2 分。

重点内容

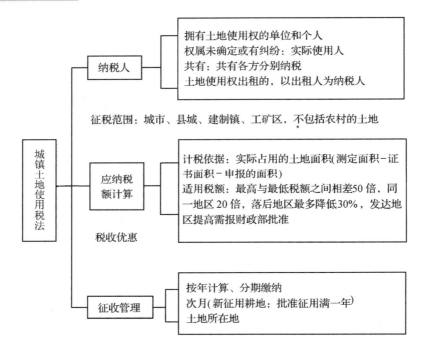

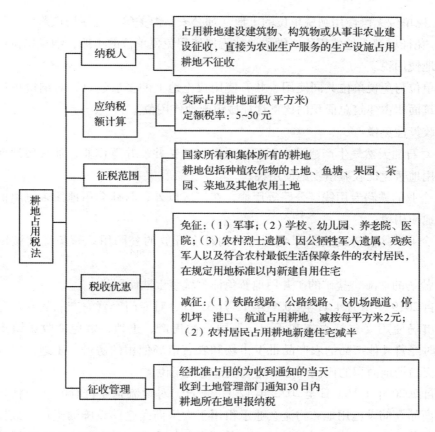

【鑫考点】城镇土地使用税法税收优惠

一、法定免税项目

1. 国家机关、人民团体、军队自用的土地。

2. 由国家财政部门拨付事业经费的单位自用的土地。

3. 宗教寺庙、公园、名胜古迹自用的土地。公园、名胜古迹内的索道公司经营用地，应按规定缴纳城镇土地使用税。

4. 市政街道、广场、绿化地带等公共用地。

5. 直接用于农、林、牧、渔业的生产用地。包括在城镇土地使用税征收范围内经营采摘、观光农业的单位和个人，其直接用于采摘、观光的种植、养殖、饲养的土地。不包括农副产品加工场地和生活办公用地。

6. 经批准开山填海整治的土地和改造的废弃土地，从使用的月份起免缴土地使用税5年至10年。

7. 对非营利性医疗机构、疾病控制机构和妇幼保健机构等卫生机构自用的土地，免征城镇土地使用税。

8. 国家拨付事业经费和企业办的学校、医院、托儿所、幼儿园，其用地能与企业其他用地明确区分的，免征城镇土地使用税。

9. 免税单位无偿使用纳税单位的土地（如公安、海关等单位使用铁路、民航等单位的土地），免征城镇土地使用税。纳税单位无偿使用免税单位的土地，纳税单位应照章缴纳城镇土地使用税。

纳税单位与免税单位共同使用、共有使用权土地上的多层建筑，对纳税单位可按其占用的建筑面积占建筑总面积的比例计征城镇土地使用税。

10. 政策性免税：

（1）对石油天然气生产建设中用于地质勘探、钻井、井下作业、油气田地面工程等施工临时用地暂免征收城镇土地使用税；

（2）企业的铁路专用线、公路等用地，在厂区以外、与社会用地段未隔离的暂免征收城镇土地使用税；

（3）企业厂区以外的公共绿化用地和向社会开放的公园用地暂免征收城镇土地使用税；

（4）盐场的盐滩、盐矿的矿井用地暂免征收城镇土地使用税。

11. 自2019年1月1日至2021年12月31日，对专门经营农产品的农产品批发市场、农贸市场使用（包括自有和承租，下同）的房产、土地，暂免征收城镇土地使用税。对同时经营其他产品的农产品批发市场和农贸市场使用的房产、土地，按其他产品与农产品交易场地面积的比例确定征免城镇土地使用税。

12. 自2020年1月1日至2022年12月31日，对物流企业自有的（包括自用和出租）大宗商品仓储设施用地和物流企业承租用于大宗商品仓储设施的土地，减按所属土地等级适用税额标准的50%计征城镇土地使用税。物流企业的办公、生活区域用地及其他非直接从事大宗商品仓储的用地，不属于优惠范围，应按规定征收城镇土地使用税。

13. 自2019年1月1日至2021年12月31日，对国家级、省级科技企业孵化器，大学科技园和国家备案众创空间自用以及无偿或通过出租等方式提供给在孵对象使用的土地，免征城镇土地使用税。

2018年12月31日以前认定的国家级科技企业孵化器、大学科技园，自2019年1月1日起享受规定的税收优惠政策，2019年1月1日以后认定的国家级、省级科技企业孵化器、大学科技园和国家备案众创空间，自认定之日次月起享受规定的税收优惠政策，2019年1月1日以后被取消资格的，自取消资格之日次月起停止享受规定的税收优惠政策。

14. 自2019年1月1日至2021年12月31日，对城市公交站场、道路客运站场、城市轨道交通系统运营用地，免征城镇土地使用税。

15. 对改造安置住房建设用地免征城镇土地使用税。

在商品房等开发项目中配套建造安置住房的，依据政府部门出具的相关材料、房屋征收（拆迁）补偿协议或棚户区改造合同（协议），按改造安置住房建筑面积占总面积的比例免征城镇土地使用税。

二、由省、自治区、直辖市税务局确定的减免税项目

1. 个人所有的居住房屋及院落用地。
2. 房产管理部门在房租调整改革前经租的居民住房用地。
3. 免税单位职工家属的宿舍用地。
4. 集体和个人办的各类学校、医院、托儿所、幼儿园用地。

第十章 房产税法、契税法和土地增值税法

考情分析

本章分值大概 10 分，其中房产税法 3 分、契税法 2 分、土地增值税法 5 分。房产税法和契税法以选择题为主，土地增值税法常和其他税种结合出现在计算问答题中。

重点内容

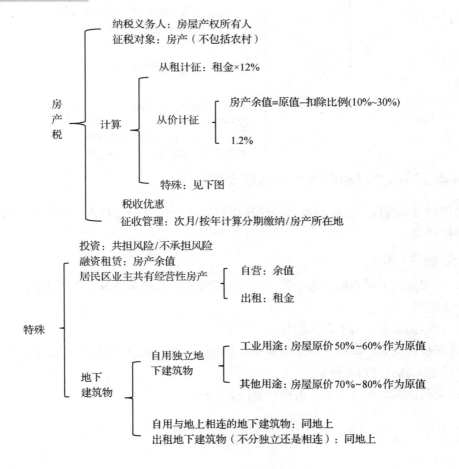

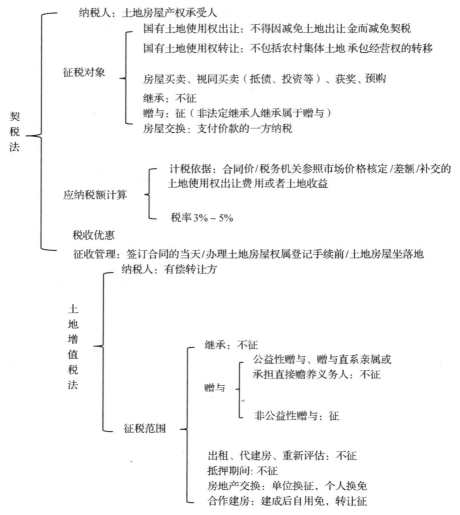

【鑫考点1】房产税纳税义务人与征税范围

房产税是以房屋为征税对象，按照房屋的计税余值或租金收入，向产权所有人征收的一种财产税。

一、纳税义务人

1. 产权属国家所有的，由经营管理单位纳税；产权属集体和个人所有的，由集体单位和个人纳税。

2. 产权出典的，由承典人纳税。

3. 产权所有人、承典人不在房屋所在地的，或者产权未确定及租典纠纷未解决的，由房产代管人或者使用人纳税。

4. 无租使用其他房产的，由房产使用人纳税。

【鑫考点2】房产税税收优惠

1. 国家机关、人民团体、军队自用的房产免征房产税。但上述免税单位的出租房产以及非自身业务使用的生产、营业用房，不属于免税范围。

2. 由国家财政部门拨付事业经费的单位，如学校、医疗卫生单位、托儿所、幼儿园、敬老院、文化、体育、艺术这些实行全额或差额预算管理的事业单位所有的，本身业务范围内使用的房产免征房产税。由国家财政部门拨付事业经费的单位，其经费来源实行自收自支后，应征收房产税。

3. 宗教寺庙、公园、名胜古迹自用的房产免征房产税。

4. 个人所有非营业用的房产免征房产税。

    个人所有的非营业用房，主要是指居民住房，不分面积多少，一律免征房产税。

    对个人拥有的营业用房或者出租的房产，不属于免税房产，应照章纳税。

5. 对非营利性医疗机构、疾病控制机构和妇幼保健机构等卫生机构自用的房产，免征房产税。

6. 经营公租房的租金收入，免征房产税。

7. 从2001年1月1日起，对按政府规定价格出租的公有住房和廉租住房，包括企业和自收自支事业单位向职工出租的单位自有住房，房管部门向居民出租的公有住房，落实私房政策中带户发还产权并以政府规定租金标准向居民出租的私有住房等，暂免征收房产税。暂免征收房产税的企业和自收自支事业单位向职工出租的单位自有住房，是指按照公有住房管理或纳入县级以上政府廉租住房管理的单位自有住房。

8. 企业办的各类学校、医院、托儿所、幼儿园自用的房产，免征房产税。

9. 经有关部门鉴定，对毁损不堪居住的房屋和危险房屋，在停止使用后，可免征房产税。

10. 自2004年7月1日起，纳税人因房屋大修导致连续停用半年以上的，在房屋大修期间免征房产税。

11. 凡是在基建工地为基建工地服务的各种工棚、材料棚、休息棚、办公室、食堂、茶炉房、汽车房等临时性房屋，无论是施工企业自行建造还是基建单位出资建造，交施工企业使用的，在施工期间，一律免征房产税。但是，如果在基建工程结束后，施工企业将这种临时性房屋交还或者低价转让给基建单位的，应当从基建单位接收的次月起，依照规定缴纳房产税。

12. 纳税单位与免税单位共同使用的房屋，按各自使用的部分分别征收或免征房产税。

13. 自2019年1月1日至2021年12月31日，对高校学生公寓免征房产税。

14. 自2019年1月1日至2021年12月31日，对农产品批发市场、农贸市场（包括自有和承租，下同）专门用于经营农产品的房产、土地，暂免征收房产税。对同时经营其他产品的农产品批发市场和农贸市场使用的房产、土地，按其他产品与农产品交易场地面积的比例确定征免房产税。

15. 为推进国有经营性文化事业单位转企改制，对由财政部门拨付事业经费的文化事业单位转制为企业的，自转制注册之日起5年内对其自用房产免征房产税。2018年12月31日之前已完成转制的企业，自2019年1月1日起，对其自用房产可继续免征5年房产税。

16. 房地产开发企业建造的商品房，在出售前不征收房产税。但出售前房地产开发企业已使用或出租、出借的商品房，应按规定征收房产税。

17. 自2019年1月1日至2021年12月31日，对商品储备管理公司及直属库自用的承担商品储备业务的房产免征房产税。

18. 自2019年6月1日至2025年12月31日，为社区提供养老、托育、家政等服务的机构自用或其通过承租、无偿使用等方式取得并用于提供社区养老、托育、家政服务的房产免征房产税。

19. 自2018年1月1日至2023年12月31日，对纳税人及其全资子公司从事大型民用客机发动机、中大功率民用涡轴涡桨发动机研制项目自用的科研、生产、办公房产，免征房产税。

20. 自2019年1月1日至2021年12月31日，各省、自治区、直辖市人民政府可根据本地区实际情况，以及宏观调控需要确定，对增值税小规模纳税人在50%的税额幅度内减征房产税。增值税小规模纳税人已依法享受房产税其他优惠政策的，可叠加享受本规定的优惠政策。

【鑫考点3】 土地增值税税率

增值率＝增值额/扣除项目合计

增值率0～50%，税率30%，速算扣除系数0。

增值率50%～100%，税率40%，速算扣除系数5%。

增值率100%～200%，税率50%，速算扣除系数15%。

增值率200%以上，税率60%，速算扣除系数35%。

【鑫考点4】 土地增值税转让项目的性质

转让项目的性质	扣除项目
新建房地产转让	（1）取得土地使用权所支付的金额（含契税） （2）房地产开发成本 （3）房地产开发费用 （4）与转让房地产有关的税金（注意印花税） （5）计算加计扣除（房地产企业独有）
存量房地产转让	（1）房屋及建筑物的评估价格（存量房） 评估价格＝重置成本价×成新度折扣率 （2）取得土地使用权所支付的地价款和按国家统一规定缴纳的有关费用（存量房地） （3）与转让房地产有关的税金（存量房地）

【鑫考点5】 土地增值税旧房与建筑物的评估价格及扣除项目

1. 旧房及建筑物的评估价格，可按发票所载金额并从购买年度起至转让年度止每年加计5%计算扣除。

计算扣除项目时"每年"按购房发票所载日期起至售房发票开具之日止，每满12个月计一年；超过一年，未满12个月但超过6个月的，可以视同为一年。

2. 对纳税人购房时缴纳的契税，凡能提供契税完税凭证的，准予作为"与转让房地产有关的税金"予以扣除，但不作为加计5%的基数。

3. 对于转让旧房及建筑物，既没有评估价格，又不能提供购房发票的，税务机关可以实行核定征收。

【鑫考点6】 土地增值税的清算条件

1. 符合下列情形之一的，纳税人应当进行土地增值税的清算：（比较绝对）
（1）房地产开发项目全部竣工、完成销售的；
（2）整体转让未竣工决算房地产开发项目的；
（3）直接转让土地使用权的。

2. 符合下列情形之一的，主管税务机关可要求纳税人进行土地增值税清算：
（1）已竣工验收的房地产开发项目，已转让的房地产建筑面积占整个项目可售建筑面积的比例在85%以上，或未超85%，但剩余可售建筑面积已经出租或自用；
（2）取得销售（预售）许可证满三年仍未销售完毕的；
（3）纳税人申请注销税务登记但未办理土地增值税清算手续的；

【鑫考点7】 土地增值税的扣除项目

1. 装修费用。房地产开发企业销售已装修的房屋，其装修费用可以计入房地产开发成本。房地产开发企业的预提费用，除另有规定外，不得扣除。

2. 扣留建筑安装施工的质量保证金。在计算土地增值税时，建筑安装施工企业就质量保证金对房地产开发企业开具发票的，按发票所载金额予以扣除；未开具发票的，扣留的质保金不得计算扣除。

3. 开发缴纳的土地闲置费不得扣除。

【鑫考点8】 土地增值税税收优惠和征收管理

1. 纳税人建造普通标准住宅出售，增值额未超过扣除项目金额20%的，免征土地增值税。如果超过20%的，应就其全部增值额按规定计税。

2. 因国家建设的需要而被政府征用、收回的房地产，免征土地增值税。

3. 因城市规划、国家建设需要而搬迁由纳税人自行转让原房地产的，免征土地增值税。

4. 对企事业单位、社会团体以及其他组织转让旧房作为公租房房源，且增值额未超过扣除项目金额20%的，免征土地增值税。

5. 应在转让房地产合同签订后的7日内，到房地产所在地主管税务机关办理纳税申报。

第十一章 车辆购置税法、车船税法和印花税法

考情分析

本章为非重点章。分值为5~10分。相对重要的税种是印花税；题型以客观题为主，每个税种题量1~2小题，分值为1~3分。印花税分值略高些，可能单独出计算问答题。

重点内容

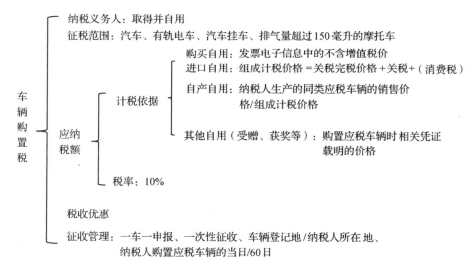

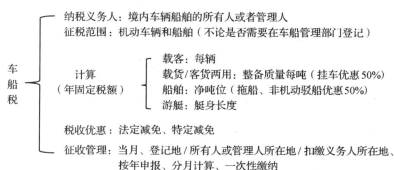

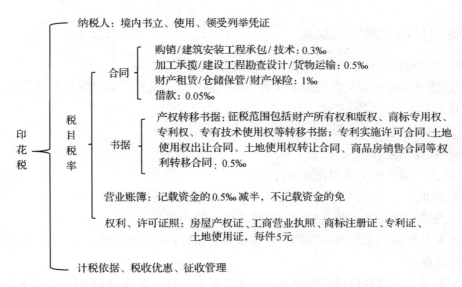

【鑫考点1】 车辆购置税税收优惠

一、法定减免

1. 捕捞、养殖渔船。
2. 军队、武警专用的车船。
3. 警用车船。
4. 依照法律规定应当予以免税的外国驻华使馆、领事馆和国际组织驻华机构及其有关人员的车船。
5. 对节约能源车辆，减半征收车船税。
6. 对新能源车船，免征车船税。

商用车	纯电动商用车、插电式（含增程式）混合动力汽车、燃料电池商用车，免征车船税
乘用车	纯电动乘用车和燃料电池乘用车不属于车船税征税范围，对其不征车船税

7. 省、自治区、直辖市人民政府根据当地实际情况，可以对公共交通车船、农村居民拥有并主要在农村地区使用的摩托车、三轮汽车和低速载货汽车定期减征或者免征车船税。
8. 国家综合性消防救援车辆由部队号牌改挂应急救援专用号牌的，一次性免征改挂当年车船税。

二、特定减免

1. 经批准临时入境的外国车船和港澳台地区的车船，不征收车船税。
2. 按照规定缴纳船舶吨税的机动车船，自车船税法实施之日起5年内免征车船税。
3. 依法不需要在车船登记管理部门登记的机场、港口、铁路站场内部行驶或作业的车船，自车船税法实施之日起5年内免征车船税。

【鑫考点2】印花税税收优惠

享受免税的凭证有：

1. 已缴纳印花税的凭证的副本或者抄本。但以副本或者抄本视同正本使用的，则应另贴印花。

2. 无息、贴息贷款合同。

3. 农牧业保险合同。

4. 涉及不动产的免征印花税项目：

（1）房地产管理部门与个人签订的用于生活居住的租赁合同；

（2）与高校学生签订的高校学生公寓租赁合同；

（3）对公租房经营管理单位购买住房作为公租房；对公租房租赁双方签订租赁协议涉及的印花税；

（4）对改造安置住房经营管理单位、开发商与改造安置住房相关的印花税、购买安置住房的个人涉及的印花税。

5. 自2018年5月1日起，记载资金的营业账簿减半征税，其他营业账簿免税；

6. 对全国社会保障基金理事会、全国社会保障基金投资管理人管理的全国社会保障基金转让非上市公司股权，免征全国社会保障基金理事会、全国社会保障基金投资管理人应缴纳的印花税。

第二部分 章节课后精练

第一章 税法总论

一、单项选择题

1. 下列权利中,作为国家征税依据的是（   ）。
   A. 财产权力   B. 法律权力   C. 政治权力   D. 社会权力
2. 下列税法要素中,规定具体征税范围、体现征税广度的是（   ）。
   A. 纳税人   B. 税目   C. 计税依据   D. 征税对象
3. 如果纳税人通过转让定价或其他方法减少计税依据,税务机关有权重新核定计税依据,以防止纳税人避税与偷税,这样处理体现了税法基本原则中的（   ）。
   A. 税收法律主义原则   C. 税收合作信赖主义原则
   B. 税收公平主义原则   D. 实质课税原则
4. 下列关于税收法律关系的表述中,正确的是（   ）。
   A. 征纳双方法律地位的平等主要体现为双方权利与义务的对等
   B. 履行纳税义务的法人、自然人是义务主体或称为权利客体
   C. 代表国家行使征税职权的税务机关是权利主体
   D. 税法是引起法律关系的前提条件,税法可以产生具体的税收法律关系
5. 我国税收法律关系权利主体中,纳税义务人的确定原则是（   ）。
   A. 国籍原则   C. 属人原则   B. 属地原则   D. 属地兼属人原则
6. 下列税法要素中,能够区别一种税与另一种税的重要标志是（   ）。
   A. 征税对象   B. 计税依据   C. 纳税环节   D. 税率
7. 下列各项税收法律法规中,属于国务院制定的行政法规是（   ）。
   A. 中华人民共和国个人所得税法
   B. 中华人民共和国税收征收管理法
   C. 中华人民共和国企业所得税法实施条例
   D. 中华人民共和国税收征收管理法

二、多项选择题

1. 税收立法程序是税收立法活动中必须遵循的法定步骤,目前我国税收立法程序经过的主要阶段有（   ）。

A. 提议阶段
C. 审议阶段
B. 通过和公布阶段
D. 听证阶段

2. 下列关于税法原则的表述中，正确的有（　　）。
A. 实体税法不具备溯及力，程序性税法在特定条件下具备一定的溯及力
B. 税法主体的权利义务必须由法律加以规定，这体现了税收法定原则
C. 居于特别法地位级别较低的税法，其效力可以高于作为普通法的级别较高的税法
D. 税法适用原则中的法律优位原则明确了税收法律的效力低于税收行政法规的效力

3. 下列税种中，采用累进税率形式的有（　　）。
A. 耕地占用税　　C. 契税　　B. 土地增值税　　D. 个人所得税

4. 下列税种中，纳税人与负担税款的单位和个人一致的有（　　）。
A. 增值税　　C. 消费税　　B. 房产税　　D. 企业所得税

5. 下列税种中，同时适用比例税率和定额税率的有（　　）。
A. 个人所得税　　C. 消费税　　B. 印花税　　D. 房产税

6. 下列各项中，属于国际重复征税形式的有（　　）。
A. 经济性国际重复征税　　C. 税制性国际重复征税
B. 政治性国际重复征税　　D. 法律性国际重复征税

7. 下列关于税法原则的表述中，正确的有（　　）。
A. 税收公平原则是税法基本原则中的核心
B. 税收效率原则要求税法的制定要有利于节约税收征管成本
C. 制定税法时禁止在没有正当理由的情况下给予特定纳税人特别优惠这一做法体现了税收公平原则
D. 税收行政法规的效力优于税收行政规章的效力体现了法律优位原则

参考答案及解析

一、单项选择题

1.【答案】C

【解析】国家征税的依据是政治权力，它有别于按生产要素进行的分配。

2.【答案】B

【解析】税目是在税法中对征税对象分类规定的具体征税项目。反映征税的具体范围，是对课税对象质的界定。税目体现征税的广度。

3.【答案】D

【解析】实质课税原则是指应根据客观事实确定是否符合课税要件，并根据纳税人的真实负担能力决定纳税人的税负，而不能仅考虑相关外观和形式。所以上述处理是体现了实质课税原则的。

4.【答案】C

【解析】选项A，权利与义务不对等；选项B，法人、自然人属于税收法律关系的权利主体；选项D，税法是引起税收法律关系的前提条件，但税法本身并不能产生具体的税收法律关系。

5.【答案】D

【解析】对税收法律关系中纳税义务人的确定,在我国采取的是属地兼属人原则。

6.【答案】A

【解析】征税对象是区分一种税与另一种税的重要标志。

7.【答案】C

【解析】选项A、B,属于全国人民代表大会及其常委会制定的税收法律;选项D,属于税收部门规章。

二、多项选择题

1.【答案】ABC

【解析】税收立法程序包括:

(1)提议阶段;(2)审议阶段;(3)通过和公布阶段。

2.【答案】ABC

【解析】选项D,税法适用原则中的法律优位原则明确了税收法律的效力等于税收行政法规的效力。

3.【答案】BD

【解析】城镇土地使用税采用的是定额税率征收;企业所得税采用的是比例税率征收。

4.【答案】BD

【解析】纳税人本身就是负税人,一般不存在税负转嫁的一类税被称为直接税,典型的直接税是所得税。

5.【答案】BC

【解析】个人所得税采用比例税率和超额累进税率,房产税采用比例税率。

6.【答案】ACD

【解析】国际重复征税形式不包括政治性国际重复征税。

7.【答案】BCD

【解析】选项A,税收法定原则是税法基本原则中的核心。

第二章 增值税法

一、单项选择题

1. 下列业务属于在我国境内发生增值税应税行为的是（　　）。
   A. 英国会展单位在我国境内为境内某单位提供会议展览服务
   B. 境外企业在巴基斯坦为我国境内单位提供工程勘察勘探服务
   C. 我国境内单位转让在德国境内的不动产
   D. 新西兰汽车租赁公司向我国境内企业出租汽车，供其在新西兰考察中使用

2. 根据增值税现行政策规定，下列业务属于在境内销售服务、无形资产或不动产的是（　　）。
   A. 境外单位为境内单位提供境外矿山勘探服务
   B. 境外单位向境内单位出租境外的厂房
   C. 境外单位向境内单位销售在境外的不动产
   D. 境外单位向境内单位提供运输服务

3. A商场（一般纳税人）2019年7月受托代销某品牌服装，取得代销收入6.78万元（零售价），与委托方进行结算，取得增值税专用发票上注明税额0.65万元，A商场此业务应缴纳的增值税（　　）万元。
   A. 0.13　　　　B. 1.13　　　　C. 0.17　　　　D. 0.83

4. 下列各项中属于视同销售行为应当计算销项税额的是（　　）。
   A. 将购买的货物用于个人消费　　B. 将购买的货物投入生产
   C. 将购买的货物无偿赠送他人　　D. 将购买的货物用于集体福利

5. 关于单用途商业预付卡增值税的规定，下列说法正确的是（　　）。
   A. 售卡方可以向购卡人开具增值税专用发票
   B. 售卡方在销售单用途卡时，取得预收资金须缴纳增值税
   C. 持卡人使用单用途卡购买货物时，货物的销售方不缴纳增值税
   D. 售卡方因发行单用途卡并办理相关资金收付结算业务时，取得的手续费应按规定缴纳增值税

6. 某货物运输企业为增值税一般纳税人，2019年4月提供货物运输服务，取得不含税收入480 000元；出租闲置车辆，取得含税收入68 000元；提供车辆停放服务，取得含税收入26 000元。以上业务均选择一般计税方法。该企业当月销项税额是（　　）元。
   A. 95 258.12　　B. 94 056.92　　C. 53 169.80　　D. 64 152.04

7. 某软件开发企业为增值税一般纳税人，2019年6月销售自产软件产品取得不含税收入300万元，购进办公用品，取得增值税专用发票，注明金额152万元，本月领用其

中的40%，该软件开发企业当月实际缴纳的增值税是（　　）万元。

　　A. 25　　　　　　B. 9　　　　　　C. 13　　　　　　D. 18

8. 某软件开发企业为增值税一般纳税人，2019年6月销售自行开发生产的软件产品，取得不含税销售额68 000元，从国外进口软件产品进行本地化改造后对外销售，取得不含税销售额200 000元。本月购进一批电脑用于软件设计，取得的增值税专用发票注明金额100 000元。该企业上述业务即征即退增值税（　　）元。

　　A. 6 920　　　　B. 8 040　　　　C. 13 800　　　　D. 28 560

9. 某超市为增值税一般纳税人，2019年8月销售蔬菜取得零售收入24 000元，销售粮食、食用油取得零售收入13 200元，销售其他商品取得零售收入98 000元。2019年8月该超市销项税额（　　）元。

　　A. 18 518.97　　B. 12 364.25　　C. 16 157.27　　D. 18 918.33

10. 2019年4月，境外公司为我国A企业提供广告设计服务，合同总额300万元，该境外公司在境内未设立机构，则A企业应当扣缴的增值税税额为（　　）万元。

　　A. 0　　　　　　B. 18.00　　　　C. 16.98　　　　D. 8.74

11. 某饭店（一般纳税人）2019年8月份餐饮收入520 000元，另收取包间服务费20 000元，销项税额为（　　）元。

　　A. 30 226.04　　B. 28 533.00　　C. 30 566.04　　D. 31 953.00

12. 甲公司为增值税一般纳税人，适用的增值税税率为13%，主要从事A产品的销售。2019年4月10日甲公司销售给乙公司商品一批，价款为300万元（不含税）。为早日回收款项，该销售附现金折扣条件2/10, 1/20, n/30。2019年4月18日，甲公司收到该笔货款，根据合同规定，给予乙公司2%的折扣。甲公司计税销售额及销项税额分别为（　　）万元。

　　A. 285，39　　　B. 300，39　　　C. 285，39　　　D. 300，33

13. 某商场为增值税一般纳税人。2019年6月举办促销活动，全部商品8折销售。实际取得含税收入380 000元，销售额和折扣额均在同一张发票上分别注明。上月销售商品本月发生退货，向消费者退款680元（开具了红字增值税专用发票）。该商场当月销项税额是（　　）元。

　　A. 43 638.58　　B. 55 213.68　　C. 64 600.00　　D. 80 750.00

14. 甲服装厂为增值税一般纳税人，2019年9月销售给乙企业300套服装，不含税价格为700元/套。由于乙企业购买数量较多，甲服装厂给予乙企业7折的优惠，并按原价开具了增值税专用发票，折扣额在同一张发票的"备注"栏注明。甲服装厂当月的销项税额为（　　）元。

　　A. 24 990　　　B. 27 300　　　C. 36 890　　　D. 47 600

15. 某手机店（一般纳税人）2019年4月用以旧换新的方式销售手机20台，新手机零售价1 130元/台，旧手机100元/台，手机的计税销售额为（　　）元。

　　A. 24 990　　　B. 20 000　　　C. 26 890　　　D. 22 600

16. 某金银首饰店（一般纳税人）2019年4月采取"以旧换新"方式向消费者销售金项链10条，每条新项链的零售价格为4 000元，每条旧项链作价3 000元，每条项链取得差价款1 000元，项链的计税销售额为（　　）元。

　　A. 8 499.88　　　　B. 8 849.56　　　　C. 8 890.54　　　　D. 8 260.21

17. 某金银饰品店为增值税一般纳税人，2019年4月销售金银首饰取得不含税销售额50万元。另以旧换新销售金银首饰，按新货物销售价格确定的含税收入25.2万元，收回旧金银首饰作价13.9万元（含税）。当期可抵扣进项税额6.17万元。该金银饰品店当月应纳增值税（　　）万元。

　　A. 4.61　　　　　　B. 3.99　　　　　　C. 2.63　　　　　　D. 1.63

18. 某生产企业（增值税一般纳税人），2019年7月销售化工产品取得含税销售额793.26万元，为销售货物出借包装物收取押金15.21万元，约定3个月内返还；当月没收逾期未退还包装物的押金1.3万元。该企业2019年7月上述业务计税销售额为（　　）万元。

　　A. 703.15　　　　　B. 691.00　　　　　C. 692.11　　　　　D. 794.56

19. 某啤酒厂为增值税一般纳税人，2019年8月销售啤酒，开具增值税专用发票上的销售额800万元，收取包装物押金22.6万元；本月逾期未退还包装物押金56.5万元。8月该啤酒厂增值税销项税额为（　　）万元。

　　A. 116.24　　　　　B. 136.00　　　　　C. 110.50　　　　　D. 145.95

20. 下列关于增值税的计税销售额规定，说法正确的是（　　）。

　　A. 以物易物方式销售货物，由多交付货物的一方以价差计算缴纳增值税

　　B. 以旧换新方式销售货物，以实际收取的不含增值税的价款计算缴纳增值税（金银首饰除外）

　　C. 还本销售方式销售货物，以货物的销售价格计算缴纳增值税

　　D. 销售折扣方式销售货物，按照扣减折扣额后的金额作为计税销售额

21. 2019年6月，某企业（一般纳税人）研制一种新型普通化妆品，为了进行市场推广和宣传，无偿赠送100件给消费者试用，该化妆品无同类产品市场价，生产成本500元/件，成本利润率为10%。销项税额为（　　）元。

　　A. 8 150　　　　　B. 7 350　　　　　C. 7 100　　　　　D. 7 150

22. 某酒厂为一般纳税人，2019年7月向一小规模纳税人销售白酒，开具普通发票上注明金额为11 300元，同时收取单独核算的包装物租金1 130元，该酒厂的应税销售额为（　　）元。

　　A. 11 700　　　　　B. 11 000　　　　　C. 12 700　　　　　D. 12 870

23. 以下不符合"营改增"试点行业销售额规定的是（　　）。

　　A. 航空运输销售代理企业提供境外航段机票代理服务，以取得的全部价款和价外费用为销售额

　　B. 贷款服务，以提供贷款服务取得的全部利息及利息性质的收入为销售额

C. 金融商品转让，按照卖出价扣除买入价后的余额为销售额

D. 航空运输企业的销售额，不包括代收的机场建设费和代售其他航空运输企业客票而代收转付的价款

24. 关于增值税的销售额，下列说法正确的是（　　）。

A. 旅游服务，一律以取得的全部价款和价外费用为销售额

B. 经纪代理服务，以取得的全部价款和价外费用为销售额

C. 劳务派遣服务，一律以取得的全部价款和价外费用为销售额

D. 航空运输企业的销售额不包括代收的机场建设费

25. 2019年9月1日，甲食品厂（一般纳税人）购进某农场自产小麦一批，用于生产饼干，收购凭证注明价款为78 680元，从某供销社（一般纳税人）购进小麦一批（用于生产面粉），增值税专用发票上注明销售额400 000元。甲食品厂进项税额及采购成本分别为（　　）元。

A. 43 800，470 812　　　　　　B. 43 230，470 812

C. 43 868，470 812　　　　　　D. 43 868，470 800

26. 某食品厂为增值税一般纳税人，2019年7月从农民手中购进小麦，买价5万元，支付运费，取得增值税专用发票，注明金额为1万元。本月销售黄豆制品等，取得不含税销售额20万元，假定当月取得的相关票据均符合税法规定并在当月抵扣进项税，该厂当月应纳增值税（　　）万元。（假设企业销售的黄豆制品增值税税率为13%）

A. 2.70　　　　B. 1.95　　　　C. 1.68　　　　D. 2.01

27. 某企业在2018年3月的经营中，支付一、二级公路通行费7 850元，支付高速公路通行费9 896元，均未取得收费公路通行费增值税电子普通发票，取得通行费发票（非财政票据）。该企业上述发票可计算抵扣进项税为（　　）元。

A. 690.00　　　B. 642.00　　　C. 652.04　　　D. 662.04

28. 某企业为增值税一般纳税人，兼营增值税应税项目和免税项目。2019年8月应税项目取得不含税销售额1 200万元，免税项目取得销售额1 000万元；当月购进用于应税项目的材料支付价款700万元，购进用于免税项目的材料支付价款400万元，当月购进应税项目和免税项目共用的自来水支付进项税额0.6万元，购进共用的电力支付价款8万元，进项税额无法在应税项目和免税项目之间准确划分，当月购进项目均取得增值税专用发票。当月该企业应纳增值税（　　）万元。

A. 83.04　　　B. 83.33　　　C. 64.11　　　D. 53.67

29. 某制药厂为增值税一般纳税人，2019年6月销售免税药品取得价款20 000元，销售非免税药品取得含税价款90 400元。当月购进原材料、水、电等取得的增值税专用发票上的税款合计为10 000元，其中有2 000元进项税额对应的原材料用于免税药品的生产；5 000元进项税额对应的原材料用于非免税药品的生产；对于其他的进项税额对应的购进部分，企业无法划分清楚其用途。该企业本月应缴纳增值税（　　）元。

A. 2 600　　　B. 3 000　　　C. 5 600　　　D. 4 000

30. 甲企业2019年6月外购原材料，取得防伪税控增值税专用发票，注明金额200万元、增值税26万元，运输途中发生损失10%，经查实属于非正常损失。则应转出的进项税额为（　　）万元。

    A. 2.80　　　　　B. 2.60　　　　　C. 26.00　　　　　D. 23.40

31. 某食品企业（增值税一般纳税人）于2019年6月向农民收购一批免税大米，用于生产销售年糕，2019年7月，因管理不善该批大米毁损。已知该批大米的账面成本为18 800元（含运费800元），则其不能抵扣的进项税为（　　）元。

    A. 2 800　　　　　B. 2 072　　　　　C. 2 600　　　　　D. 2 340

32. 某服装厂（增值税一般纳税人）2019年9月因管理不善毁损一批账面成本30 000元的服装，已知该批服装成本外购比例为60%，则其需要转出进项税为（　　）元。

    A. 2 600　　　　　B. 2 172　　　　　C. 2 700　　　　　D. 2 340

33. 某企业的一处使用中的原值450万元的不动产因管理不善造成失火毁损，已抵扣进项税24.3万元，待抵扣进项税16.2万元，不动产净值425万元，则需要转出的进项税为（　　）万元。

    A. 26.00　　　　　B. 21.72　　　　　C. 27.00　　　　　D. 38.25

34. 某便利店为增值税小规模纳税人，2019年6月销售货物共取得含税收入40 000元，代收水电煤等公共事业费共计50 000元，取得代收手续费收入1 500元，该便利店2019年6月应缴纳增值税（　　）元。

    A. 3 617.43　　　　　B. 1 208.74　　　　　C. 1 236.48　　　　　D. 2 665.05

35. 某服装厂为增值税小规模纳税人，2019年7月销售自己使用过3年的一台设备，取得含税销售额100 000元，未放弃享受减税优惠；销售自己使用过的包装物，取得含税销售额40 000元。2019年7月该服装厂上述业务应纳增值税（　　）元。

    A. 2 718.45　　　　　B. 3 106.80　　　　　C. 3 125.83　　　　　D. 4 077.67

36. 某旧机动车交易公司2019年5月收购旧机动车50辆，支付收购款350万元，销售旧机动车60辆，取得销售收入480万元，同时协助客户办理车辆过户手续，取得收入3万元。当月该旧机动车交易公司应纳增值税（　　）万元。

    A. 9.38　　　　　B. 9.89　　　　　C. 14.07　　　　　D. 70.18

37. 甲进出口公司代理乙工业企业进口设备，同时委托丙货运代理人办理托运手续，海关进口增值税专用缴款书上的缴款单位是甲进出口公司。该进口设备的增值税纳税人是（　　）。

    A. 甲进出口公司　　B. 乙工业企业　　C. 丙货运代理人　　D. 国外销售商

38. 某具有进出口经营权的企业为增值税小规模纳税人，2020年6月从国外进口小汽车一辆，关税完税价格折合人民币100 000元，假定小汽车的关税税率20%，消费税税率5%，其进口环节应纳增值税（　　）元。

    A. 16 695.65　　　　　B. 16 000　　　　　C. 19 200　　　　　D. 16 421.05

39. 某加油站2019年6月通过加油机销售成品汽油694 000升，其中经主管税务机关确定的加油站自有油罐车用油 300 升，倒库用油 250 升；当月销售加油卡 20 万元；购进汽油取得的增值税专用发票上注明价款 300 万元、税款 39 万元。当月汽油零售价为 7.8 元/升。该加油站当月应纳增值税（　　）万元。

A. 27.53　　　　B. 23.23　　　　C. 30.99　　　　D. 40.95

40．2019 年 7 月，张某销售一套住房，取得含税销售收入 460 万元，该住房于 2018 年 3 月购进，购进时支付房价 100 万元，手续费 0.2 万元，契税 1.5 万元，张某销售住房应纳增值税（　　）万元。

A. 21.90　　　　B. 17.14　　　　C. 12.05　　　　D. 0

41．机构所在地在 A 市的甲企业是增值税一般纳税人，当月在 A 市取得含税咨询收入 250 000 元，发生进项税 8 000 元，将位于 B 市的一处办公用房（系 2016 年 4 月 30 日前取得）出租，收取含税月租金 40 000 元，甲企业出租办公用房选择简易计税方法。甲企业在 A、B 两市应缴纳（预缴）税款（　　）万元。

A. 6 150.94，1 904.76　　　　B. 8 055.70，1 904.76
C. 0，1 904.76　　　　D. 6 150.94，0

42．机构所在地在 A 市的甲企业是增值税一般纳税人，当月在 A 市取得含税咨询收入 250 000 元，发生进项税 8 000 元，将位于 B 市的一处办公用房（系 2016 年 5 月 1 日后取得）出租，收取含税月租金 40 000 元。甲企业在 A、B 两市应缴纳（预缴）税款（　　）元。

A. 8 352.77，1 100.92　　　　B. 8 352.77，0
C. 0，1 100.92　　　　D. 9 453.69，1 100.92

43. 某建筑工程公司为甲市增值税一般纳税人，2016 年 6 月到乙市提供建筑服务（建筑用主要材料由建设单位提供），取得含税价款 5 768 万元，该建筑工程公司将承包工程中的电梯安装业务分包给某电梯安装企业，支付含税分包款 618 万元，取得增值税普通发票。建筑工程公司购进建筑用辅助材料的进项税额为 20 万元，该工程公司上述业务税务处理正确的是（　　）。

A. 可以选择简易方法计算增值税，在乙市预缴增值税 150 万元
B. 应按一般计税方法计算增值税，在乙市预缴增值税 280 万元
C. 应按一般计税方法计算增值税，在甲市缴纳增值税 280 万元
D. 可以选择简易方法计算增值税，在甲市缴纳增值税 150 万元

44．2019 年 9 月，机构所在地在 B 市的甲建筑企业是增值税一般纳税人，适用一般计税方法，当月在 A 市取得含税建筑收入 300 000 元。甲企业在建筑服务发生地 A 市预缴税款（　　）元。

A. 6 504.59　　　　B. 8 256.88　　　　C. 24 770.64　　　　D. 5 504.59

45．商业企业一般纳税人零售下列货物，可以开具增值税专用发票的是（　　）。

A. 烟酒　　　　B. 食品　　　　C. 化妆品　　　　D. 办公用品

46．增值税小规模纳税人发生下列销售行为，可以申请税务机关代开增值税专用发

票的是（　　）。

  A. 销售旧货

  B. 销售自己使用过的固定资产，未放弃减税的

  C. 销售边角余料

  D. 销售免税货物

47. 下列业务不属于增值税视同销售的是（　　）。

  A. 单位以自建的房产抵偿建筑材料款

  B. 单位无偿为关联企业提供建筑服务

  C. 单位无偿为公益事业提供建筑服务

  D. 单位无偿向其他企业提供建筑服务

48. 某食品厂为一般纳税人，2019年6月将自产产品的80%对外销售，取得含税价款1 000万元；另外20%的产品作为股利发放给股东，该食品厂此业务的销项税额（　　）万元。

  A. 143.81 B. 148.91 C. 133.37 D. 121.00

49. 下列不属于增值税征税范围的有（　　）。

  A. 单位聘用的员工为本单位提供的运输业务

  B. 建筑图纸审核业务

  C. 免费为其他企业提供广告业务

  D. 房地产评估咨询公司提供的房地产评估业务

50. 下列各项中，说法不正确的是（　　）。

  A. 运输工具舱位承包，承包方以其向托运人收取的全部价款和价外费用为销售额，按照"交通运输服务"缴纳增值税

  B. 运输工具舱位承包，发包方以其向承包方收取的全部价款和价外费用为销售额，按照"交通运输服务"缴纳增值税

  C. 运输工具舱位互换，互换运输工具舱位的双方均以各自换出运输工具舱位确认的全部价款和价外费用为销售额

  D. 无运输工具承运业务，按照"租赁服务"缴纳增值税

51. 下列行为中，视同销售货物缴纳增值税的是（　　）。

  A. 将购进的货物用于集体福利

  B. 将购进的货物用于个人消费

  C. 将购进的货物用于对外投资

  D. 将购进的货物用于连续生产货物

52. 某生产企业为增值税一般纳税人，2019年8月将闲置半年的一处厂房对外出租（老项目），一次性收取全年含税租金120万元，该企业采用简易计税方法计税，则该企业2019年8月应缴纳的增值税为（　　）万元。

  A. 4.76 B. 5.71 C. 9.90 D. 11.00

53. 汽车销售公司销售小轿车时一并向购买方收取的下列款项中，应作为价外费用计算增值税销项税额的是（　　）。

A. 收取的小轿车装饰费

B. 因代办保险收取的保险费

C. 因代办牌照收取的车辆牌照费

D. 因代缴税收取的车辆购置税税款

54. 某增值税小规模纳税人，2019年8月销售货物取得含税销售额80 000元，销售自己使用过的固定资产取得含税销售额27 800元。该商店应缴纳的增值税为（　　）元。

A. 3 091.00　　　B. 2 868.91　　　C. 2330.10　　　D. 538.81

二、多项选择题

1. 增值税一般纳税人发生的下列业务中，可以选择适用简易计税方法的有（　　）。

A. 提供装卸搬运服务　　　C. 提供公共交通运输服务

B. 提供文化体育服务　　　D. 提供税务咨询服务

2. 跨境电子商务零售进口商品按照货物征收关税，下列企业可以作为代收代缴义务人的有（　　）。

A. 物流企业　　　C. 电子商务交易平台企业

B. 商品生产企业　　　D. 电子商务企业

3. 下列业务中免征增值税的是（　　）。

A. 残疾人福利企业销售自产产品

C. 残疾人福利机构提供的育养服务

B. 个人销售自建自用住房

D. 单位销售自建住房

4. 下列业务中免征增值税的是（　　）。

A. 农业生产者销售的自产农产品

B. 蔬菜流通环节（包括批发、零售）增值税

C. 纳税人提供技术转让、技术开发和与之相关的技术咨询、技术服务

D. 国家助学贷款利息收入

5. 对下列增值税应税行为计算销项税额时，按照全额确定销售额的是（　　）。

A. 贷款服务　　　C. 销售加工劳务

B. 金融商品转让　　　D. 经纪代理服务

6. 下列项目所包含的进项税额（取得合法税收凭证），不得从销项税额中抵扣的有（　　）。

A. 会计师事务所员工出差的住宿费

B. 文传公司招待客户的就餐费

C. 电信企业用于经营管理的办公用品

D. 商业企业贷款用于进货而支付的利息

7. 下列各项中，属于增值税租赁服务的有（   ）。
   A. 融资租赁业务   C. 融资性售后回租业务
   B. 航空运输干租业务   D. 房屋出租

8. 下列行为免征增值税的有（   ）。
   A. 个人转让著作权   B. 残疾人个人提供应税服务
   C. 航空公司提供飞机播撒农药服务   D. 会计师事务所提供管理咨询服务

9. 某船运公司为增值税一般纳税人并具有国际运输经营资质，2018年7月取得的含税收入包括货物保管收入40.28万元、装卸搬运收入97.52万元、国际运输收入355.2万元、国内运输收入754.8万元。该公司计算的下列增值税销项税额，正确的有（   ）。
   A. 货物保管收入的销项税额2.28万元
   B. 装卸搬运收入的销项税额9.66万元
   C. 国际运输收入的销项税额35.2万元
   D. 国内运输收入的销项税额62.32万元

10. 下列说法正确的有（   ）。
    A. 纳税人允许抵扣的国内旅客运输服务进项税额
    B. 提供保险服务的纳税人以实物赔付方式承担机动车辆保险责任的，自行向车辆修理劳务提供方购进的车辆修理劳务，其进项税额可以按规定从保险公司销项税额中抵扣
    C. 纳税人租入固定资产、不动产，既用于一般计税方法计税项目，又用于简易计税方法计税项目、免征增值税项目、集体福利或个人消费的，其进项税额准予从销项税额中全额抵扣
    D. 允许抵扣的国内旅客运输服务进项税额，以增值税专用发票或增值税电子普通发票为增值税扣税凭证

11. 境内的单位和个人销售的下列服务和无形资产，适用零税率的有（   ）。
    A. 对境内不动产提供的设计服务
    B. 提供国际运输服务
    C. 航天运输服务
    D. 提供的往返香港、澳门、台湾的交通运输服务

12. 下列属于视同提供应税服务的有（   ）。
    A. 为本单位员工无偿提供搬家运输服务
    B. 向客户无偿提供信息咨询服务
    C. 销售货物同时无偿提供运输服务
    D. 为客户无偿提供广告设计服务

13. 下列业务属于增值税混合销售的有（   ）。
    A. 手机制造商销售手机，出租仓库
    B. 软件经销商销售软件并同时收取安装费、培训费

C. 房地产开发公司销售房产，转让自用过的二手车

D. 餐厅向现场餐饮消费的顾客销售香烟

14. 下列货物，适用9%增值税税率的有（　　）。

A. 利用工业余热生产的热水　　　　B. 石油液化气

C. 饲料添加剂　　　　　　　　　　D. 蚊香、驱蚊剂

15. 下列各项中，可以免征增值税的有（　　）。

A. 个人销售自己使用过的轿车

B. 农业生产者销售自产农产品

C. 电力公司向发电企业收取过网费

D. 残疾人的组织直接进口供残疾人专用的物品

16. 下列业务应计算缴纳增值税的有（　　）。

A. 残疾人本人为社会提供的服务

B. 残疾人福利企业销售自产产品

C. 金融机构之间开展的转贴现业务

D. 担保机构为大型民营企业提供的担保业务

17. 增值税一般纳税人发生的下列业务中，可以选择按简易方法计算缴纳增值税的有（　　）。

A. 销售2016年4月30日前购进的不动产

B. 增值电信服务

C. 公共交通服务

D. 销售2016年4月30日前购进的钢材

18. 下列出口货物，可享受增值税免税待遇的有（　　）。

A. 加工企业来料加工复出口的货物

B. 用于境外承包项目的货物

C. 属于小规模纳税人的生产性企业自营出口的自产货物

D. 非出口企业委托出口的货物

三、计算问答题

1. 某建筑公司为增值税一般纳税人，从事建筑、安装、装饰等多业经营，2019年12月份发生如下业务：

（1）承包本市一家工厂的厂房建设工程，本月全部完工（工程于2018年6月开工），建设施工合同中注明工程总价款为2 000万元。另外得到对方支付的提前竣工奖100万元。建筑公司购进用于工程的材料，取得增值税专用发票上注明的含税金额为880万元。

（2）承包外市一家制药厂厂房改造工程，本月收到部分工程价款5 550万元，其中分包支出1 200万元。

（3）承包一家商场的装饰工程，完工后向商场收取人工费20万元、管理费5万元、辅助材料费7万元。工程主要材料由商场提供。

(4) 将一处 2018 年 10 月份购入的办公楼部分对外出租,取得当月租金收入 33 万元。

已知:上述金额均为含税金额。

要求:根据上述资料,按照下列序号计算回答问题,每问须计算出合计数。

(1) 业务(1)应缴纳的增值税。

(2) 业务(2)应预缴的增值税。

(3) 业务(3)应缴纳的增值税。

(4) 业务(4)应缴纳的增值税。

2. 某食品加工企业为增值税一般纳税人,2019 年 8 月发生以下业务:

(1) 将成本为 600 万元的产品对外销售,取得含税价款 1 000 万元;另外 20% 的产品作为股利发放给股东。

(2) 购入生产原料一批,取得增值税专用发票,发票上注明税额 51 万元。

(3) 购进一辆小汽车作为销售部门公用车,取得机动车销售统一发票,发票上注明税额 3.4 万元。

(4) 在某市购入 200 平方米写字楼作办公用房,取得增值税专用发票,发票上注明金额为 450 万元(9%)。

(5) 支付某广告公司广告设计费,取得该广告公司开具的增值税专用发票,发票上注明金额为 5 万元。

已知:本月取得的相关票据均符合税法规定并在本月认证抵扣。

要求:根据上述资料,按照下列序号回答问题。

(1) 该企业当月的销项税额。

(2) 该企业业务(4)可抵扣的进项税额。

(3) 该企业当月应缴纳的增值税。

四、综合题

位于县城的某运输公司为增值税一般纳税人,具备国际运输资质,2019 年 7 月经营业务如下:

(1) 国内运送旅客,按售票统计取得价税合计金额 176 万元;运送旅客至境外,按售票统计取得价税合计金额 53.28 万元。

(2) 运送货物,开具增值税专用发票注明运输收入金额 260 万元、装卸收入金额 18 万元。

(3) 提供仓储服务,开具增值税专用发票注明仓储收入金额 70 万元、装卸收入金额 6 万元。

(4) 修理、修配各类车辆,开具普通发票注明价税合计金额 31.32 万元。

(5) 销售使用过的未抵扣进项税额的货运汽车 6 辆,开具普通发票注明价税合计金额 24.72 万元。

(6) 进口轻型商用客车 3 辆自用,经海关核定的成交价共计 57 万元,运抵我国境内输入地点起卸前的运费 6 万元、保险费 3 万元。

（7）购进小汽车 4 辆自用，每辆单价 16 万元，取得销售公司开具的增值税专用发票，注明金额 64 万元、税额 8.32 万元；另支付销售公司运输费用，取得运输业增值税专用发票注明运费金额 4 万元、税额 0.36 万元。

（8）购进汽油取得增值专用发票注明金额 10 万元、税额 1.3 万元，90% 用于公司运送旅客，10% 用于公司接送员工上下班；购进矿泉水一批，取得增值税专用发票注明金额 2 万元、税额 0.26 万元，70% 赠送给公司运送的旅客，30% 用于公司集体福利。

（其他相关资料：假定进口轻型商用客车的关税税率为 20%、消费税税率为 5%。）

根据以上资料，按下列顺序回答问题，如有计算须计算合计数。

（1）业务（1）的销项税额。
（2）业务（2）的销项税额。
（3）业务（3）的销项税额。
（4）业务（4）的销项税额。
（5）业务（5）应缴纳的增值税。
（6）业务（6）进口轻型商用客车应缴纳的增值税。
（7）业务（7）购进小汽车可抵扣的进项税额。
（8）业务（8）购进汽油、矿泉水可抵扣的进项税额。
（9）该公司 7 月应向主管税务机关缴纳的增值税。
（10）该公司 7 月应缴纳的城建税、教育费附加、地方教育附加。
（11）该公司 7 月应缴纳的车辆购置税。

参考答案及解析

一、单项选择题

1.【答案】A

【解析】选项 B，向境内单位或者个人提供的工程、矿产资源在境外的工程勘察勘探服务，不属于在境内销售服务；选项 C，销售的不动产在境外的，不属于在境内销售不动产；选项 D，境外单位或者个人向境内单位或者个人出租完全在境外使用的有形动产，不属于在境内销售服务。

2.【答案】D

【解析】销售服务、无形资产或者不动产：（1）服务（租赁不动产除外）或者无形资产（自然资源使用权除外）的销售方或者购买方在境内；（2）所销售或者租赁的不动产在境内；（3）所销售自然资源使用权的自然资源在境内。

3.【答案】A

【解析】A 商场销项税 = 6.78 ÷（1 + 13%）× 13% = 0.78（万元），进项税 = 0.65（万元），此业务应纳增值税 = 0.78 − 0.65 = 0.13（万元）。

4.【答案】C

【解析】视同销售货物行为的征税规定：（1）将自产或委托加工的货物用于非增值税应税项目；

(2) 将自产、委托加工的货物用于集体福利或个人消费；(3) 将自产、委托加工或购进的货物作为投资，提供给其他单位或个体工商户；(4) 将自产、委托加工或购进的货物分配给股东或投资者；(5) 将自产、委托加工或购进的货物无偿赠送给其他单位或者个人。

5.【答案】D

【解析】选项A，售卡方销售单用途卡时，可以按照规定向购卡人开具增值税普通发票，不得开具增值税专用发票；选项B，售卡方销售单用途卡，或者接受单用途卡持卡人充值取得的预收资金，不缴纳增值税；选项C，持卡人使用单用途卡购买货物或服务时，货物或者服务的销售方应按照现行规定缴纳增值税，且不得向持卡人开具增值税发票。

6.【答案】C

【解析】货物运输服务属于"交通运输服务"，出租闲置车辆属于"有形动产租赁服务"，车辆停放服务属于"不动产租赁服务"，该企业当月的销项税额 = 480 000 × 9% + 68 000 ÷ (1 + 13%) × 13% + 26 000 ÷ (1 + 9%) × 9% = 53 169.80（元）。

7.【答案】B

【解析】应纳增值税 = 300 × 13% − 152 × 13% = 19.24（万元），实际税负的3% = 300 × 3% = 9（万元），超过9万元的部分即征即退，实际缴纳的增值税为9万元。

8.【答案】C

【解析】当期软件产品增值税应纳税额 = 68 000 × 13% + 200 000 × 13% − 100 000 × 13% = 21 840（元），税负 = 21 840 ÷ (68 000 + 200 000) × 100% = 8.15%，即征即退税额 = 21 840 − (68 000 + 200 000) × 3% = 13 800（元）。

9.【答案】B

【解析】蔬菜在批发、零售环节免征增值税；粮食、食用油适用低税率9%。2019年8月该超市销项税额 = 13 200 ÷ (1 + 9%) × 9% + 98 000 ÷ (1 + 13%) × 13% = 12 364.25（元）。

10.【答案】C

【解释】应扣缴增值税 = 300 ÷ (1 + 6%) × 6% = 16.98（万元）。

11.【答案】C

【解析】销项税额 = (520 000 + 20 000) ÷ (1 + 6%) × 6% = 30 566.04（元）。

12.【答案】B

【解析】计税销售额 = 300（万元），销项税额 = 300 × 13% = 39（万元）。

13.【答案】A

【解析】当月销项税额 = 380 000 ÷ (1 + 13%) × 13% − 680 ÷ (1 + 13%) × 13% = 43 638.58（元）。

14.【答案】B

【解释】甲服装厂当月的销项税额 = 700 × 300 × 13% = 27 300（元）。

15.【答案】B

【解释】手机的计税销售额 = 1 130 × 20 ÷ (1 + 13%) = 20 000（元）。

16.【答案】B

【解释】项链的计税销售额 = 1 000 × 10 ÷ (1 + 13%) = 8 849.56（元）。

17.【答案】D

【解析】金银首饰以旧换新按销售方实际收到的不含增值税的全部价款作为计税销售额，该金银饰品店当月应纳增值税 = 50×13% + (25.2 - 13.9) ÷ (1 + 13%) ×13% - 6.17 = 1.63（万元）。

18.【答案】A

【解释】到期未收回的包装物押金应价税分离计入销售额。该企业2019年7月上述业务计税销售额 = (793.26 + 1.3) ÷ (1 + 13%) = 703.15（万元）。

19.【答案】C

【解析】啤酒包装物押金在逾期或超过1年时才缴纳增值税。

应纳增值税税额 = 800×13% + 56.5÷(1 + 13%) ×13% = 110.50（万元）。

20.【答案】C

【解析】以物易物方式销售货物，双方是既买又卖的业务，分别按购销业务处理；以旧换新业务中，只有金银首饰以旧换新，按实际收取的不含增值税的价款计税，其他货物以旧换新均以新货物不含税价计税，不得扣减旧货物的收购价格；销售折扣方式销售货物，不得从计税销售额中扣减折扣额。

21.【答案】D

【解析】销项税额 = 100×500×(1 + 10%) ×13% = 7 150（元）。

22.【答案】B

【解析】该酒厂的应税销售额 = 11 300÷(1 + 13%) + 1 130÷(1 + 13%) = 11 000（元）。

23.【答案】A

【解析】自2018年1月1日起，航空运输销售代理企业提供境外航段机票代理服务，以取得的全部价款和价外费用，扣除向客户收取并支付给其他单位或者个人的境外航段机票结算款和相关费用后的余额为销售额。

24.【答案】D

【解析】选项A，纳税人提供旅游服务，可以选择以取得的全部价款和价外费用，扣除向旅游服务购买方收取并支付给其他单位或者个人的住宿费、餐饮费、交通费、签证费、门票费和支付给其他接团旅游企业的旅游费用后的余额为销售额；选项B，经纪代理服务，以取得的全部价款和价外费用，扣除向委托方收取并代为支付的政府性基金或者行政事业性收费后的余额为销售额；选项C，劳务派遣服务，可以选择差额纳税，以全部价款和价外费用，扣除代用工单位支付给劳务派遣员工的工资、福利和为其办理社会保险及住房公积金后的余额为销售额，按照简易计税方法计算缴纳增值税。

25.【答案】C

【解析】进项税额 = 78 680×10% + 400 000×9% = 43 868（元）；采购成本 = 78 680×(1 - 10%) + 400 000 = 470 812（元）。

26.【答案】D

【解释】进项税额 = 5×0.1 + 1×0.09 = 0.59（万元）；应纳的增值税 = 20×13% - 0.59 = 2.01（万元）。

27.【答案】D

【解析】抵扣进项税 = 7 850÷(1 + 5%) ×5% + 9 896÷(1 + 3%) ×3% = 662.04（元）。

28.【答案】C

【解析】当月购进自来水、电力不予抵扣的进项税 = (0.6 + 8×13%) ×1 000÷(1 000 + 1 200) = 0.75（万元）；当月应纳增值税税额 = 1 200×13% - 700×13% - (0.6 + 8×13% - 0.75) = 64.11（万元）。

29.【答案】B

【解析】销项税额 = 90 400÷(1 + 13%) ×13% = 80 000×13% = 10 400（元）；可抵扣的进项税

额 = 5 000 +（10 000 - 5 000 - 2 000）×80 000÷（20 000 + 80 000）= 5 000 + 2 400 = 7 400（元）；应纳增值税 = 10 400 - 7 400 = 3 000（元）。

30．【答案】B

【解析】应转出的进项税额 = 26 ×10% = 2.6（万元）。

31．【答案】B

【解析】其不能抵扣的进项税 =（18 800 - 800）÷（1 - 10%）×10% + 800 ×9% = 2 072（元）。

32．【答案】D

【解析】转出进项税 = 30 000 ×60% ×13% = 2 340（元）。

33．【答案】D

【解析】转出进项税 =（24.3 + 16.2）×（425÷450）×100% = 40.5 ×94.44% = 38.25（万元）。

34．【答案】B

【解析】应缴纳增值税 =（40 000 + 1 500）÷（1 + 3%）×3% = 1 208.74（元）。

35．【答案】B

【解析】应纳增值税 = 100 000÷（1 + 3%）×2% + 40 000÷（1 + 3%）×3% = 3 106.80（元）。

36．【答案】A

【解析】应纳增值税税额 =（480 + 3）÷（1 + 3%）×2% = 9.38（万元）。

37．【答案】A

【解析】进口货物的收货人或办理报关手续的单位和个人为进口货物的纳税人。

38．【答案】D

【解析】进口环节应纳增值税 = 100 000 ×（1 + 20%）÷（1 - 5%）×13% = 16 421.05（元）。

39．【答案】B

【解析】加油站自有车辆自用油、倒库油不征收增值税；售卖加油卡、加油凭证时，按预收款作相关账务处理，不征收增值税。

该加油站当月应纳增值税 =（694 000 - 300 - 250）×7.8÷（1 + 13%）×13%÷10 000 - 39 = 62.23 - 39 = 23.23（万元）。

40．【答案】A

【解析】应纳增值税 = 460÷（1 + 5%）×5% = 21.90（万元）。

41．【答案】A

【解析】甲企业应在 B 市预缴出租办公用房的税款 = 40 000÷（1 + 5%）×5% = 1 904.76（元）；

甲企业在 A 市纳税 = 250 000÷（1 + 6%）×6% - 8 000 + 40 000÷（1 + 5%）×5% - 1 904.76 = 6 150.94（元）。

42．【答案】A

【解析】甲企业应在 B 市预缴出租办公用房的税款 = 40 000÷（1 + 9%）×3% = 1 100.92（元）；

甲企业在 A 市纳税 = 250 000÷（1 + 6%）×6% + 40 000÷（1 + 9%）×9% - 8 000 - 1 100.92 = 14 150.94 + 3 302.75 - 8 000 - 1 100.92 = 8 352.77（元）。

43．【答案】A

【解析】一般纳税人跨县（市、区）提供建筑服务，选择适用简易计税方法计税的，以取得的全部价款和价外费用扣除支付的分包款后的余额，按照3%的征收率计算应预缴税款。应预缴税款 =（5 768 - 618）÷（1 + 3%）×3% = 150（万元）。

44. 【答案】D

【解析】甲企业在建筑服务发生地A市预缴税款 = 300 000 ÷ (1 + 9%) × 2% = 5 504.59 (元)。

45. 【答案】D

【解析】商业企业一般纳税人零售的烟、酒、食品、服装、鞋帽（不包括劳保专用部分）、化妆品等消费品不得开具专用发票。

46. 【答案】C

【解析】其他选项只能开具增值税普通发票。

47. 【答案】C

【解析】视同销售服务、无形资产或者不动产：

（1）单位或者个体工商户向其他单位或者个人无偿提供服务，但用于公益事业或者以社会公众为对象的除外。

（2）单位或者个人向其他单位或者个人无偿转让无形资产或者不动产，但用于公益事业或者以社会公众为对象的除外。

48. 【答案】A

【解析】销项税额 = 1 000 ÷ 80% ÷ 1.13 × 13% = 143.81 (万元)。

49. 【答案】A

【解析】单位聘用的员工为本单位或者雇主提供应税服务，不征收增值税。

50. 【答案】D

【解析】无运输工具承运业务，按照"交通运输服务"缴纳增值税。

51. 【答案】C

【解析】将购进的货物用于对外投资、分配、赠送视同销售缴纳增值税。

52. 【答案】B

【解析】一般纳税人出租不动产（老项目），可以选择适用简易计税方法，按照5%的征收率计算应纳税额。该企业应纳增值税 = 120 ÷ (1 + 5%) × 5% = 5.71 (万元)。

53. 【答案】A

【解析】销售货物的同时代办保险等而向购买方收取的保险费，以及向购买方收取的代购买方缴纳的车辆购置税、车辆牌照费，不属于价外费用。

54. 【答案】B

【解析】应缴纳的增值税 = 80 000 ÷ (1 + 3%) × 3% + 27 800 ÷ (1 + 3%) × 2% = 2 330.1 + 538.81 = 2 868.91 (元)。

二、多项选择题

1. 【答案】ABC

【解析】增值税一般纳税人提供税务咨询服务没有可以选择适用简易计税方法计税的规定，只能适用一般计税方法。

2. 【答案】ACD

【解析】商品生产企业不能作为代收代缴义务人。

3. 【答案】BC

【解析】残疾人福利机构提供的育养服务属于"营改增"过渡政策，免征增值税。

4. 【答案】ABCD

【解析】考察增值税税收优惠。

5.【答案】AC

【解析】B、D 为差额征税。

6.【答案】BD

【解析】购进的旅客运输服务、贷款服务、餐饮服务、居民日常服务、娱乐服务，进项税额不得抵扣。

7.【答案】ABD

【解析】租赁服务包括融资租赁业务和经营租赁业务，涉及动产和不动产租赁。选项 C，属于贷款服务。

8.【答案】ABC

【解析】会计师事务所提供管理咨询服务按照"鉴证咨询服务"缴纳增值税。

9.【答案】AD

【解析】货物保管收入的销项税额 = 40.28 ÷（1 + 6%）× 6% = 2.28（万元）；

装卸搬运收入的销项税额 = 97.52 ÷（1 + 6%）× 6% = 5.52（万元）；

国际运输收入的销项税额 = 0；

国内运输收入的销项税额 = 754.8 ÷（1 + 9%）× 9% = 62.32（万元）。

10.【答案】ABCD

11.【答案】BCD

【解析】向境外单位提供完全在境外消费的列举服务适用零税率，不包括对境内不动产的设计服务。注意选项 A 的关键词"境内"。

12.【答案】BCD

【解析】视同销售货物行为的征税规定：（1）将自产或委托加工的货物用于非增值税应税项目。（2）将自产、委托加工的货物用于集体福利或个人消费。（3）将自产、委托加工或购进的货物作为投资，提供给其他单位或个体工商户。（4）将自产、委托加工或购进的货物分配给股东或投资者。（5）将自产、委托加工或购进的货物无偿赠送给其他单位或者个人。（6）视同销售服务、无形资产或者不动产：① 单位或者个体工商户向其他单位或者个人无偿提供服务，但用于公益事业或者以社会公众为对象的除外。② 单位或者个人向其他单位或者个人无偿转让无形资产或者不动产，但用于公益事业或者以社会公众为对象的除外。

13.【答案】BD

【解析】同一项销售行为如果既涉及货物又涉及服务，为混合销售。（两项业务有从属关系）

税务处理：（1）从事货物的生产、批发或者零售的单位和个体工商户的混合销售行为，按照销售货物缴纳增值税；（2）其他单位和个体工商户的混合销售行为，按照销售服务缴纳增值税。

14.【答案】AB

【解释】选项 C、D 适用 13% 的税率。

15.【答案】ABD

【解析】电力公司向发电企业收取过网费要交增值税。

16.【答案】BD

【解析】选项 A、C 免征增值税。

17.【答案】AC

【解析】本题考察一般纳税人按简易方法计税的规定。

18．【答案】ACD

【解析】用于境外承包项目的货物享受免税并退税政策。

三、计算问答题

1．【答案及解析】

（1）业务1：对方支付的提前竣工奖属于价外费用，应包括在计税依据中。应纳增值税＝（2 000＋100）÷（1＋9%）×9%－880÷（1＋13%）×13%＝173.39－101.24＝72.15（万元）。增值税＝销项税额－进项税额，先找题中的销项：工程总价款，提前竣工奖为价外费用，也包括在计税依据在中。所以销项税额＝（2 000＋100）÷（1＋9%）×9%。再找进项：买材料的880万元，所以进项税额＝880÷（1＋13%）×13%。二者相减即为增值税。

（2）业务2应预缴的增值税＝（5 550－1 200）÷（1＋9%）×2%＝79.82（万元）。有分包，销售额为差额。注意本业务是在外市，预缴公式：差额/（1＋9%）×2%。

（3）业务3应纳增值税＝（20＋7＋5）÷（1＋3%）×3%＝0.93（万元）。注意清包工业务适用简易征收。

（4）业务4应纳增值税＝33÷（1＋9%）×9%＝2.72（万元）。对应知识点为一般纳税人租赁不动产，代入公式：含税销售额/（1＋9%）×9%。

2．【答案及解析】

（1）当月销项税＝1 000÷（1＋13%）×13%＋1 000÷80%×20%÷（1＋13%）×13%＝115.04＋28.76＝143.8（万元），或者当月销项税＝1 000÷80%÷（1＋13%）×13%＝143.81（万元）。读题确定本企业为一般纳税人，求销项税额，则迅速在题干中找业务收入。可知只有业务（1）产生了销项。又看是销售产品，则税率为13%。

（2）业务（4）可以抵扣的进项税额＝450×9%＝40.5（万元）。计算进项税：金额×税率。注意是增值税专用发票，所以票面金额即为不含税金额。

（3）当月应纳增值税＝143.8－（51＋3.4＋40.5＋5×6%）＝143.8－82.3＝61.5（万元）。增值税＝销项税额－进项税额。业务（2）（3）的进项税额已直接给出。业务（5）计算进项税：金额×税率。注意是增值税专用发票，所以票面金额即为不含税金额。

四、综合题

【答案】（1）销项税额＝176÷（1＋9%）×9＝14.53（万元）。

（2）销项税额＝260×9%＋18×6%＝24.48（万元）。

（3）销项税额＝70×6%＋6×6%＝4.56（万元）。

（4）销项税额＝31.32÷（1＋13%）×13%＝3.6（万元）。

（5）应缴纳的增值税＝24.72÷（1＋3%）×2%＝0.48（万元）。

（6）进口环节应缴纳的增值税＝（57＋6＋3）×（1＋20%）÷（1－5%）×13%＝10.84（万元）。

（7）进项税额＝8.32＋0.36＝8.68（万元）。

（8）进项税额＝1.3×90%＋0.26×70%＝1.35（万元）。

（9）7月进项税额合计＝10.84＋8.68＋1.35＝20.87（万元）。

7月销项税额合计＝14.53＋24.48＋4.56＋3.6＋2×70%×13%＝47.35（万元）。

7月应缴纳的增值税＝47.35－20.87＋0.48＝26.96（万元）。

（10）城建税、教育费附加和地方教育附加＝26.96×（5%＋3%＋2%）＝2.696（万元）。

(11) 车辆购置税 = ［（57 + 6 + 3）×（1 + 20%）÷（1 − 5%）+ 64］× 10% = 14.74（万元）。

【解析】（1）境内单位和个人运送旅客至境外适用增值税零税率。

（2）注意是增值税专用发票注明的金额，所以是不含税金额，可直接乘以税率。运输货物属于交通运输，适用9%的税率，装卸收入属于现代服务中的物流辅助业务，适用6%的税率。

（3）又是增值税专用发票，并注意仓储业务属于现代服务中的物流辅助业务，适用6%的税率。

（4）注意是普通发票，含税金额。

（5）增值税 = 销项 − 进项，但题目中说是销售过的为抵扣进项税额的汽车，则想到该业务适用简易征收3%的税率，且应纳增值税税率减按2%。

（6）求增值税。审题发现是进口客车，则要立刻想到关税。中轻型商用客车为消费品，且题干也注明了客车消费税。

完税价格 = 货价 + 运费 + 保险费，关税的组价 = 完税价格 + 关税 + 消费税。

（7）计算购进小汽车可抵扣的进项税额。题目中已直接给出税额，相加即可。

（8）购进汽油、矿泉水可抵扣进项税额。集体福利不得抵扣进项税。

（9）月度应缴纳的增值税 = 销项 − 进项。

（10）计算7月的城建税、教育费附加、地方教育附加，立刻锁定知识点"两费一税"的税基 = 增值税 + 消费税。

（11）计算该公司7月应缴纳车辆购置税，首先想到车购税的计算方法：价格×税率，然后是计税依据的几种情况，以及税率固定10%。最后锁定题目中的车辆购置业务：进口了3台客车，要以组价为计税依据；购进了4辆小汽车，总价即为计税依据。

第三章 消费税法

一、单项选择题

1. 下列消费品中,应在零售环节征收消费税的是（　　）。
   A. 钻石　　　　B. 卷烟　　　　C. 镀金首饰　　　　D. 高档手表

2. 甲市某汽车企业为增值税一般纳税人,2019年12月在甲市销售自产小汽车100辆,不含税售价30万元/辆,另收取优质费5万元/辆；将200辆小汽车发往乙市一经贸公司代销,取得的代销清单显示当月销售20辆、不含税售价35万元/辆。小汽车消费税税率为5%,则该汽车企业当月应向甲市税务机关申报缴纳的消费税为（　　）万元。
   A. 207.12　　　B. 200.00　　　C. 188.35　　　D. 210.00

3. 某手表生产企业10月销售A手表800只,取得不含税销售额400万元；销售B手表200只,取得不含税销售额300万元。该手表厂当月应纳消费税（　　）万元。（高档手表消费税税率20%）
   A. 52.80　　　B. 60.00　　　C. 132.80　　　D. 140.00

4. 某市高尔夫球具生产企业2019年9月1日以分期收款方式销售一批球杆,价税合计为135.6万元,合同约定于5月18日、12月20日各支付50%价款,5月5日按照约定收到50%的价款,但并未给客户开具发票,已知高尔夫球具的消费税税率为10%,该企业5月就该项业务应缴纳的消费税为（　　）万元。
   A. 0　　　　　B. 6.00　　　　C. 12.00　　　D. 14.04

5. 某地板企业为增值税一般纳税人,2020年1月销售自产地板两批：第一批800箱取得不含税收入160万元,第二批500箱取得不含税收入113万元；另将同型号地板200箱赠送福利院,300箱发给职工作为福利。实木地板消费税税率为5%。该企业当月应缴纳的消费税为（　　）万元。
   A. 16.80　　　B. 18.90　　　C. 18.98　　　D. 19.30

6. 某贸易公司以邮运方式从国外进口一批高档化妆品,经海关审定的货物价格为30万元、邮费1万元。当月将该批高档化妆品销售取得不含税收入55万元。该批高档化妆品关税税率为15%、消费税税率为30%。该公司当月应缴纳的消费税为（　　）万元。
   A. 9.00　　　　B. 12.86　　　C. 14.79　　　D. 15.28

7. 某外贸公司进口一批小轿车,关税完税价格折合人民币500万元,关税税率25%,消费税税率9%,则进口环节应纳消费税（　　）万元。
   A. 49.45　　　B. 61.81　　　C. 65.23　　　D. 70.31

8. 关于消费税的特点,下列说法错误的是（　　）。
   A. 税负不具有转嫁性　　　　　　B. 征税项目具有选择性

C. 征收方法具有多样性 D. 税收调节具有特殊性

9. 下列单位不属于消费税纳税人的是（   ）。

A. 委托加工应税消费品的单位

B. 受托加工应税消费品的单位

C. 进口应税消费品的单位

D. 生产销售应税消费品（金银首饰除外）的单位

10. 下列商品中，属于消费税征收范围的是（   ）。

A. 空调　　　　B. 电视机　　　　C. 锂原电池　　　　D. 汽车轮胎

11. 下列消费品中，应缴纳消费税的是（   ）。

A. 零售的高档化妆品　　　　　　　B. 零售的白酒

C. 进口的服装　　　　　　　　　　D. 进口的卷烟

12. 某酒厂为增值税一般纳税人，2018年4月发放1吨自制白酒作为职工福利，同类白酒不含税售价50 000元/吨。成本价35 000元/吨。该酒厂上述业务当月应纳消费税（   ）元。

A. 7 700　　　　B. 8 700　　　　C. 10 000　　　　D. 11 000

13. 某酒厂2017年12月销售粮食白酒12 000斤，售价为5元/斤，随同销售的包装物价格6 200元；本月销售礼品盒6 000套，售价为300元/套，每套包括粮食白酒2斤、单价80元、干红酒2斤、单价70元。该酒厂12月应纳消费税（   ）元。（题中的价格均为不含税价格）

A. 199 240　　　　B. 379 240　　　　C. 391 240　　　　D. 484 550

14. 2018年3月，某化工生产企业以委托加工收回的已税高档化妆品为原料继续加工高档化妆品。委托加工收回的已税高档化妆品已纳消费税分别是，期初库存的已纳消费税30万元、当期收回的已纳消费税10万元、期末库存的已纳消费税20万元。当月销售高档化妆品取得不含税收入280万元。该企业当月应纳消费税（   ）万元。（高档化妆品消费税率为15%）

A. 12　　　　B. 22　　　　C. 39　　　　D. 42

15. 关于消费税从价定率计税销售额，下列说法正确的是（   ）。

A. 消费税计税销售额包括增值税

B. 金银首饰包装费不计入计税销售额

C. 白酒包装物押金收取时不计入计税销售额

D. 高档化妆品品牌使用费应计入计税销售额

16. 关于企业单独收取的包装物押金，下列消费税税务处理正确的是（   ）。

A. 销售葡萄酒收取的包装物押金不并入当期销售额计征消费税

B. 销售黄酒收取的包装物押金应并入当期销售额计征消费税

C. 销售白酒收取的包装物押金应并入当期销售额计征消费税

D. 销售啤酒收取的包装物押金应并入当期销售额计征消费税

17. 2018年2月，某卷烟批发企业（持有烟草批发许可证）向商场批发甲类卷烟24万支，取得不含税销售额18.6万元，向小快批发单位批发甲类卷烟50万支，取得不含税销售额30万元。该企业当月应纳消费税（　　）万元。（卷烟批发环节消费税税率为11%，0.005元/支）

  A. 2.05　　　　　B. 2.17　　　　　C. 5.35　　　　　D. 5.72

18. 某化妆品厂为增值税一般纳税人，2018年1月发生以下业务：8日销售高档化妆品400箱，每箱不含税价6 000元；15日销售同类化妆品500箱，每箱不含税价6 500元。当月以200箱同类化妆品与某公司换取高档精油。高档化妆品消费税税率为15%，该厂当月应纳消费税（　　）万元。

  A. 102.75　　　　B. 103.58　　　　C. 104.25　　　　D. 108.50

19. 某汽车厂为增值税一般纳税人，主要生产小汽车和中轻型商用小客车，小汽车不含税出厂价为12.5万元/辆，小客车不含税出厂价为6.8万元/辆。5月发生如下业务：本月销售小汽车8 600辆，将2辆小汽车移送本厂研究所作破坏性碰撞实验，3辆作为广告样品；销售小客车576辆，将本厂生产的10辆小客车移送改装分厂，将其改装为救护车。该汽车厂上述业务应纳消费税（　　）万元。（小汽车消费税税率为3%，小客车消费税税率为5%）

  A. 8 804.24　　　B. 3 425.37　　　C. 8 804.94　　　D. 8 798.84

20. 某汽车厂为增值税一般纳税人，2019年6月特制高性能B型小轿车6台和电动汽车10台，其中，将2辆B型轿车用于奖励给对汽车研发有突出贡献的科研人员，1辆用于汽车性能试验；本月销售电动汽车5辆，不含税售价26万元/辆。B型小轿车生产成本14万元/辆，成本利润率8%，消费税税率为9%。该汽车厂上述业务的增值税和消费税分别为（　　）万元。

  A. 4.32，16.90　　B. 21.22，2.99　　C. 20.00，3.99　　D. 11.10，1.99

21. 下列各项中，不应当征收消费税的是（　　）。

  A. 用于本企业连续生产应税消费品的自产应税消费品

  B. 用于奖励代理商销售业绩的自产应税消费品

  C. 用于本企业生产性基建工程的自产应税消费品

  D. 用于捐助国家指定的慈善机构的自产应税消费品

22. 2017年8月某首饰厂从某珠宝玉石的加工企业购进一批需要进一步加工的珠宝玉石，增值税专用发票注明价款50万元，增值税税款8.5万元，经简单打磨后再将其销售给首饰商城，收到不含税价款90万元。已知珠宝玉石消费税税率为10%，该首饰厂以上业务应缴纳消费税（　　）万元。

  A. 4　　　　　　B. 5　　　　　　C. 9　　　　　　D. 14

23. 某烟花厂受托加工一批烟花，委托方提供原材料成本30 000元，该厂收取加工费10 000元、代垫辅助材料款5 000元，没有同类烟花销售价格。该厂应代收代缴消费税（　　）元。（以上款项均不含增值税，烟花消费税税率为15%）

A. 6 000　　　　B. 6 750　　　　C. 7 941.18　　　　D. 20 250

24. 某卷烟生产企业的 A 牌卷烟出厂价格为每标准条 60 元（不含增值税，下同），税务机关采集其批发环节销售价格为每标准条 110 元，国家税务总局核定的该类烟的批发毛利率为 30%。该企业当期出厂销售 A 牌卷烟 300 标准箱（每标准箱 5 万支），则该企业当期应纳的消费税为（　　）元。

A. 3 279 000　　　　B. 45 000　　　　C. 3 234 000　　　　D. 3 079 000

二、多项选择题

1. 下列关于消费税纳税人的说法，正确的有（　　）。

   A. 零售金银首饰的纳税人是消费者
   B. 零售金银首饰的纳税人是零售企业
   C. 携带卷烟入境的纳税人是携带者
   D. 卷烟批发单位之间批发卷烟不缴纳消费税

2. 下列商品中已缴纳的消费税，可以从本企业应纳消费税税额中扣除的是（　　）。

   A. 外购、委托加工已税烟丝生产的卷烟
   B. 外购、委托加工已税高档化妆品生产的高档化妆品
   C. 外购、委托加工已税珠宝玉石生产的贵重首饰及珠宝玉石
   D. 外购、委托加工已税实木地板为原料生产的实木地板

3. 下列企业销售的货物，需要缴纳消费税的有（　　）。

   A. 商场销售的高档化妆品
   B. 涂料厂移送独立核算门市部待销售的涂料
   C. 批发商批发销售的雪茄烟
   D. 零售超豪华小汽车

4. 下列关于批发环节消费税的规定中正确的有（　　）。

   A. 卷烟消费税最低计税价格核定范围为卷烟生产企业在生产环节销售的所有号牌、规格的卷烟
   B. 纳税人应将卷烟销售额与其他商品销售额分开核算，未分开核算的，一并征收消费税
   C. 从事卷烟批发业务的单位和个人之间销售卷烟，不缴纳消费税
   D. 批发企业在计算纳税时，不可以扣除已含的生产环节的消费税税款

5. 企业生产销售白酒取得的下列款项中，应并入销售额计征消费税的有（　　）。

   A. 优质费　　　　B. 包装物租金　　　　C. 品牌使用费　　　　D. 包装物押金

6. 下列各项关于从量计征消费税计税依据确定方法的表述中，正确的有（　　）。

   A. 销售应税消费品的，为应税消费品的销售数量
   B. 进口应消费品的为海关核定的应税消费品数量
   C. 以应税消费品投资入股的，为应税消费品移送使用数量
   D. 委托加工应税消费品的，为加工完成收回的应税消费品数量

7. 下列产品中，在计算缴纳消费税时准许扣除外购应税消费品已纳消费税的有（　　）。

A. 外购已税烟丝生产的卷烟

B. 外购已税白酒加工生产的白酒

C. 外购已税手表镶嵌钻石生产的手表

D. 外购已税实木素板涂漆生产的实木地板

8. 某旅游公司 2019 年 12 月从游艇生产企业购进一艘游艇，取得的增值税专用发票注明价款 200 万元、税额 26 万元；从汽车贸易公司购进一辆小汽车，取得增值税机动车统一销售发票注明价款 30 万元、税额 3.9 万元。游艇的消费税税率为 10%，小汽车消费税税率为 5%。下列关于上述业务相关纳税事项的表述中，正确的有（　　）。

A. 汽车贸易公司应缴纳消费税 2 万元

B. 游艇生产企业应缴纳消费税 20 万元

C. 旅游公司应缴纳游艇车辆购置税 12 万元

D. 旅游公司应缴纳小汽车的车辆购置税 3 万元

9. 企业出口的下列应税消费品中，属于消费税出口免税并退税范围的有（　　）。

A. 生产企业委托外贸企业代理出口的应税消费品

B. 有出口经营权的生产企业自营出口的应税消费品

C. 有出口经营权的外贸企业购进用于直接出口的应税消费品

D. 有出口经营权的外贸企业受其他外贸企业委托代理出口的应税消费品

10. 下列消费品的生产经营环节中，既征收增值税又征收消费税的有（　　）。

A. 高档手表的生产销售环节　　　　B. 超豪华小汽车的零售环节

C. 珍珠饰品的零售环节　　　　　　D. 鞭炮焰火的批发环节

11. 下列消费品中，属于消费税征收范围的有（　　）。

A. 雪茄烟

B. 汽车轮胎

C. 卫星通信车

D. 不含增值税价格在 1 万元及以上的手表

12. 纳税人销售应税消费品收取的下列款项，应计入消费税计税依据的有（　　）。

A. 集资款　　　　　　　　　　　　B. 增值税销项税额

C. 未逾期的啤酒包装物押金　　　　D. 白酒品牌使用费

13. 关于白酒消费税最低计税价格的核定，下列说法不正确的有（　　）。

A. 生产企业实际销售价格高于核定最低计税价格的，按实际销售价格申报纳税

B. 白酒消费税最低计税价格核定范围包括白酒批发企业销售给商场的白酒

C. 白酒消费税最低计税价格由行业协会核定

D. 国家税务总局选择核定消费税计税价格的白酒，核定比例统一确定为 20%

14. 下列各项中，应当征收消费税的有（　　）。

A. 化妆品厂作为样品赠送给客户的高档香水

B. 用于产品质量检验耗费的高尔夫球杆

C. 白酒生产企业向百货公司销售的试制药酒

D. 白酒厂移送非独立核算门市部待销售的白酒

15. 下列情形中,可以扣除外购应税消费品已纳消费税的有(　　)。

A. 以已税烟丝为原料生产的卷烟

B. 以已税白酒为原料生产的白酒

C. 以已税杆头为原料生产的高尔夫球杆

D. 以已税珠宝玉石为原料生产的贵重珠宝首饰

16. 关于委托加工应税消费品的消费税处理,下列说法正确的有(　　)。

A. 委托加工消费税纳税地点(除个人外)是委托方所在地

B. 委托加工的加工费包括代垫辅助材料的实际成本

C. 委托加工应税消费品的消费税纳税人是受托方

D. 受托方没有代收代缴消费税款,委托方应补缴税款,受托方不再补税

三、计算问答题

1. 甲酒厂为增值税一般纳税人,主要经营粮食白酒的生产与销售,2019年11月发生下列业务:

(1) 以自产的10吨A类白酒换入企业乙的蒸汽酿酒设备,取得企业乙开具的增值税专用发票上注明价款20万元,增值税2.6万元。已知该批白酒的生产成本为1万元/吨,不含增值税平均销售价格为2万元/吨,不含增值税最高销售价格为2.5万元/吨。

(2) 移送50吨B类白酒给自设非独立核算门市部,不含增值税售价为1.5万元/吨,门市部对外不含增值税售价为3万元/吨。

(3) 受企业丙委托加工20吨粮食白酒,双方约定由企业丙提供原材料,成本为30万元,开具增值税专用发票上注明的加工费8万元、增值税1.04万元。甲酒厂同类产品售价为2.75万元/吨。

(其他相关资料:白酒消费税税率为20%加0.5元/500克,粮食白酒成本利润率为10%。)

根据上述资料,按照下列序号回答问题,如有计算须计算出合计数。

(1) 简要说明税务机关应核定白酒消费税最低计税价格的两种情况。

(2) 计算业务(1)应缴纳的消费税税额。

(3) 计算业务(2)应缴纳的消费税税额。

(4) 说明业务(3)的消费税纳税义务人和计税依据。

(5) 计算业务(3)应缴纳的消费税税额。

2. 甲礼花厂2017年6月发生如下业务:

(1) 委托乙厂加工一批焰火,甲厂提供原材料成本为37.5万元。当月乙厂将加工完毕的焰火交付甲厂,开具增值税专用发票注明收取加工费5万元。

(2) 将委托加工收回的焰火 60% 用于销售,取得不含税销售额 38 万元,将其余的 40% 用于连续生产 A 型组合焰火。

(3) 将生产的 A 型组合焰火的 80% 以分期收款方式对外销售,合同约定不含税销售额 36 万元,6 月 28 日收取货款的 70%。7 月 28 日收取货款的 30%。当月货款尚未收到。另将剩余的 20% 焰火赠送给客户。

(其他相关资料:焰火消费税税率为 15%。)

根据上述资料,按照下列序号回答问题,如有计算须计算出合计数。

(1) 计算业务 (1) 中乙厂应代收代缴的消费税。

(2) 判断业务 (2) 中用于销售的焰火是否应缴纳消费税并说明理由,如果需要缴纳,计算应缴纳的消费税。

(3) 计算业务 (3) 中赠送客户焰火计征消费税计税依据的金额。

(4) 计算业务 (3) 中准予扣除的已纳消费税税款。

(5) 计算业务 (3) 应缴纳的消费税。

参考答案及解析

一、单项选择题

1.【答案】A

【解析】在零售环节缴纳消费税的消费品包括金银首饰、铂金首饰、钻石及钻石饰品,零售环节缴纳消费税的金银首饰不包括镀金(银)、包金(银)首饰,以及镀金(银)、包金(银)的镶嵌首饰。

2.【答案】A

【解析】纳税人到外县(市)销售或者委托外县(市)代销自产应税消费品的,于应税消费品销售后,向机构所在地或者居住地主管税务机关申报纳税,本题委托代销的应在甲市税务机关申报缴纳消费税。向甲市税务机关缴纳消费税 = [100 × (30 + 5 ÷ 1.13) + 20 × 35] × 5% = 207.12(万元)。

3.【答案】B

【解析】销售价格(不含增值税)每只在 10 000 元(含)以上的各类手表为高档手表,征收消费税。A 手表不含税单价 = 400 × 10 000 ÷ 800 = 5 000(元)< 10 000 元,不征收消费税;B 手表不含税单价 = 300 × 10 000 ÷ 200 = 15 000(元)> 10 000 元,征收消费税。则该手表厂当月应纳消费税 = 300 × 20% = 60(万元)。

4.【答案】B

【解析】分期收款方式销售货物,以合同约定的收款日期为纳税义务发生时间,5 月 18 日收到 50% 价款,所以确认 50% 的收入。应纳税额 = 135.6 ÷ (1 + 13%) × 50% × 10% = 6(万元)。

5.【答案】B

【解析】将自产地板赠送给福利院和发给职工作福利,均属于自产应税消费品用于其他方面,要视同销售,于移送使用时按照纳税人生产的同类消费品的销售价格计算纳税。这里不是"换、抵、投"业务,不用最高售价,而是平均价。应纳消费税 = [(160 + 113) ÷ (800 + 500) × (200 + 300) + 160 + 113] × 5% = 18.9(万元)。

6.【答案】D

【解析】应缴纳消费税 =（30 +1）×（1 +15%）÷（1 –30%）×30% =15.28（万元）。

7.【答案】B

【解析】进口环节应纳消费税 =500 ×（1 +25%）÷（1 –9%）×9% =61.81（万元）。

8.【答案】A

【解析】选项A，消费税具有转嫁性。消费税无论采取价内税形式或价外税形式，也无论在哪个环节征收，消费品中所含的消费税税款最终都要转嫁到消费者身上，由消费者负担，税负具有转嫁性。

9.【答案】B

【解析】消费税的委托加工业务，委托方是消费税的纳税人，受托方（个人除外）只是提供加工劳务并履行代收代缴消费税的义务。

10.【答案】C

【解析】自2014年12月1日起，取消汽车轮胎税目；选项A、B、D均不属于消费税的征税范围。

11.【答案】D

【解析】选项A、B，高档化妆品、白酒在生产销售、委托加工或进口环节缴纳消费税；选项C，服装不属于消费税的征税范围，不征收消费税。

12.【答案】D

【解析】应纳消费税额 =50 000 ×20% +1 ×2 000 ×0.5 =11 000（元）。

13.【答案】C

【解析】纳税人将不同税率应税消费品组成成套消费品销售的，即使分别核算销售额也从高适用税率计算应纳消费税。该酒厂12月应纳消费税 =（12 000 ×5 +6 200）×20% +12 000 ×0.5 +6 000 ×300 ×20% +6 000 ×4 ×0.5 =391 240（元）。

14.【答案】B

【解析】该企业当月应纳消费税 =280 ×15% –（30 +10 –20）=22（万元）。

15.【答案】D

【解析】选项A，消费税计税销售额不包括向购买方收取的增值税税额；选项B、D：包装费、品牌使用费属于价外费用，应并入销售额计税；选项C，白酒包装物押金收取时就需要并入销售额计税。

16.【答案】C

【解析】销售除啤酒、黄酒以外的其他酒类产品的包装物押金，应在收到的当期并入销售额计算消费税，收到啤酒、黄酒的包装物押金不需要计算消费税。

17.【答案】B

【解析】卷烟批发企业之间销售卷烟不缴纳消费税，该企业当月应纳消费税 =18.6 ×11% +24 ×0.005 =2.17（万元）。

18.【答案】C

【解析】应纳消费税 =（6 000 ×400 +6 500 ×500 +6 500 ×200）÷10 000 ×15% =104.25（万元）。

19.【答案】B

【解析】应纳消费税 =（8 600 +3）×12.5 ×3% +（576 +10）×6.8 ×5% =3 425.37（万元）。

20.【答案】B

【解析】将B型轿车用于奖励员工，要视同销售，缴纳增值税和消费税。

增值税销项税额 =14 ×（1 +8%）÷（1 –9%）×2 ×13% +26 ×5 ×13% =4.32 +16.9 =21.22（万元）。

应纳消费税 =14×（1+8%）÷（1-9%）×2×9% =2.99（万元）。

21. 【答案】A

【解析】用于本企业连续生产应税消费品的自产应税消费品，不应当征收消费税。

22. 【答案】A

【解析】对自己不生产应税消费品，而只是购进后再销售应税消费品的工业企业，其销售的高档化妆品、鞭炮焰火和珠宝玉石，凡不能构成最终消费品直接进入消费品市场，而需进一步生产加工的，应当征收消费税，同时允许扣除上述外购应税消费品的已纳税款。应纳消费税 =90×10% -50×10% =4（万元）。

23. 【答案】C

【解析】该厂应代收代缴消费税 =（30 000 +10 000 +5 000）÷（1-15%）×15% =52 941.18×15% =7 941.18（元）。

24. 【答案】A

【解析】A牌卷烟计税价格 =110×（1-30%）=77（元/条），77元>60元，按77元计算缴纳消费税，属于甲类卷烟。

该企业当期应纳消费税 =300×150 +77×250×300×56% =45 000 +3 234 000 =3 279 000（元）。

二、多项选择题

1. 【答案】ABCD

2. 【答案】ABCD

3. 【答案】BD

【解析】高档化妆品是在生产销售、委托加工、进口环节缴纳消费税；独立核算门市部待销售的涂料需要缴纳消费税；雪茄烟在生产销售、委托加工以及进口环节缴纳消费税；超豪华小汽车零售环节加征一道消费税。

4. 【答案】ABCD

5. 【答案】ABCD

【解析】上述费用均属于价外费用，要并入销售额中征收消费税。

6. 【答案】ABCD

7. 【答案】AD

【解析】选项B、C不可以扣除已纳消费税。

8. 【答案】BD

【解析】汽车贸易公司销售小汽车不缴纳消费税。游艇生产企业应缴纳消费税 =200×10% =20（万元）；游艇不属于车辆购置税征税范围，旅游公司应缴游艇车辆购置税 =0；旅游公司应缴纳小汽车的车辆购置税 =30×10% =3（万元）。

9. 【答案】CD

【解析】有出口经营权的生产性企业自营出口或生产企业委托外贸企业代理出口的应税消费品出口免税但不退税，因此选项A、B不符合题意。

10. 【答案】AB

【解析】选项C：珍珠饰品在生产（委托加工、进口）环节征收消费税，零售环节不征收消费税；选项D：鞭炮、焰火在生产（委托加工、进口）环节征收消费税，批发环节不征收消费税。

11. 【答案】AD

【解析】汽车轮胎和卫星通信车不属于消费税的征税范围。

12. 【答案】AD

【解析】增值税销项税额和未逾期的啤酒包装物押金，不计入。

13. 【答案】BCD

【解析】选项B、C，白酒消费税最低计税价格的核定范围是指白酒生产企业销售给销售单位的白酒，生产企业消费税计税价格低于销售单位对外销售价格（不含增值税）70%以下的，税务机关应核定消费税最低计税价格；选项D，国家税务总局选择核定消费税计税价格的白酒，核定比例统一确定为60%。

14. 【答案】AC

【解析】用于产品质量检验耗费的高尔夫球杆属于必要的生产经营过程，不征收消费税。如果门市部已经对外销售了，应当按销售额计征消费税。

15. 【答案】ACD

【解析】用外购已税消费品连续生产应税消费品的，允许抵扣税额的税目从大类上看，原则上不包括酒、小汽车、高档手表、游艇、摩托车、涂料。从允许抵扣项目的子目上看不包括雪茄烟、溶剂油、航空煤油。

16. 【答案】BD

【解析】选项A，委托加工业务，受托方是企业等单位的，由受托方向机构所在地或者居住地主管税务机关申报缴税款。选项C，委托加工应税消费品的纳税人是委托方。

三、计算问答题

1. 【答案】

（1）① 白酒生产企业销售给销售单位的白酒，生产企业消费税计税价格低于销售单位对外销售价格（不含增值税）70%以下的，税务机关应核定消费税最低计税价格；

② 自2015年6月1日起，纳税人将委托加工收回的白酒销售给销售单位，消费税计税价格低于销售单位对外销售价格（不含增值税）70%以下的，也应核定消费税最低计税价格。

本题所考察的知识点是消费税计税依据的特殊规定。

（2）业务（1）应缴纳的消费税 = 10 × 2.5 × 20% + 10 × 2 000 × 0.5 ÷ 10 000 = 6（万元）。

纳税人用于换取生产资料、消费资料、投资入股、抵偿债务的应税消费品，按照同类应税消费品的最高销售价格计算消费税。本题所考察的知识点是消费税计税依据的特殊规定。

（3）业务（2）应缴纳的消费税 = 3 × 50 × 20% + 50 × 2 000 × 0.5 ÷ 10 000 = 35（万元）。

纳税人通过自设非独立核算门市部销售的自产应税消费品，应按门市部对外销售额或者销售数量征收消费税。本题所考察的知识点是消费税计税依据的特殊规定。

（4）① 业务（3）的消费税纳税义务人是企业丙。符合委托加工条件的应税消费品的加工，消费税的纳税人是委托方。② 从价部分的计税依据 = 2.75 × 20 = 55（万元）。从量部分的计税依据为20吨。委托加工的应税消费品，按照受托方的同类消费品的销售价格计算纳税；没有同类消费品销售价格的，按照组成计税价格计算纳税。

（5）业务（3）应缴纳的消费税 = 2.75 × 20 × 20% + 20 × 2 000 × 0.5 ÷ 10 000 = 13（万元）。

【解析】读完主题干，锁定关键词：一般纳税人、白酒。白酒的消费税要复合征收，从价又从量，公式：应纳税额 = 销售额 × 比例税率 + 销售量 × 单位税额。

对应问题（2），计算业务（1）应缴纳的消费税。

用白酒交换设备,视同销售白酒。

纳税人用于换取生产资料、消费资料、投资入股、抵偿债务的应税消费品,按照同类应税消费品的最高销售价格计算消费税。

要注意从量时的单位转换,题中只给了0.5元/500克,但所求的白酒是10吨。1吨=1 000千克=2 000斤。

业务(2)对应问题(3),计算业务(2)应缴纳的消费税,纳税人通过自设非独立核算门市部销售的自产应税消费品,应按门市部对外销售额或者销售数量征收消费税。

业务(3)对应问题(5),计算业务(3)应缴纳的消费税,直接带入数值复合计算即可。

2.【答案及解析】

(1) 乙厂应代收代缴的消费税 = (37.5 + 5) ÷ (1 − 15%) × 15% = 50 × 15% = 7.5(万元)。

(2) 业务(2)中用于销售的焰火应该缴纳消费税。委托加工的应税消费品在提取时已由受托方代收代缴了消费税,委托方以高于受托方的计税价格出售的,须按照规定申报缴纳消费税,在计税时准予扣除受托方已代收代缴的消费税。

应纳消费税 = 38 × 15% − 7.5 × 60% = 1.2(万元)。

(3) 业务(3)中赠送客户焰火计征消费税计税依据的金额 = 36 ÷ 80% × 20% = 9(万元)。

(4) 准予扣除的已纳消费税税款 = 7.5 × 40% = 3(万元)。

(5) 对于业务(3):

6月应纳消费税 = 36 × 70% × 15% + 9 × 15% − 3 = 2.13(万元)。

7月应纳消费税 = 36 × 30% × 15% = 1.62(万元)。

纳税人采取分期收款结算方式的,消费税纳税义务发生时间为书面合同约定的收款日期的当天。

第四章 企业所得税法

一、单项选择题

1. 企业发生处置资产的下列情形中，应视同销售确认企业所得税应税收入的是（　　）。
   A. 将资产用于职工奖励或福利
   B. 将资产用于加工另一种产品
   C. 将资产在总分支机构之间转移
   D. 将资产结构或性能改变

2. 2019年3月甲企业将持有乙企业5%的股权以1 000万元的价格转让，转让价格中包含乙企业未分配利润中归属于该股权的20万元，股权的购置成本为800万元。甲企业应确认的股权转让所得为（　　）万元。
   A. 50　　　　　B. 180　　　　　C. 200　　　　　D. 220

3. 下列支出在计算企业所得税应纳税所得额时，准予按规定扣除的是（　　）。
   A. 企业之间发生的管理费支出
   B. 企业筹建期间发生的广告费支出
   C. 企业内营业机构之间发生的特许权使用费支出
   D. 企业内营业机构之间发生的租金支出

4. 下列各项支出，可在企业所得税税前扣除的是（　　）。
   A. 企业之间支付的管理费用
   B. 非银行企业内营业机构之间支付的利息
   C. 企业依据法律规定提取的环境保护专项资金
   D. 烟草企业的烟草广告费和烟草宣传费

5. 县级人民政府将国有非货币性资产明确以股权投资方式投入企业，企业应作为国家资本金处理，该非货币性资产的计税基础为（　　）。
   A. 市场公允价值
   C. 该资产投入前的账面余值
   B. 双方协商价值
   D. 政府确定的接收价值

6. 企业发生的下列支出中，按企业所得税法的规定可在税前扣除的是（　　）。
   A. 税收滞纳金
   C. 企业所得税税款
   B. 非广告性赞助
   D. 按规定缴纳的财产保险费

7. 下列企业，属于我国企业所得税居民企业的是（　　）。
   A. 依照日本法律成立且实际管理机构在日本，但在中国境内从事装配工程作业的企业
   B. 依照美国法律成立且实际管理机构在美国，但在中国境内设立营业场所的企业
   C. 依照中国香港地区法律成立但实际管理机构在大陆的企业

D. 依照中国台湾地区法律成立且实际管理机构在台湾的企业

8. 下列各项支出中，可以在计算企业所得税应纳税所得额时扣除的是（   ）。
   A. 向投资者支付的股息
   B. 合理的劳动保护支出
   C. 为投资者支付的商业保险费
   D. 内设营业机构之间支付的租金

9. 企业发生的下列支出中，可在发生当期直接在企业所得税税前扣除的是（   ）。
   A. 固定资产改良支出
   B. 租入固定资产的改建支出
   C. 固定资产的日常修理支出
   D. 已足额提取折旧的固定资产的改建支出

10. 某企业2019年支付如下费用：合同工工资105万元，实习生工资20万元。返聘离休人员工资30万元。劳务派遣公司用工费40万元。2019年企业计算企业所得税时允许扣除的职工工会经费限额是（   ）万元。
    A. 3.9   B. 3.1   C. 2.5   D. 2.1

11. 下列关于企业筹建期间相关业务税务处理的说法，正确的是（   ）。
    A. 筹建期应确认为企业的亏损年度
    B. 筹办费应作为长期待摊费用在不低于2年的时间内进行摊销
    C. 筹建期发生的广告费和业务宣传费可按实际发生额计入筹办费
    D. 筹建期发生的业务招待费可按实际发生额计入筹办费

12. 某企业2019年6月购置并投入使用环境保护专用设备（属于企业所得税优惠目录的范围），取得增值税专用发票注明的金额300万元，2019年该企业应纳税所得额400万元。该企业当年应缴纳的企业所得税是（   ）万元。
    A. 100   B. 70   C. 90   D. 80

13. 下列收入中，属于企业所得税法规定的不征税收入是（   ）。
    A. 事业单位收到的财政拨款收入
    B. 外贸企业收到的出口退税款收入
    C. 企业取得的国债利息收入
    D. 企业收到地方政府未规定专项用途的税收返还款收入

14. 企业从事下列项目取得的所得中，免征企业所得税的是（   ）。
    A. 花卉种植   B. 蔬菜种植   C. 海水养殖   D. 内陆养殖

15. 某小型微利企业经主管税务机关核定，2017年度亏损23万元，2018年度盈利16万元、2019年度盈利22万元。该企业2019年度应缴纳的企业所得税为（   ）万元。
    A. 0.75   B. 1.75   C. 2.20   D. 3.00

16. 某批发兼零售的小型微利居民企业，2019年度自行申报营业收入总额350万元，成本费用总额370万元，当年亏损20万元，经税务机关审核，该企业申报的收入总额无法核实，成本费用核算正确。假定对该企业采取核定征收企业所得税，应税所得率为

8%，该居民企业2019年度应缴纳企业所得税（　　）万元。

　　A. 2.00　　　　　　B. 1.40　　　　　　C. 2.61　　　　　　D. 1.61

17. 某汽车公司（企业所得税税率15%）2018年1月1日向母公司（企业所得税税率25%）借入3年期贷款5 000万元用于购置原材料，约定年利率为12%，银行同期同类贷款利率为7%。2019年汽车公司企业所得税前可扣除的该笔借款的利息费用为（　　）万元。

　　A. 1 000　　　　　B. 500　　　　　　C. 350　　　　　　D. 0

18. 计算企业应纳税所得额时，下列支出可在发生当期直接扣除的是（　　）

　　A. 长期股权投资的支出　　　　　C. 购买生产用无形资产的支出

　　B. 企业发生的合理的劳动保护支出　　D. 购买生产用原材料的支出

19. 在我国境内未设立机构场所的境外某企业，2018年投资中国某居民企业债券，2019年取得不含税利息收入300万元，延期支付利息的不含税违约金30万元，债券转让所得20万元，假设利息所得的协定税率为8%，上述利息所得在我国应缴纳所得税（　　）万元。

　　A. 24.0　　　　　　B. 26.1　　　　　　C. 26.4　　　　　　D. 24.7

20. 2019年3月甲企业将持有乙企业5%的股权以1 000万元的价格转让，转让价格中包含乙企业未分配利润中归属于该股权的20万元，股权的购置成本为800万元。甲企业应确认的股权转让所得为（　　）万元。

　　A. 50　　　　　　　B. 180　　　　　　C. 200　　　　　　D. 220

21. 下列各项收入中，应并入纳税人当年企业所得税应税收入的是（　　）。

　　A. 非货币资产对外投资形成的转让所得

　　B. 接收政府划入的非指定用途款项

　　C. 将资产用途由自用转为经营性租赁

　　D. 从境内居民企业分回的权益性投资收益

22. 依据企业所得税法的规定，下列各项中按负担所得的所在地确定所得来源地的是（　　）。

　　A. 销售货物所得　　　　　　　　B. 劳务所得

　　C. 不动产转让所得　　　　　　　D. 租金所得

23. 下列关于收入确认时间的说法中，正确的是（　　）。

　　A. 接受非货币形式捐赠，在计算缴纳企业所得税时应分期确认收入

　　B. 企业转让股权收入，应于转让协议生效、且完成股权变更手续时，确认收入的实现

　　C. 股息等权益性投资收益以投资方收到所得的日期确认收入的实现

　　D. 特许权使用费收入以实际取得收入的日期确认收入的实现

24. 企业发生的下列支出中，按企业所得税法的规定可在税前扣除的是（　　）。

　　A. 税收滞纳金　　　　　　　　　B. 非广告性赞助

C. 企业所得税税款　　　　　　　　D. 按规定缴纳的财产保险费

25. 某商贸公司 2019 年开始筹建，当年未取得收入，筹办期间发生业务招待费 300 万元、业务宣传费 20 万元、广告费用 200 万元。根据企业所得税相关规定，上述支出可计入企业筹办费并在税前扣除的金额是（　　）万元。

A. 200　　　　B. 220　　　　C. 400　　　　D. 520

26. 下列各项支出中，可以在计算企业所得税应纳税所得额时扣除的是（　　）。

A. 向投资者支付的股息　　　　　B. 合理的劳动保护支出
C. 为投资者支付的商业保险费　　D. 内设营业机构之间支付的租金

27. 某技术开发公司 2019 年 6 月外购一台用于研发的实验设备，取得增值税专用发票上注明的价款 60 万元、增值税 7.8 万元，使用年限为 5 年，不考虑残值。企业已按会计规定计提折旧并计入成本费用。2019 年企业所得税汇算清缴时纳税调整额是（　　）万元。

A. 49.0　　　B. 54.0　　　C. 60.0　　　D. 70.2

28. 下列生物资产中，不得计提折旧的是（　　）。

A. 经济林　　B. 用材林　　C. 薪炭林　　D. 役畜

29. 境内甲企业 2019 年度境内所得应纳税所得额为 400 万元，在全年已预缴税款 25 万元，来源于境外 A 国税前所得 100 万元，境外实际缴纳税款 20 万元，该企业当年汇算清缴应补（退）的税款为（　　）万元。

A. 50　　　　B. 60　　　　C. 70　　　　D. 80

30. 根据企业所得税相关规定，下列企业属于非居民企业的是（　　）。

A. 依法在中国境内成立的外商投资企业
B. 依法在境外成立但实际管理机构在中国境内的外国企业
C. 在中国境内未设立机构、场所，但有来源于中国境内所得的外国企业
D. 在中国境内未设立机构、场所且没有来源于中国境内所得的外国企业

31. 某外国公司实际管理机构不在中国境内，也未在中国境内设立机构场所，2018 年从中国境内某企业取得其专利技术使用权转让收入 21.2 万元（含增值税），发生成本 10 万元。该外国公司在中国境内应缴纳企业所得税（　　）万元。

A. 2.5　　　　B. 2.0　　　　C. 5.0　　　　D. 1.0

32. 甲企业持有乙企业 93% 的股权，共计 3 000 万股。2018 年 8 月丙企业决定收购甲企业所持有的乙企业全部股权，该股权每股计税基础为 10 元、收购日每股公允价值为 12 元。在收购中丙企业以公允价值为 32 400 万元的股权以及 3 600 万元银行存款作为支付对价，假定该收购行为符合且企业选择特殊性税务处理，则甲企业股权转让的应纳税所得额为（　　）万元。

A. 300　　　B. 600　　　C. 5 400　　　D. 6 000

33. 搬迁企业发生的下列各项支出，属于资产处置支出的是（　　）。

A. 临时存放搬迁资产发生的费用

B. 安置职工实际发生的费用
C. 变卖各类资产过程中发生的税费支出
D. 资产搬迁发生的安装费用

34. 房地产开发企业单独作为过渡性成本对象核算的公共配套设施开发成本，分配至各成本对象的方法是（   ）。

A. 建筑面积法　　　　　　　　B. 占地面积法
C. 直接成本法　　　　　　　　D. 预算造价法

35. 下列各项债权，准予作为损失在企业所得税税前扣除的是（   ）。

A. 行政部门干预逃废的企业债权
B. 担保人有经济偿还能力未按期偿还的企业债权
C. 企业未向债务人追偿的债权
D. 由国务院批准文件证明，经国务院专案批准核销的债权

二、多项选择题

1. 居民企业发生的下列支出中，可在企业所得税税前扣除的有（   ）。

A. 逾期归还银行贷款的罚息
B. 企业内营业机构之间支付的租金
C. 未能形成无形资产的研究开发费用
D. 以经营租赁方式租入固定资产的租金

2. 企业支付的下列保险费，允许在企业所得税税前扣除的是（   ）。

A. 企业为投资者购买的商业保险
B. 企业按规定为职工购买的工伤保险
C. 企业为特殊工种职工购买的法定人身安全保险
D. 企业为本单位车辆购买的交通事故责任强制保险

3. 下列关于企业合并实施一般性税务处理的说法，不正确的是（   ）。

A. 被合并企业的亏损可按比例在合并企业结转弥补
B. 合并企业应按照账面净值确认被合并企业各项资产的计税基础
C. 被合并企业股东应按清算进行所得税处理
D. 合并企业应按照协商价格确认被合并企业各项负债的计税基础

4. 下列支出不可以在企业所得税税前扣除的是（   ）。

A. 子公司支付给母公司的管理费用
B. 企业内设营业机构之间支付的租金
C. 银行企业内设营业机构之间支付的利息
D. 企业内设营业机构之间支付的特许权使用费

5. 下列支出中，可作为长期待摊费用核算的有（   ）。

A. 固定资产的大修理支出
B. 租入固定资产的改建支出

C. 已足额提取折旧的固定资产的改建支出
D. 接受捐赠固定资产的改建支出

6. 下列项目中，符合企业重组特殊性税务处理规定的有（   ）。

A. 被合并企业合并前的亏损不得由合并企业弥补

B. 被合并企业合并前的亏损可由合并企业按照被合并企业净资产公允价值及合并业务发生当年年末国家发行的最长期限的国债利率计算限额，由合并企业继续弥补

C. 被分立企业未超过法定弥补期限的亏损额可按分立资产占全部资产的比例进行分配，由分立企业继续弥补

D. 被分立企业未超过法定弥补期限的亏损额可按分立资产占全部资产比例进行分配，由分立企业继续弥补

7. 下列关于企业股权收购重组的一般性税务处理的表述中，正确的有（   ）。

A. 被收购方应确认股权的转让所得或损失

B. 被收购企业的相关所得税事项原则上保持不变

C. 收购方取得被收购方股权的计税基础以被收购股权的原有计税基础确定

D. 收购方取得股权的计税基础应以公允价值为基础确定

8. 根据企业所得税相关规定，企业下列支出超过税法规定扣除限额标准，准予向以后年度结转扣除的有（   ）。

A. 业务宣传费支出　　　　　　　B. 广告费支出
C. 职工教育经费支出　　　　　　D. 公益性捐赠支出

9. 依据企业所得税的有关规定，下列行为应视同销售确认收入的有（   ）。

A. 将自产货物用于职工奖励　　　B. 将自建商品房转为固定资产
C. 将自产货物用于职工宿舍建设　D. 将外购货物用于交际应酬

10. 依据企业所得税的相关规定，企业发生的广告费和业务宣传费可按当年销售（营业）收入的30%的比例扣除的有（   ）。

A. 白酒制造企业　B. 饮料销售企业　C. 医药制造企业　D. 化妆品制造企业

11. 下列对100%直接控制的居民企业之间按照账面净值划转资产，符合特殊性税务处理条件的税务处理，正确的有（   ）。

A. 划入方企业取得的被划转资产，应按其账面原值计算折旧扣除

B. 划入方企业取得被划转资产的计税基础以账面原值确定

C. 划入方企业取得的被划转资产，应按其账面净值计算折旧扣除

D. 划入方企业不确认所得

12. 企业与关联方签署成本分摊协议，发生特殊情形会导致其自行分配的成本不得于税前扣除，这些情况包括（   ）。

A. 不具有合理商业目的和经济实质

B. 自签署成本分摊协议之日起经营期限为25年

C. 没有遵循成本与收益配比原则

D. 未按照有关规定备案或准备有关成本分摊协议的同期资料

13. 企业从事下列项目所得，免征企业所得税的有（　　）。
   A. 企业受托从事蔬菜种植　　　　B. 企业委托个人饲养家禽
   C. 企业外购蔬菜分包后销售　　　　D. 农机作业和维修

14. 企业提供下列劳务中，按照完工进度确认企业所得税应税收入的有（　　）。
   A. 广告的制作　　　　　　　　　　B. 提供宴会招待
   C. 提供艺术表演　　　　　　　　　D. 为特定客户开发软件

15. 除税法另有规定外，企业在计算企业所得税时，税前扣除一般应遵循的原则有（　　）。
   A. 配比原则　　B. 合理性原则　　C. 谨慎性原则　　D. 重要性原则

16. 我国居民企业的下列技术转让行为中，符合税法规定可以享受技术转让所得免征、减征企业所得税的有（　　）。
   A. 转让国家限制出口技术
   B. 转让国家禁止出口技术
   C. 转让其拥有的技术所有权
   D. 转让其拥有的6年全球独占许可使用权

三、计算问答题

1. 我国境内某居民企业（以下称该企业）在A国设立一分公司（以下称境外分公司），2015年该企业境内应纳税所得额-14.29万元，境外分公司税后所得10万元，已在该国缴纳企业所得税4.29万元。2016年该企业境内应纳税所得额30万元，境外分公司税后所得14万元，已在该国缴纳企业所得税6万元。该企业适用企业所得税税率25%，境外分公司适用企业所得税税率30%。

根据上述资料，回答下列问题：
（1）2015年度汇总纳税时，境外分公司所得的抵免限额。
（2）2016年度汇总纳税时，境外分公司所得的抵免限额。
（3）2016年度汇总纳税时，境外分公司所得实际抵免的所得税税额。
（4）2016年度汇总纳税时，该企业实际应缴纳的企业所得税。

2. 某非居民企业，未在我国境内设立机构场所，2018年发生的与我国境内相关的业务如下：
（1）以经营租赁的方式出租一批设备给我国境内A企业，取得不含税租金收入100万元。
（2）为我国境内的B企业提供担保服务，取得不含税担保费收入20万元。
（3）转让以前年度购进的我国境内的土地使用权给境内C企业，取得收入1 000万元，转让时该土地的账面价值为800万元，计税基础为700万元。
（4）以融资租赁的方式，出租一套设备给我国境内的D企业，共收取租金200万元，2018年12月租赁到期，D企业另支付10万元取得了设备的所有权，已知该套设备的价款为120万元。

根据上述资料，回答下列问题：

（1）A企业应代扣代缴该非居民企业的企业所得税。

（2）B企业应代扣代缴该非居民企业的企业所得税。

（3）C企业应代扣代缴该非居民企业的企业所得税。

（4）D企业应代扣代缴该非居民企业的企业所得税。

3. 某市一娱乐公司，2018年度经营情况如下：

（1）歌舞厅全年取得收入630万元、与歌舞厅相关的烟酒饮料收入200万元，下半年开业的台球馆和保龄球馆取得收入320万元，上述收入均不含增值税。

（2）全年从境内被投资公司分回股息收入20万元（被投资企业的企业所得税率为15%）；购买国债取得利息收入10万元，购买企业债券取得利息收入15万元。

（3）全年发生成本250万元、销售费用120万元、管理费用200万元（其中业务招待费用20万元）。

（4）年初经有关部门批准向职工集资100万元，用于弥补经营资金不足，期限10个月，支付利息8万元（假定同期银行贷款年利率为6%）。

（5）2018年度实发工资总额216万元（包括支付给残疾人工资20万元）；并按实发工资总额计算提取了职工工会经费5万元，取得了合法的收据；实际发生的职工福利费30.24万元；职工教育经费6万元。

（6）发生意外事故原材料损失16万元（含转出的增值税进项税额），当年取得保险公司赔偿款8万元。

已知：相关税金及附加200.2万元，工资、三项经费计入（3）中的成本费用。

根据所给资料，回答下列问题：

（1）该公司当年营业收入。

（2）计算年应纳税所得额时，可以扣除的业务招待费用和利息费用合计。

（3）计算年应纳税所得额时，可以扣除的工资及三项经费合计。（考虑加计扣除）

（4）当年度娱乐公司应缴纳企业所得税。

四、综合分析题

1. 某电动车生产企业为增值税一般纳税人。2018年企业自行核算的会计利润总额11 696万元，已预缴企业所得税1 500万元。2019年1月，经委托的税务师审核，发现以下业务：

（1）企业2018年年初房产原值12 300万元，其中幼儿园房产原值300万元，未申报缴纳房产税；

（2）企业2018年成本费用含实际发放合理工资薪金总额4 000万元，实际发生的职工工会经费100万元、职工福利费480万元、职工教育经费450万元；

（3）合并一配件厂，合并基准日配件厂全部资产的计税基础和公允价值分别为5 000万元和5 700万元，全部负债的计税基础和公允价值分别为3 600万元和3 200万元，可结转以后年度弥补的亏损额 670 万元。合并方支付本企业股权 2 300 万元、银行存款 200 万元。合并符合企业重组的特殊性税务处理条件且双方选择采用此方法。(说明：计税房产余值的扣除比例 20%，合并当年国家发行最长期限的国债年利率为 4.3%。)

根据上述资料，回答下列问题：

(1) 该企业 2018 年应缴纳的房产税。

(2) 该企业 2018 年会计利润总额。

(3) 该企业 2018 年职工福利费、职工教育经费和职工工会经费应调增应纳税所得额。

(4) 该企业 2018 年应纳税所得额。

(5) 该企业 2018 年应补缴企业所得税。

2. 位于市区的某居民企业为增值税一般纳税人。主要生产销售同一型号的热水器。热水器单台销售成本 0.1 万元、市场不含税销售价格 0.18 万元。2020 年度企业财务核算反映信息为：销售热水器共计 3 万台，取得不含税销售收入 5 400 万元，取得直接投资居民企业的股息收入 40 万元，准予扣除的成本 3 000 万元。缴纳增值税 450 万元、城市维护建设税、教育费附加和地方教育附加 54 万元，发生销售费用 1 300 万元，管理费用 450 万元（其中业务招待费 80 万元）；发生营业外支出 300 万元，其中通过市民政局向贫困山区捐款 60 万元，取得合法票据。

企业自行计算全年实现会计利润为 336 万元。2021 年 1 月，经委托的税务师事务所审核，发现以下两个问题：

(1) 2020 年 12 月 10 日将 100 台热水器销售给关联企业，未做账务处理；

(2) 2020 年 12 月 20 日接受某公司捐赠机器设备一台，取得增值税专用发票，注明金额 10 万元、增值税 1.3 万元，未做账务处理。（货物增值税税率为 13%）

根据上述资料，计算并回答下列问题：

(1) 该企业 12 月份应补缴增值税、城市维护建设税、教育费附加和地方教育附加。

(2) 该企业经审核后全年会计利润总额。

(3) 该企业对贫困山区的捐赠应调增的应纳税所得额。

(4) 该企业发生的业务招待费应调增的应纳税所得额。

(5) 该企业 2020 年度应缴纳的企业所得税。

3. 国内某电力生产性企业，经营项目符合《公共基础设施项目企业所得税优惠目录》规定，2019 年 4 月依法设立，为增值税一般纳税人。该企业设立的当年取得收入，经税务机关批准享受税收优惠政策，2020 年，该企业自行核算主营业务收入为 2 700 万元，其他业务收入 200 万元，扣除项目金额 2 820 万元，实现利润总额 80 万元。经税务师审核，发现下列情况：

(1) "管理费用"账户列支 100 万元，其中：业务招待费 30 万元、新产品技术开发费 40 万元、支付给母公司的管理费 10 万元。

(2) "财务费用"账户列支 40 万元，其中：2020 年 6 月 1 日向非金融企业借入资金

200万元用于生产经营，当年支付利息12万元（同期银行贷款年利率为6%）。

（3）"营业外支出"账户列支50万元，其中：对外捐赠30万元（通过县级政府向贫困地区捐赠20万元，直接向某校捐赠10万元）；价值40万元的产品被盗（外购原材料成本占60%，增值税税率为13%），获得保险公司赔偿30万元；被环保部门处以罚款10万元。

（4）"投资收益"账户贷方发生额45万元，其中：从境内A公司（小型微利企业）分回股息10万元；从境外B公司分回股息30万元，B公司适用企业所得税税率20%；国债利息收入5万元。

（5）实际支付工资总额300万元（其中残疾人员工资50万元），发生职工福利费支出45万元，职工工会经费6万元、职工教育经费7万元，为职工支付商业保险费20万元。

（6）销售本公司的原材料一批，销售收入10万元、增值税额1.3万元，该项业务收入未反映在账务中。

（7）用自产产品对外投资，产品成本70万元，不含税销售价格100万元，该项业务未反映在账务中。

（已知：不考虑城建税和教育费附加）

根据上述资料，回答下列问题：

（1）2020年度该企业实际会计利润。

（2）2020年度企业所得税前可以扣除"管理费用"和"财务费用"合计（考虑加计扣除因素）。

（3）该企业"营业外支出"账户列支的项目纳税调整金额。

（4）2020年度该企业从境外取得的投资收益境内应补所得税额。

（5）工资与职工福利费、工会经费、职工教育经费、商业保险费纳税调整金额合计。

（6）2020年度该企业实际应缴纳的企业所得税。

参考答案及解析

一、单项选择题

1. 【答案】A

【解析】企业在境内处置资产时，当资产所有权属发生改变而不属于内部处置资产，才应按照规定视同销售确定收入，只有选项A的所有权发生了改变。

2. 【答案】C

【解析】股权转让收入扣除为取得该股权所发生的成本后，为股权转让所得。企业计算股权转让所得时，不得扣除被投资企业未分配利润等股东留存收益中按该项股权所可能分配的金额。

股权转让所得 = 1 000 - 800 = 200（万元）。

3. 【答案】B

【解析】选项A、C、D，企业之间支付的管理费、企业内营业机构之间支付的租金和特许权使用费，以及非银行企业内营业机构之间支付的利息，不得在企业所得税前扣除。

4.【答案】C

【解析】选项 A，企业之间支付的管理费用不得税前扣除。选项 B，非银行企业内营业机构之间支付的利息，不得税前扣除。银行企业内营业机构之间支付的利息，可以税前扣除。选项 D，烟草企业的烟草广告费和烟草宣传费，不得税前扣除。

5.【答案】D

【解析】县级以上人民政府（包括政府有关部门）将国有资产明确以股权投资方式投入企业，企业应作为国家资本金（包括资本公积）处理。该项资产如为非货币性资产，应按政府确定的接收价值确定计税基础。

6.【答案】D

【解析】选项 A、B、C 不得税前扣除。

7.【答案】C

【解析】居民企业是指依法在中国境内成立，或者依照外国（地区）法律成立但实际管理机构在中国境内的企业。

8.【答案】B

【解析】选项 A，向投资者支付的股息、红利等权益性投资收益款项，不得扣除；选项 B，企业发生的合理的劳动保护支出，准予扣除；选项 C，企业为投资者或者职工支付的商业保险费，不得扣除；选项 D，企业内社营业机构之间支付的租金，不得扣除。

9.【答案】C

【解析】企业的固定资产改良支出，如果有关固定资产尚未提足折旧，可增加固定资产价值；如有关固定资产已提足折旧，可作为长期待摊费用，在规定的期间内平均摊销；租入固定资产的改建支出和已足额提取折旧的固定资产的改建支出作为长期待摊费用，按照规定摊销的，准予扣除。

10.【答案】B

【解析】企业所得税税前实际发生的合理的工资薪金支出 = 105 + 20 + 30 = 155（万元），允许扣除工会经费限额 = 155 × 2% = 3.1（万元）。

11.【答案】C

【解析】企业筹办期间不计算为亏损年度；筹办费可以在开始经营之日的当年一次性扣除，也可以按照长期待摊费用在不低于 3 年的时间内进行摊销；企业在筹建期间发生的与筹办活动有关的业务招待费支出，可按实际发生额的 60% 计入企业筹办费。

12.【答案】A

【解析】企业购置并实际使用《环境保护专用设备企业所得税优惠目录》规定的专用设备的，该专用设备的投资额的 10% 可以从企业当年的应纳税额中抵免。

应纳企业所得税 = 400 × 25% − 300 × 10% = 70（万元）。

13.【答案】A

【解析】收入总额中的下列收入为不征税收入：（1）财政拨款，是指各级人民政府对纳入预算管理的事业单位、社会团体等组织拨付的财政资金；（2）依法收取并纳入财政管理的行政事业性收费、政府性基金；（3）国务院规定的其他不征税收入。

14.【答案】B

【解析】花卉、茶以及其他饮料作物和香料作物的种植、海水养殖、内陆养殖减半征收企业所得税。

15．【答案】A

【解析】自 2019 年 1 月 1 日至 2021 年 12 月 31 日，对小型微利企业年应纳税所得额不超过 100 万元的部分，减按 25% 计入应纳税所得额，按 20% 的税率缴纳企业所得税；对年应纳税所得额超过 100 万元但不超过 300 万元的部分，减按 50% 计入应纳税所得额，按 20% 的税率缴纳企业所得税。该企业 2019 年应纳企业所得税 =（16 - 23 + 22）×25% ×20% = 0.75（万元）。

16．【答案】D

【解析】该居民企业 2016 年应缴纳企业所得税 = 370 ÷（1 - 8%）×8% ×25% ×20% = 1.61（万元）。

17．【答案】C

【解析】电子公司的实际税负不高于境内关联方，不需要考虑债资比的限制，该笔借款税前可以扣除的金额为不超过金融机构同期同类贷款利率计算的数额。

2019 年电子公司企业所得税前可扣除的利息费用 = 5 000 ×7% = 350（万元）。

18．【答案】B

【解析】企业发生的合理的劳动保护支出，准予在发生当期直接扣除。

19．【答案】C

【解析】在我国应缴纳所得税 =（300 + 30）×8% = 26.4（万元）。

20．【答案】C

【解析】股权转让收入扣除为取得该股权所发生的成本后，为股权转让所得。企业计算股权转让所得时，不得扣除被投资企业未分配利润等股东留存收益中按该项股权所可能分配的金额。股权转让所得 = 1 000 - 800 = 200（万元）。

21．【答案】B

【解析】选项 A，非货币资产对外投资形成的转让所得，可在 5 年内均匀纳税，而不是当年一次性纳税；选项 C，将资产用途由自用转为经营性租赁，属于内部移送；选项 D，从境内居民企业分回的权益性投资收益为免税收入。

22．【答案】D

【解析】利息所得、租金所得、特许权使用费所得，按照负担、支付所得的企业或者机构、场所所在地确定。

23．【答案】B

【解析】选项 A，接受捐赠所得，按实际收到捐赠资产的日期确认收入；选项 C，股息等权益性投资收益以被投资方作出利润分配决定的日期确认收入的实现；选项 D，特许权使用费收入以合同约定的特许权使用人应付特许权使用费的日期确认收入的实现。

24．【答案】D

【解析】选项 A、B、C 不得税前扣除。

25．【答案】C

【解析】企业在筹办期间，发生的与筹办活动有关的业务招待费，可按实际发生额的 60% 计入企业筹办费，发生的广告费和业务宣传费，可按实际发生额计入企业筹办费，按有关规定税前扣除。可计入企业筹办费并税前扣除的金额 = 300 ×60% + 20 + 200 = 400（万元）。

26．【答案】B

【解析】选项 A，向投资者支付的股息、红利等权益性投资收益款项，不得扣除；选项 B，企业发生的合理的劳动保护支出，准予扣除；选项 C，企业为投资者或者职工支付的商业保险费，不得扣除；选项 D，企业内设营业机构之间支付的租金，不得扣除。

27．【答案】B

【解析】按会计规定计算的折旧费 = 60÷5÷12×6 = 6（万元），税法规定对所有行业企业在 2018 年 1 月 1 日至 2020 年 12 月 31 日期间新购进的专门用于研发的仪器、设备，单位价值不超过 500 万元的，允许一次性计入当期成本费用在计算应纳税所得额时扣除，即税前扣除 60 万元，纳税调整额 = 60 - 6 = 54（万元）。

28．【答案】B

【解析】生产性生物资产可以计提折旧，包括经济林、薪炭林、产畜、役畜。

29．【答案】D

【解析】甲企业汇总纳税应纳税额 = （400 + 100）×25% = 125（万元），境外已纳税款扣除限额 = 100×25% = 25（万元），境外实纳税额 20 万元，可全额扣除。境内已预缴 25 万元，则汇总纳税应纳所得税额 = 125 - 20 - 25 = 80（万元）。

30．【答案】C

【解析】非居民企业是指依照外国（地区）法律成立且实际管理机构不在中国境内，但在中国境内设立机构、场所，或者在中国境内未设立机构、场所，但有来源于中国境内所得的企业。

31．【答案】B

【解析】非居民企业未在中国境内设立机构场所的，实际所得税税率 10%，应缴纳企业所得税 = 21.2÷（1 + 6%）×10% = 2（万元）。

32．【答案】B

【解析】对于被收购企业的股东取得的收购企业股权的计税基础，以被收购股权的原有计税基础确定。所以股权支付的部分不确认所得和损失，对于非股权支付的部分，要按照规定确认所得和损失，依法计算缴纳企业所得税。甲企业转让股权的应纳税所得额 = （3 000×12 - 3000×10）×3 600÷（32 400 + 3 600） = 600（万元）。

33．【答案】C

【解析】资产处置支出，是指企业由于搬迁而处置各类资产所发生的支出，包括变卖及处置各类资产的净值、处置过程中发生的税费等支出。

34．【答案】A

【解析】单独作为过渡性成本对象核算的公共配套设施开发成本，应按建筑面积法进行分配。土地成本，一般按占地面积法进行分配。借款费用属于不同成本对象共同负担的，按直接成本法或按预算造价法进行分配。

35．【答案】D

【解析】税法规定，以下股权和债权不得作为损失在税前扣除：（1）债务人或者担保人有经济偿还能力，未按期偿还的企业债权；（2）违反法律、法规的规定，以各种形式、借口逃废或悬空的企业债权；（3）行政干预逃废或悬空的企业债权；（4）企业未向债务人和担保人追偿的债权；（5）企业发生非经营活动的债权；（6）其他不应当核销的企业债权和股权。

二、多项选择题

1．【答案】ACD

【解析】企业内营业机构之间支付的租金不得税前扣除。

2.【答案】BCD

【解析】除企业依照国家有关规定为特殊工种职工支付的人身安全保险费和国务院财政、税务主管部门规定可以扣除的其他商业保险费外，企业为投资者或者职工支付的商业保险费，不得扣除。

3.【答案】ABD

【解析】选项A，被合并企业的亏损不得在合并企业结转弥补；选项B、D，合并企业应按公允价值确定接受被合并企业各项资产和负债的计税基础。

4.【答案】ABD

【解析】企业之间支付的管理费、企业内营业机构之间支付的租金和特许权使用费，以及非银行企业内营业机构之间支付的利息，不得扣除。

5.【答案】ABC

【解析】企业发生的下列支出作为长期待摊费用处理：（1）已足额提取折旧的固定资产的改建支出。（2）租入固定资产的改建支出。（3）固定资产的大修理支出。（4）其他应当作为长期待摊费用的支出。

6.【答案】BCD

【解析】适用重组特殊性税务处理时，被合并企业合并前的相关所得税事项由合并企业承继，据此判断A错误。

7.【答案】ABD

【解析】选项C，收购方取得股权或资产的计税基础应以公允价值为基础确定。

8.【答案】ABCD

【解析】均可以结转扣除。

9.【答案】AD

【解析】选项B、C，均属于内部处置资产，不属于视同销售。移至境外，不是同一税收管辖区域了，不属于内部处置资产，而是应视同销售确认收入。

10.【答案】CD

【解析】对化妆品制造与销售、医药制造和饮料制造（不含酒类制造）企业发生的广告费和业务宣传费支出，不超过当年销售（营业）收入30%的部分，准予扣除；超过部分，准予在以后纳税年度结转扣除。

11.【答案】CD

【解析】划入方企业取得被划转资产的计税基础以账面净值确定。

12.【答案】ACD

【解析】选项B，自签署成本分摊协议之日起经营期限少于20年。

13.【答案】ABD

【解析】选项C，企业购买农产品后直接进行贸易销售活动产生的所得，不能享受农、林、牧、渔业项目的税收优惠政策。

14.【答案】AD

【解析】提供宴会招待和提供艺术表演在相关活动发生时确认收入。

15.【答案】AB

【解析】除税法另有规定外，税前扣除一般应遵循以下原则：（1）权责发生制原则；（2）配比原则；（3）合理性原则。

16.【答案】CD

【解析】居民企业取得禁止出口和限制出口技术转让所得以及从直接或间接持有股权之和达到100%的关联方取得的技术转让所得不享受技术转让减免企业所得税优惠政策。

三、计算问答题

1.【答案及解析】

（1）企业当期境内、境外应纳税所得总额是零，其当期境外所得税的抵免限额也为零。

（2）2016年境外分公司税前所得=14+6=20（万元），抵免限额=20×25%=5（万元）。

（3）在境外实际缴纳的税额是6万元，抵免限额是5万元，所以抵免的税额就是5万元。

（4）2016年度境内应纳税所得额是30万元，境外所得不用补税，所以实际应纳税额=30×25%=7.5（万元）。

2.【答案及解析】

（1）A企业应代扣代缴企业所得税=100×10%=10（万元）。

（2）B企业应代扣代缴企业所得税=20×10%=2（万元）。

（3）C企业应代扣代缴企业所得税=（1 000－700）×10%=30（万元）。

（4）D企业应代扣代缴企业所得税=（200+10－120）×10%=9（万元）。

3.【答案及解析】

（1）当年取得营业收入=630+200+320=1 150（万元）。

（2）当年取得营业收入=630+200+320=1 150（万元），计算业务招待费扣除限额=1 150×0.5%=5.75（万元），招待费实际发生额的60%=20×60%=12（万元），税前允许扣除业务招待费5.75万元。

税法允许扣除的利息费用=100×6%÷12×10=5（万元）。

可以扣除的业务招待费和利息费用合计=5.75+5=10.75（万元）。

（3）职工福利费扣除限额=216×14%=30.24（万元），实际发生了30.24万元，不需要调整。职工教育经费扣除限额=216×8%=17.28（万元），实际发生了6万元，不需要调整。职工工会经费扣除限额=216×2%=4.32（万元），实际拨缴5万元，只能按限额扣除。支付给残疾人的工资可以加计100%扣除。税前允许扣除的三项经费和工资合计=216+20+30.24+6+4.32=276.56（万元）。

（4）应缴纳企业所得税=[1 150+15－250－120－200+（20－5.75）(调增业务招待费)－8+（8－5）(调增利息支出)－20(残疾人工资加计扣除)+（5－4.32）(调增工会经费)－(16－8)－200.2]×25%=94.18(万元)。

四、综合分析题

1.【答案及解析】

（1）应缴纳的房产税=（12 300－300）×（1－20%）×1.2%=115.20（万元），企业办的各类学校、医院、托儿所、幼儿园自用的房产，免征房产税。

（2）会计利润总额=11 696－115.2=11 580.8（万元）。

（3）实际发放合理工资薪金总额4 000万元，职工工会经费扣除限额=4 000×2%=80（万元），实际发生额100万元，纳税调增20万元。职工福利费扣除限额=4 000×14%=560（万元），实际发生额480万元，未超标，无须调整。职工教育经费扣除限额=4 000×8%=320（万元），实际发生额450万元，纳税调增130万元。三项经费应调增所得额=20+130=150（万元）。

（4）采用特殊性税务处理时，可由合并企业弥补的被合并企业亏损的限额=被合并企业净资产公允价值×截至合并业务发生当年年末国家发行的最长期限的国债利率=（5 700 - 3 200）×4.3% = 107.5（万元），实际亏损670万元，可以弥补亏损107.5万元。应纳税所得额 = 11 580.8 + 150 - 107.5 = 11 623.3（万元）。

（5）应补缴企业所得税 = 11 623.3×25% - 1 500 = 1 405.83（万元）。

2.【答案及解析】

（1）应补缴的增值税税额 = 100×0.18×13% - 1.3 = 1.04（万元），应补缴的城建税及附加税 = 1.04×（7% + 3% + 2%）= 0.12（万元），应补缴的增值税、城市维护建设税、教育费附加和地方教育附加 = 1.04 + 0.12 = 1.16（万元）。

（2）企业正确的会计利润 = 336 + 100×0.18 - 100×0.1 + 11.3 - 0.12 = 355.18（万元）。

（3）捐赠的限额 = 355.18×12% = 42.62（万元），实际发生60万元，需要纳税调增17.38万元。

（4）营业收入的5‰ =（5 400 + 100×0.18）×5‰ = 27.09（万元），实际发生额的60% = 80×60% = 48（万元），所以允许扣除限额是27.09万元，需要纳税调增 = 80 - 27.09 = 52.91（万元）。

（5）应缴纳的企业所得税额 =（355.18 + 17.38 + 52.91 - 40）×25% = 96.37（万元）。

3.【答案及解析】

（1）业务3调减会计利润 = 40×60%×13% = 3.12（万元），业务6调增会计利润 = 10（万元），业务7调增会计利润 = 100 - 70 = 30（万元），会计利润 = 80 - 3.12 + 10 + 30 = 116.88（万元）。

（2）业务招待费 =（2 700 + 200 + 100 + 10）×5‰ = 15.05（万元），30×60% = 18（万元），纳税调整 = 30 - 15.05 = 14.95（万元）。

利息费用 = 200×6%×7÷12 = 7（万元），纳税调整 = 12 - 7 = 5（万元）。

"管理费用"和"财务费用"合计 = 100 - 14.95 - 10 + 40×75% + 40 - 5 = 140.05（万元）。

（3）公益性捐赠支出扣除限额 = 116.88×12% = 14.03（万元），纳税调整 = 20 - 14.03 + 10 - 3.12 + 10 = 22.85（万元）。

（4）企业从境外取得的投资收益境内应补所得税额 = 30÷（1 - 20%）×（25% - 20%）= 1.88（万元）。

（5）残疾人员工资，纳税调减50万元。

福利费扣除限额 = 300×14% = 42（万元），纳税调增 = 45 - 42 = 3（万元）。

工会经费扣除限额 = 300×2% = 6（万元），6万元据实扣除。

职工教育经费 = 300×8% = 24（万元），7万元据实扣除。

支付商业保险费20万元，不得扣除，纳税调增20万元。

合计纳税调整 = - 50 + 3 + 20 = - 27（万元）。

（6）从事国家重点扶持的公共基础项目投资经营所得，凡在《公共基础设施项目企业所得税优惠目录》规定内的港口、码头、机场、铁路、公路、电力、水利等项目，第一年至第三年免税，第四年至第六年减半征收企业所得税。

境内是免税的，则该企业实际缴纳的就是境外分回股息应补税额1.88万元。

第五章 个人所得税法

一、单项选择题

1. 下列各项中,属于"财产转让所得"项目范围的是( )。
   A. 退休人员再任职取得的收入
   B. 取得不可公开交易的股票期权员工行权之前将股票期权转让的净收入
   C. 员工行权之后将股票再转让,获得的高于购买日公平市场价的差额
   D. 企业高管人员在股票认购权行使前转让

2. 中国公民丁某出版小说取得稿酬所得20 000元,丁某稿酬所得应预扣预缴个人所得税为( )元。
   A. 2 240 B. 20 000 C. 11 200 D. 6 600

3. 中国公民李某取得劳务收入40 000元,从中拿出10 000元,直接捐赠给了农村义务教育,李某就该笔收入应预缴的个人所得税为( )元。
   A. 0 B. 3 400 C. 6 400 D. 4 800

4. 老王2019年取得年终加薪36 000元,则应纳个税为( )元。
   A. 1 700 B. 1 750 C. 1 780 D. 1 080

5. 老王2019年取得年终奖金36 001元,则应纳个税为( )元。
   A. 3 390.1 B. 3 750.8 C. 3 780.2 D. 4 100.7

6. 个人作品以图书、报刊形式出版、发表取得的所得应按( )税目计征个人所得税。
   A. 工资、薪金所得
   B. 劳务报酬所得
   C. 特许权使用费所得
   D. 稿酬所得

7. 张先生是某公司高管,2019年与单位解除劳动关系,取得一次性补偿收入40万元,张先生在该企业工作了20年(当地年平均工资为10万元),张先生缴纳个人所得税( )元。
   A. 2 520 B. 5 780 C. 6 690 D. 7 480

8. 老张在某企业工作了30年,办理提前退休手续,取得一次性补贴收入15万元,其从办理提前退休手续到年满60周岁的法定退休年龄还有3年,老张取得的一次性补贴收入应当缴纳个人所得税( )元。
   A. 15 000 B. 3 000 C. 0 D. 1 500

9. 接上题,假定:老张取得的一次性补贴收入21万元,则平均到每年的收入额为7万元,扣除费用6万元后,应适用3%的税率征税,应纳税额为( )万元。
   A. 0.09 B. 0.03 C. 0 D. 0.01

10. 下列补贴中，属于个人所得税"工资、薪金所得"征税范围的是（　　）。
   A. 独生子女补贴　　　　　　　　B. 劳动分红
   C. 托儿补助费　　　　　　　　　D. 差旅费津贴、误餐补助

11. 以下应按照特许权使用费所得征收个人所得税的是（　　）。
   A. 转让汽车取得的所得
   B. 转让住房取得的所得
   C. 个人将其收藏的文字作品手稿拍卖取得的所得
   D. 个人将自己的文字作品手稿拍卖取得的所得

12. 张先生为自由职业者，2019年5月取得如下所得：从境内A上市公司取得股息所得16 000元，持股满6个月，从境内B非上市公司取得股息所得7 000元，取得国债利息收入5 000元。张先生上述所得应缴纳个人所得税（　　）元。
   A. 4 600　　　　B. 3 000　　　　C. 2 000　　　　D. 5 600

13. 中国公民孙某就职于一家外资企业，2018年月平均工资为8 000元，2019年月平均工资为7 000元，孙某所在地职工月平均工资2018年为4 200元，2019年为4 800元。2019年孙某缴纳个人所得税时，允许税前扣除的企业年金个人缴费部分限额为（　　）元。
   A. 3 360　　　　B. 3 840　　　　C. 6 048　　　　D. 6 912

14. 李某于2019年9月将市区自有住房出租，不含税月租金1 600元，年租金19 200元，租期一年，租金每月收取。不考虑其他相关税费。其2019年应纳的个人所得税为（　　）元。
   A. 640　　　　B. 1 280　　　　C. 512　　　　D. 320

15. 下列各项中，不免征个人所得税的所得是（　　）。
   A. 体育彩票中奖20 000元
   B. 个人转让自用达5年以上并且是唯一的家庭居住用房取得的所得
   C. 军人的转业费、复员费
   D. 外籍个人从外商投资企业取得的股息、红利所得

16. 李先生在甲公司工作了8年，2019年10月与该单位解除聘用关系，取得一次性补偿收入100 000元。甲公司所在地上年平均工资为30 000元。李先生的补偿收入应缴纳个人所得税（　　）元。
   A. 137　　　　B. 319　　　　C. 300　　　　D. 564

17. 下列所得，不属于个人所得税"工资、薪金所得"应税项目的是（　　）。
   A. 个人兼职取得的所得
   B. 退休人员再任职取得的所得
   C. 任职于杂志社的记者在本单位杂志上发表作品取得的所得
   D. 个人在公司任职并兼任董事取得的董事费所得

18. 2019年年初余某将自有商铺对外出租，租金8 000元/月。在不考虑其他税费的

情况下，余某每月租金应缴纳个人所得税（　　）元。

　　A．528　　　　B．640　　　　C．1 280　　　　D．1 440

19．某个人独资企业2019年自行计算的生产经营费用50万元，该企业的生产经营费用与其家庭生活费用无法划分。该个人独资企业允许税前扣除的生产经营费用为（　　）万元。

　　A．0　　　　B．25　　　　C．30　　　　D．20

20．中国公民郑某为某上市公司独立董事（未在该公司任职），2019年12月取得董事费9万元。郑某的董事费应预扣预缴的个人所得税（　　）元。

　　A．18 520　　　　B．16 900　　　　C．12 400　　　　D．21 800

21．个人取得的下列报酬，应按"稿酬所得"缴纳个人所得税的是（　　）。

　　A．杂志社记者在本社刊物发表文章取得的报酬

　　B．演员在企业的广告制作过程中提供形象取得的报酬

　　C．高校教授为某杂志社审稿取得的报酬

　　D．出版社的专业作者翻译的小说由该出版社出版取得的报酬

22．中国公民刘某，2019年由境内甲公司派往境内乙外商投资企业进行技术指导，甲公司支付刘某工资6 000元/月，乙外商投资企业支付刘某工资16 500元/月，假设每月除减除费用外不存在其他扣除项目。乙外商投资企业每月应为刘某预扣预缴个人所得税（　　）元。

　　A．195　　　　B．295　　　　C．345　　　　D．525

23．根据个人所得税的规定，个人独资企业的投资者及其家属发生的生活费用与企业生产经营费用混合在一起且难以划分的，其正确的税务处理是（　　）。

　　A．实际发生额不得在税前扣除

　　B．实际发生额的60%可以在税前扣除

　　C．实际发生额的40%可以在税前扣除

　　D．实际发生额的10%可以在税前扣除

24．个人领取原缴存的下列社会保险和企业年金，应缴纳个人所得税的是（　　）。

　　A．领取的企业年金　　B．基本养老保险金　　C．医疗保险金　　D．失业保险金

25．下列各项所得，应缴纳个人所得税的是（　　）。

　　A．托儿补助费　　　　　　　　　　B．退休人员再任职收入

　　C．差旅费津贴　　　　　　　　　　D．工伤赔偿金

26．根据个人所得税相关规定，计算合伙企业生产经营所得时准予扣除的是（　　）。

　　A．合伙企业留存的利润　　　　　　B．分配给合伙人的利润

　　C．支付的工商业联合会会费　　　　D．合伙个人缴纳的个人所得税

二、多项选择题

1．有下列情形之一的，纳税人应当依法办理纳税申报（　　）。

A. 取得综合所得需要办理汇算清缴

B. 取得应税所得没有扣缴义务人

C. 取得应税所得扣缴义务人未扣缴税款

D. 取得境外所得

2. 下列选项，应按照"利息、股息、红利所得"项目征收个人所得税的有（　　）。

A. 个人取得的企业债券利息

B. 公司以企业资金为股东购买住房

C. 股东借用企业资金不归还

D. 公司职工取得的用于购买企业国有股权的劳动分红

3. 根据个人所得税法的规定，个人所得税的纳税义务人包括（　　）。

A. 个体工商户业主　　　　　　　C. 在中国有所得的外籍人员

B. 个人独资企业投资人　　　　　D. 私营企业

4. 下列各项所得，按"工资、薪金所得"缴纳个人所得税的有（　　）。

A. 年终一次性奖金

B. 退休后再任职取得的收入

C. 从事个体出租车运营的出租车驾驶员取得的收入

D. 出租汽车经营单位对出租车驾驶员采取单车承包或承租方式运营，出租车驾驶员从事客货营运取得的收入

5. 关于股票股息的个人所得税纳税问题，描述正确的有（　　）。

A. 个人持有非上市企业的股票红利，应缴纳个税

B. 个人持有上市公司股票，持股期限在1个月以内（含1个月）的，其股息红利所得全额计征个税

C. 个人持有上市公司股票，持股期限在1个月以上至1年（含1年）的，暂减按50%计征个税

D. 个人持有上市公司股票，持股期限超过1年的，免征所得税

6. 下列项目中，不得享受个人所得税减免税优惠的有（　　）。

A. 外籍个人以实报实销形式取得的住房补贴和伙食补贴

B. 外籍个人取得搬迁费的现金补贴

C. 个人取得的保险赔款

D. 个人取得的企业债券利息收入

7. 根据个人所得税法的相关规定，外籍个人符合居民个人条件的，可以选择享受个人所得税专项附加扣除，也可以选择按照相关规定享受特定津补贴免税优惠政策。下列各项中，属于该特定津补贴的有（　　）。

A. 住房补贴　　　B. 语言训练费　　　C. 子女教育费　　　D. 探亲费

8. 下列各项中，可以免征或暂免征收个人所得税的有（　　）。

A. 军人的复员费

B. 保险赔偿

C. 外籍人员取得的实报实销形式的伙食补贴

D. 职工加班补助费

9. 根据个人所得税法的相关规定，下列各项中，属于须办理纳税申报情形的有（ ）。

A. 取得经营所得的

B. 纳税人取得综合所得须办理汇算清缴的

C. 有来源于境外所得的

D. 因移居境外但未注销中国户籍的

10. 下列情形中，按"利息、股息、红利所得"缴纳个人所得税的有（ ）。

A. 个人独资企业为个人投资者购买汽车并将汽车所有权登记到个人名下

B. 个人独资企业和合伙企业对外投资分回的利息、股息、红利

C. 股份有限公司为投资者家庭成员购买的房产并将房产所有权登记到其名下

D. 个人从任职的上市公司取得的股票增值权所得和限制性股票所得

11. 下列收入中，应按"财产租赁所得"缴纳个人所得税的有（ ）。

A. 房产转租收入

B. 将房产提供给债权人使用而放弃的租金收入

C. 将非专利技术的使用权让渡给他人使用的收入

D. 私营企业将企业仓库对外出租而获得的租金收入

12. 下列各项中，应按"利息、股息、红利所得"项目征收个人所得税的有（ ）。

A. 法人企业为其股东购买小汽车将汽车办理在股东名下

B. 个人取得的国债转让所得

C. 个人独资企业业主用企业资金进行个人消费部分

D. 职工因拥有股票期权且在行权后，取得企业税后利润分配收益

13. 下列支出，允许从个体工商户生产经营收入中扣除的有（ ）。

A. 参加财产保险支付的保险费

B. 个体工商户从业人员的实发工资

C. 代扣代缴的个人所得税税额

D. 货物出口过程中发生的汇兑损失

三、计算问答题

1. 李某为一境内上市公司员工，每月工资12 000元，该公司实行股权激励计划。2016年李某被授予股票期权，授予价4.5元/股，共60 000股。按公司股权激励计划的有关规定，李某于2019年1月20日进行第一次行权，行权数量为30 000股，该股票当日收盘价12元/股，2019年3月20日进行第二次行权，行权数量为20 000股，该股票当日收盘价10.5元/股。2019年8月18日李某将已行权的50 000股股票全部转让，取得转

让收入650 000元，缴纳相关税费1 625元。

根据上述资料，回答下列问题：

（1）李某第一次行权所得应缴纳个人所得税。

（2）李某第二次行权所得应缴纳个人所得税。

（3）李某转让已行权的50 000股股票应缴纳个人所得税。

（4）李某以上各项交易合计应缴纳个人所得税。

2. 美国公民乔治2019年8月在我国境内企业任职，当年未离境，根据中国个人所得税法的规定，属于非居民个人。2019年12月乔治取得以下收入：

（1）每月应税工资50 000元，全部由境内企业支付；

（2）每月实报实销的住房补贴15 000元；

（3）每月现金方式的餐补10 000元；

（4）取得境内一次性稿酬3 000元；

（5）担任非任职公司独立董事，年终一次性取得董事费5万元，通过市民政局向贫困地区捐赠2万元。

根据上述资料，回答下列问题：

（1）乔治每月工薪收入应缴纳个人所得税。

（2）乔治稿酬所得应缴纳个人所得税。

（3）乔治取得的董事费应缴纳个人所得税。

（4）乔治合计应缴纳个人所得税。

3. 公民李某是高校教授，2019年取得以下各项收入：

（1）每月取得工资6 200元，6月份取得上半年学期奖金6 000元，12月份取得下半年学期奖金8 000元，12月份学校为其家庭财产购买商业保险4 000元。李某通过学校申报的专项附加扣除为1 000元/月。

（2）2月份以10万元购买A企业股权，并于10月份以25万元将股权转让给B，不考虑相关的税费。

（3）5月份出版一本专著，取得稿酬40 000元。

（4）6月份为B公司进行营销筹划，取得报酬收入35 000元。

根据所给资料，回答下列问题：

（1）李某取得的稿酬所得应预扣预缴的个人所得税。

（2）李某取得的工资、学期奖金以及学校为其购买的商业保险全年应预扣预缴的个人所得税合计。

（3）李某股权转让行为应缴纳的个人所得税。

（4）李某营销策划取得的所得应预扣预缴的个人所得税。

4. 中国公民张某在某省会城市的甲公司任职，取得的收入情况如下：

（1）2019年每月工资收入15 000元，张某自行负担的符合规定标准的三险一金合计为1 500元。

（2）擅长写作的张某于2019年6月出版一本短篇小说，取得稿酬50 000元。

已知：张某利用工作之余接受专业技术人员职业资格继续教育并于2019年3月取得相关证书，为接受继续教育所发生的支出为5 000元；由于2019年在主要工作城市没有住房，张某每月需要支付租金2000元；8月由于生病，扣除医保报销后张某负担符合规定的医药费20 000元，张某已向甲公司提供有关信息并依法要求办理专项附加扣除，张某选择在预扣预缴税款时扣除专项附加扣除项目。

根据上述资料，回答下列问题：

（1）张某取得工资收入2019年2月被预扣预缴个人所得税。

（2）张某取得稿酬所得被预扣预缴个人所得税。

5. 我国公民张先生为境内A上市公司职工，2019年取得的收入情况如下：

（1）2019年1月取得工资7 000元，差旅费津贴500元，加班费300元，独生子女补贴500元。

（2）2019年2月，张先生将2012年贷款购买的房屋按照350万元的价格出售，不含增值税，该房屋购买价格为165万元，另支付房产证工本费100元，其他相关税费22 000元；出售房屋时支付各项可在税前扣除的税费12万元（以上税费支出均取得合法票据）。

（3）2019年3月，张先生取得储蓄存款利息收入500元，国债利息300元，公司债券利息900元，B上市公司分配的股息1 000元（张先生于2018年10月购入并持有B上市公司股票，于2019年9月将该股票卖出）。

（4）2017年11月，张先生被其任职的A公司授予10 000股不可公开交易的股票期权，授予价为6元/股，公司规定行权日为2019年3月到2019年10月，张先生于2019年7月行权4 000股，当日股票市场价格为9.6元/股，然后又在2019年9月第二次行权6 000股，当日股票市场价格为10.8元/股。

根据上述资料，回答下列问题：

（1）2019年1月张先生的工资、薪金所得被预扣预缴的个人所得税。

（2）张先生出售房屋应缴纳的个人所得税。

（3）张先生取得的利息、股息收入应缴纳的个人所得税。

（4）张先生2019年两次行权应缴纳的个人所得税。

6. 中国公民张先生是某民营非上市公司的大股东，同时也是一位作家。2019年5月取得的部分实物或现金收入情况如下：

（1）公司为其购买了一栋房屋并将所有权登记到其名下，该房屋购买价为350万元。

（2）将本人一部长篇小说手稿的复印件拍卖取得收入8万元，同时拍卖一幅名人书法作品取得收入100万元。经税务机关确认，所拍卖的书法作品原值及相关费用为60万元。

（3）受邀为某企业家培训班讲课两天，共取得讲课费3万元。

（4）当月31日转让上月1日购入的境内某上市公司股票，取得转让净收入5 320.56元。同时当月20日因持有该上市公司的股票取得上市公司分配的红利2 000元。

（5）因有一张体育彩票中奖，取得1 000元的奖金。

根据上述资料，回答下列问题：

（1）该民营公司为张先生购买房屋应代扣代缴的个人所得税。

（2）张先生取得的长篇小说手稿复印件拍卖收入被预扣预缴的个人所得税。

（3）张先生取得的书法作品拍卖所得应缴纳的个人所得税。

（4）张先生取得的讲课费收入被预扣预缴的个人所得税。

（5）张先生取得的股票转让净收入和股票红利共应缴纳的个人所得税。

（6）张先生取得的体育彩票中奖收入应缴纳的个人所得税。

7. 中国公民赵某，2019年取得以下收入：

（1）12月份来自受雇单位的收入：

所得项目	单位（元）
每月基本工资	5 000
加班补助	3 300
差旅费津贴	680
独生子女补助	10
年终一次性奖金	6 000
合计	14 990

（2）投资所得：

① 将原始投资价值50万元的股权以10万元的价格转让给女儿，转让时的股权公允价值为120万元。

② 取得国债利息收入5 410元，单位集资利息收入20 000元。

③ 1月份从A股市场购买甲公司股票20 000元、乙公司股票50 000元。4月底取得甲公司分得的税前股息收入800元，5月上旬获得乙公司红股3 000股，公允价值为3.7元/股，票面价值1元/股。6月，将上述股票转让。

（3）其他各项所得：

① 因交通事故，从保险公司获得车辆保险赔偿3 000元。

② 市区自有住房出租，全年租金收入36 000元。

根据以上资料，回答下列问题：

（1）赵某12月取得年终一次性奖金应纳个人所得税。（选择单独计税）

（2）2019年赵某利息收入应缴纳个人所得税。

（3）2019年赵某股权投资收入应纳个人所得税。

（4）2019年赵某租金收入应纳个人所得税。

8. 中国公民张先生为国内某企业高级技术人员，2019年1—12月取得的收入情况如下：

（1）每月取得工薪收入18 400元。

（2）3月转让其2013年购买的三居室精装修房屋一套，售价230万元，不含增值税，转让过程中支付可在税前扣除的相关税费13.8万元。该套房屋的购进价为100万元，购房过程中支付的相关税费为3万元。所有税费支出均取得合法凭证。

（3）6月因提供重要线索，协助公安部门侦破某重大经济案件，获得公安部门奖金2万元，已取得公安部门提供的获奖证明材料。

（4）9月参加某商场组织的抽奖活动，取得中奖收入30 000元。将其中的10 000元通过市教育局捐赠给贫困地区。

已知：张先生的独生女就读于某大学二年级；张先生和妻子的首套住房贷款合同于1月底终止（20年内）；张先生父母年纪均已过60周岁且张先生为非独生子；张先生当年发生购买保健药品支出20 000元（与基本医保不相关）。

根据上述资料，回答下列问题：

（1）张先生转让房屋所得应缴纳的个人所得税。

（2）张先生从公安部门获得的奖金应缴纳的个人所得税。

（3）张先生中奖所得应缴纳的个人所得税。

参考答案及解析

一、单项选择题

1.【答案】C

【解析】员工将行权之后的股票再转让，获得的高于购买日公平市场的差额，应按照"财产转让所得"征收个人所得税。其他选项应按"工资、薪金所得"征税。

2.【答案】A

【解析】预缴个人所得税 = 20 000 × （1 - 20%） × 70% × 20% = 11 200 × 20% = 2 240（元）。

3.【答案】C

【解析】直接捐赠不能在计算应纳税所得额时扣除。该笔收入应预缴的个人所得税 = 40 000 × （1 - 20%） × 20% = 6 400（元）。

4.【答案】D

【解析】年终奖金应纳税额 = 36 000 × 3% - 0 = 1 080元。

5.【答案】A

【解析】年终奖金应纳税额 = 36 001 × 10% - 210 = 3 390.1（元）。

6.【答案】D

【解析】个人作品以图书、报刊形式出版、发表取得的所得按稿酬所得计征个人所得税。

7.【答案】D

【解析】年平均工资 3 倍 = 10 万 × 3 = 30 万元部分免税，超过部分按单独适用综合所得税率表，计算纳税。

应当缴纳的个人所得税 = （400 000 – 300 000）× 10% – 2 520 = 7 480（元）。

8. 【答案】C

【解析】平均到每年的收入额为 5 万元，费用扣除标准为 6 万元。扣除费用后，应纳税所得额为 0，应纳税额为 0，应进行 0 申报。

9. 【答案】A

【解析】应纳税额 = （21÷3 – 6）× 3% × 3 = 0.09（万元）。

10. 【答案】B

【解析】根据我国目前个人收入的构成情况，规定对于一些不属于工资、薪金性质的补贴、津贴或者不属于纳税人本人工资、薪金所得项目的收入，不予征税，包括：独生子女补贴；执行公务员工资制度未纳入基本工资总额的补贴、津贴等差额和家属成员的副食品补贴；托儿补助费；差旅费津贴、误餐补助；外国来华留学生领取的生活津贴费、奖学金。

11. 【答案】D

【解析】选项 A、B、C 按照财产转让所得征税。

12. 【答案】B

【解析】国债利息收入免征个人所得税。股息所得应纳个人所得税 = 16 000 × 50% × 20% + 7 000 × 20% = 3 000（元）。

13. 【答案】B

【解析】企业年金个人缴费工资计税基数为本人上一年度月平均工资，但不得超过本人工作地所在设区城市上一年度职工月平均工资 300%。允许扣除的年金限额 = 8 000 × 4% × 12 = 3 840（元）。

14. 【答案】D

【解析】财产租赁所得以一个月取得的所得为一次计税；个人以市场价格出租住房，减按 10% 的税率缴纳个人所得税。应纳税额 = （1 600 – 800）× 10% × 4 = 320（元）。

15. 【答案】A

【解析】购买社会福利有奖募捐奖券、体育彩票一次中奖收入不超过 10 000 元的暂免征收个人所得税，对一次中奖收入超过 10 000 元的，应按税法规定全额征税。

16. 【答案】C

【解析】个人与用人单位解除劳动关系取得一次性补偿收入（包括用人单位发放的经济补偿金、生活补助费和其他补助费），在当地上年职工平均工资 3 倍数额以内的部分，免征个人所得税；超过 3 倍数额的部分，不并入当年综合所得，单独适用综合所得税率表，计算纳税。找税率：100 000 – 30 000 × 3 = 10 000（元），适用税率为 3%。应纳税额 = 10 000 × 3% = 300（元）。

17. 【答案】A

【解析】选项 A，应按"劳务报酬所得"项目计算个人所得税。

18. 【答案】C

【解析】应缴纳个人所得税 = 8 000 × （1 – 20%）× 20% = 1 280（元）。

19. 【答案】A

【解析】个人独资企业生产经营费用与其家庭生活费用无法划分，不得税前扣除。

20. 【答案】D

【解析】个人取得的独立董事费,按劳务报酬所得计算个税。郑某应预扣预缴的个人所得税 = 90 000 ×（1 - 20%）×40% - 7 000 = 21 800（元）。

21.【答案】D

【解析】选项 A,应按"工资、薪金所得"项目缴纳个人所得税；选项 B、C,均应按"劳务报酬所得"项目缴纳个人所得税。

22.【答案】C

【解析】刘某每月应缴纳个人所得税 =（16 500 - 5 000）× 3% = 345（元）。

23.【答案】A

【解析】个人独资企业的投资者及其家庭发生的生活费用与企业生产经营费用混合在一起,并且难以划分的,全部视为投资者个人及其家庭发生的生活费用,不允许税前扣除。

24.【答案】A

【解析】个人达到国家规定的退休年龄,领取的企业年金、职业年金,符合规定的,不并入综合所得,全额单独计算应纳税款。其中按月领取的,适用月度税率表计算纳税；按季领取的,平均分摊计入各月,按每月领取额适用月度税率表计算纳税；按年领取的,适用综合所得税率表计算纳税。

25.【答案】B

【解析】退休人员再任职取得的收入,在减除按税法规定的费用扣除标准后,按"工资、薪金所得"应税项目缴纳个人所得税。

26.【答案】C

【解析】合伙企业按照规定缴纳的摊位费、行政性收费、协会会费等,按实际发生数额扣除。

二、多项选择题

1.【答案】ABCD

2.【答案】ABC

【解析】选项 D,按照"工资、薪金所得"项目征税。

3.【答案】ABC

【解析】选项 D,私营企业是企业所得税的纳税义务人。个人独资企业和合伙企业是个人所得税的纳税人。

4.【答案】ABD

【解析】选项 C,按"经营所得"项目缴纳个人所得税。

5.【答案】ABCD

【解析】个人从公开发行和转让市场取得的上市公司股票,持股期限超过 1 年的,股息红利所得暂免征收个人所得税。个人从公开发行和转让市场取得的上市公司股票,持股期限在 1 个月以内（含 1 个月）的,其股息红利所得全额计入应纳税所得额；持股期限在 1 个月以上至 1 年（含 1 年）的,暂减按 50% 计入应纳税所得额；上述所得统一适用 20% 的税率计征个人所得税。四个选项均正确。

6.【答案】BD

【解析】选项 B,外籍个人以非现金形式或实报实销形式取得的住房补贴、伙食补贴、搬迁费、洗衣费,暂免征收个人所得税；选项 D,个人取得的国债和国家发行的金融债券利息免征个人所得税。

7.【答案】ABCD

【解析】2019 年 1 月 1 日至 2021 年 12 月 31 日期间,外籍个人符合居民个人条件的,可以选择享受个人所得税专项附加扣除,也可以选择按照相关规定享受住房补贴、语言训练费、子女教育费等津补贴免税优惠政策，但不得同时享受。外籍个人一经选择，在一个纳税年度内不得变更。自2022年1月1日起，外籍个人不再享受住房补贴、语言训练费、子女教育费津补贴免税优惠政策，应按规定享受专项附加扣除。

8.【答案】ABC

【解析】选项D，职工加班补助费应并入工资、薪金收入，按照"工资、薪金所得"缴纳个人所得税。

9.【答案】ABC

【解析】有下列情形之一的，纳税人应当依法办理纳税申报：（1）取得综合所得需要办理汇算清缴。（2）取得应税所得（如经营所得）没有扣缴义务人。（3）取得应税所得，扣缴义务人未扣缴税款。（4）取得境外所得。（5）因移居境外注销中国户籍。（6）非居民个人在中国境内从两处以上取得工资、薪金所得。（7）国务院规定的其他情形。

10.【答案】BC

【解析】选项A、C，个人独资企业、合伙企业的个人投资者以企业资金为本人、家庭成员及其相关人员支付与企业生产经营无关的消费性支出及购买汽车、住房等财产性支出，视为企业对个人投资者的利润分配，并入投资者个人的生产经营所得，依照"经营所得"项目计征个人所得税；除个人独资企业、合伙企业以外的其他企业的个人投资者，以企业资金为本人、家庭成员及其相关人员支付与企业生产经营无关的消费性支出及购买汽车、住房等财产性支出，视为企业对个人投资者的红利分配，依照"利息、股息、红利所得"项目计征个人所得税。选项D，个人从任职的上市公司取得的股票增值权所得和限制性股票所得，按照"工资、薪金所得"项目缴纳个人所得税。

11.【答案】AB

【解析】选项C，应按"特许权使用费所得"缴纳个人所得税；选项D，具有法人性质的私营企业属于企业所得税的纳税义务人。

12.【答案】AD

【解析】选项B，属于财产转让所得；选项C，属于经营所得。

13.【答案】ABD

【解析】选项C不得扣除。

三、计算题

1.【答案及解析】

（1）居民个人取得股票期权在2021年12月31日前，不并入当年综合所得，全额单独适用综合所得税率表，计算纳税。居民个人一个纳税年度内两次以上（含两次）行权的，应合并计算纳税。第一次行权取得股票期权形式的工资薪金所得应纳税所得额 =（12 - 4.5）× 30 000 = 225 000（元），应缴纳个人所得税 = 225 000 × 20% - 16 920 = 28 080（元）。

（2）居民个人取得股票期权在2021年12月31日前，不并入当年综合所得，全额单独适用综合所得税率表，计算纳税。居民个人一个纳税年度内两次以上（含两次）行权的，应合并计算纳税。第二次行权取得股票期权形式的工资薪金所得应纳税所得额 = 225 000 + 20 000 ×（10.5 - 4.5）= 345 000（元），第二次行权所得应缴纳个人所得税 = 345 000 × 25% - 31 920 - 28 080 = 26 250（元）。

（3）个人将持有的境内上市公司股票于行权后进行转让，取得的所得暂不征收个人所得税。

（4）李某以上各项交易合计应缴纳个人所得税 = 28 080 + 26 250 = 54 330（元）。

2.【答案及解析】

（1）乔治每月工薪收入应缴纳个人所得税 =（50 000 + 10 000 - 5 000）×30% - 4 410 = 12 090（元），外籍个人以非现金形式或实报实销形式取得的住房补贴、伙食补贴、搬迁费、洗衣费，免征个人所得税。

（2）乔治稿酬所得应缴纳个人所得税 = 3 000 ×（1 - 20%）×70% × 3% = 50.4（元）。

（3）捐赠扣除限额 = 50 000 ×（1 - 20%）×30% = 12 000（元），实际捐赠 20 000 元，只能税前扣除 12 000 元。

应缴纳个人所得税 = [50 000 ×（1 - 20%）- 12 000] × 25% - 2 660 = 4 340（元）。

（4）乔治合计应缴纳个人所得税 = 12 090 + 50.4 + 4 340 = 16 480.4（元）。

3. 【答案及解析】

（1）应预扣预缴个人所得税 = 40 000 ×（1 - 20%）×70% × 20% = 4 480（元）。

（2）全年工资收入应预扣预缴个人所得税 =（6 200 × 12 + 6 000 + 8 000 + 4 000 - 5 000 × 12 - 1 000 × 12）× 3% = 20 400 × 3% = 612（元）。

（3）李某股权转让行为应缴纳个人所得税 =（250 000 - 100 000）× 20% = 30 000（元）。

（4）应预扣预缴的个人所得税 = 35 000 ×（1 - 20%）×30% - 2 000 = 6 400（元）。

4. 【答案及解析】

（1）1月：累计预扣预缴应纳税所得额 = 15 000 - 5 000 - 1 500 - 1 500 = 7 000（元）。

甲公司1月应预扣预缴税额 = 7 000 × 3% = 210（元）。

2月：累计预扣预缴应纳税所得额 = 15 000 × 2 - 5 000 × 2 - 1 500 × 2 - 1 500 × 2 = 14 000（元）。

甲公司2月应预扣预缴税额 = 14 000 × 3% - 210 = 210（元）。

（2）预扣预缴应纳税所得额 = 50 000 ×（1 - 20%）×70% = 28 000（元）。

应预扣预缴税额 = 28 000 × 20% = 5 600（元）。

5. 【答案及解析】

（1）独生子女补贴、差旅费津贴不属于工资、薪金性质的补贴、津贴，不予征收个人所得税。2019年1月张先生被预扣预缴个人所得税税额 =（7 000 + 300 - 5 000）× 3% = 69（元）。

（2）财产转让所得以个人每次转让财产取得的收入额减除财产原值和合理费用后的余额为应纳税所得额。张先生出售房屋应纳个人所得税税额 =（350 - 165 - 0.01 - 2.2 - 12）× 10 000 × 20% = 341 580（元）。

（3）个人取得的储蓄存款利息、国债利息免征个人所得税；个人从公开发行和转让市场取得的上市公司股票，持股期限在1个月以上至1年（含1年）的，其股息、红利所得暂减按50%计入应纳税所得额。张先生取得的利息、股息收入应缴纳个人所得税 =（900 + 1000 × 50%）× 20% = 280（元）。

（4）居民个人取得股票期权在2021年12月31日前，不并入当年综合所得，全额单独适用综合所得税率表，计算纳税。居民个人一个纳税年度内两次以上（含两次）行权的，应合并计算纳税。应纳税所得额 =（9.6 - 6）× 4 000 +（10.8 - 6）× 6 000 = 43 200（元），应纳税额 = 43 200 × 10% - 2 520 = 1 800（元）。

6. 【答案及解析】

（1）该民营公司为张先生购买房屋，应按"利息、股息、红利所得"计征个人所得税，应代扣代缴的个人所得税 = 3 500 000 × 20% = 700 000（元）。

（2）张先生取得的长篇小说手稿复印件的拍卖收入，应按"特许权使用费所得"计征个人所得税，被预扣预缴的个人所得税 = 80 000 ×（1 - 20%）× 20% = 12 800（元）。

(3) 张先生取得的书法作品拍卖所得，应按"财产转让所得"计征个人所得税，应缴纳的个人所得税 =（1 000 000 – 600 000）×20% = 80 000（元）。

(4) 张先生取得的讲课费收入，应按"劳务报酬所得"计征个人所得税，被预扣预缴的个人所得税 = 30 000×（1 – 20%）×30% – 2 000 = 5 200（元）。

(5) 个人转让境内上市公司股票取得的所得暂不征收个人所得税；个人从公开发行和转让市场取得的上市公司股票，持股期限在1个月以上至1年（含1年）的，其股息、红利所得暂减按50%计入应纳税所得额，取得的股票红利应缴纳的个人所得税 = 2 000×50%×20% = 200（元）；张先生取得的股票转让净收入和股票红利共应缴纳个人所得税为200元。

(6) 对个人购买社会福利有奖募捐奖券、体育彩票，一次中奖收入在1万元以下的（含1万元），暂免征收个人所得税，超过1万元的，全额征收个人所得税。

7.【答案及解析】

(1) 选择单独计税：将居民个人取得的全年一次性奖金，除以12个月，按其商数依照按月换算后的综合所得税率表确定适用税率和速算扣除数。计算公式如下：应纳税额 = 居民个人取得的全年一次性奖金收入×适用税率 – 速算扣除数。年终奖：6 000÷12 = 500（元），适用3%的税率。应纳个人所得税 = 6 000×3% = 180（元）。

(2) 国债利息收入免征个人所得税。利息收入应纳个人所得税 = 20 000×20% = 4 000（元）。

(3) 持股时间超过1个月但不满1年减按50%计入应纳税所得额纳税。应纳个人所得税 =（800 + 3 000×1）×50%×20% = 380（元）。

(4) 个人出租住房，减按10%的税率征收个人所得税。不考虑其他税费：36 000÷12 = 3 000（元），每月收入不足4 000，定额减800。

租金收入应纳个人所得税 =（3 000 – 800）×10%×12 = 2 640（元）。

8.【答案及解析】

(1) 张先生转让房屋所得应缴纳个人所得税 =（230 – 100 – 13.8 – 3）×10 000×20% = 226 400（元）。

(2) 个人举报、协查各种违法、犯罪行为而获得的奖金暂免征收个人所得税。

(3) 公益性捐赠税前扣除限额 = 30 000×30% = 9 000（元），小于实际捐赠金额10 000元，所以个人所得税税前只能扣除捐赠额9 000元。张先生中奖所得应缴纳个人所得税 =（30 000 – 9 000）×20% = 4 200（元）。

第六章 城市维护建设税法和烟叶税法

一、单项选择题

1. 企业缴纳的下列税额中，应作为城市维护建设税计税依据的是（　　）。
   A. 关税税额
   B. 消费税税额
   C. 房产税税额
   D. 城镇土地使用税税额

2. 2019年8月9日甲县某烟草公司去相邻的乙县收购烟叶，当日支付烟叶收购价款80万元，另对烟农支付了价外补贴。下列纳税事项的表述正确的是（　　）。
   A. 烟草公司应在9月10日前申报缴纳烟叶税
   B. 烟草公司8月收购烟叶应缴纳烟叶税17.6万元
   C. 烟草公司应向甲县主管税务机关申报缴纳烟叶税
   D. 烟草公司收购烟叶的纳税义务发生时间是8月10日

3. 位于县城的甲企业2019年5月实际缴纳增值税350万元（其中包括进口环节增值税50万元）、消费税530万元（其中包括由位于市区的乙企业代收代缴的消费税30万元）。则甲企业本月应向所在县城税务机关缴纳的城市维护建设税为（　　）万元。
   A. 40.00
   B. 41.50
   C. 42.50
   D. 44.00

4. 某县城一运输公司2019年9月份取得不含税运输收入120万元、不含税装卸收入20万元，分别核算，该公司9月应缴纳的城市维护建设税为（　　）万元。
   A. 0.18
   B. 0.60
   C. 0.25
   D. 0.21

5. 位于市区的某高档化妆品生产企业为增值税一般纳税人，经营内销与出口业务。2019年9月份实际缴纳消费税40万元，出口货物增值税免抵税额5万元。另外，进口货物缴纳增值税13万元、消费税25万元。该企业9月份应缴纳的城市维护建设税为（　　）万元。
   A. 2.80
   B. 3.15
   C. 4.60
   D. 6.09

6. 某市一卷烟厂委托某县城一烟丝加工厂加工一批烟丝，委托方提供烟叶成本为60 000元，支付加工费8 000元（不含增值税），受托方无同类烟丝的市场销售价格。委托方提货时受托方应代收代缴的城建税为（　　）元。（烟丝消费税税率为30%）
   A. 1 504.70
   B. 1 457.14
   C. 1 050.00
   D. 2 040.00

7. 某生产企业为增值税一般纳税人（位于市区），主要经营内销和出口业务，2019年8月实际缴纳增值税40万元，出口货物免抵税额4万元。另外，进口货物缴纳增值税10万元，缴纳消费税20万元。该企业2019年8月应纳城市维护建设税（　　）万元。
   A. 2.80
   B. 3.08
   C. 2.52
   D. 5.18

8. 位于市区的某生产企业为增值税一般纳税人，自营出口自产货物。2018年7月应纳增值税-320万元，出口货物"免抵退"税额380万元；本月税务检查时发现，2017年的一笔内销货少计消费税，被查补消费税5万元并加收滞纳金。2018年7月该企业应纳城市维护建设税（　　）万元。

A. 4.00　　　　B. 4.55　　　　C. 22.40　　　　D. 26.95

9. 下列关于烟叶税的说法中，错误的是（　　）。

A. 烟叶税的征税范围是晾晒烟叶和烤烟叶

B. 价外补贴统一按烟叶收购价款的10%计算

C. 烟叶税体现国家对烟草"寓禁于征"的政策

D. 纳税人应于纳税义务发生月终了之日起30日内申报并缴纳税款

10. 某卷烟厂为增值税一般纳税人，2018年8月收购烟叶5 000公斤，实际支付价款总额65万元，已开具烟叶收购发票。烟叶税税率为20%。关于烟叶税的税务处理，下列表述正确的是（　　）。

A. 卷烟厂自行缴纳烟叶税14.30万元　　B. 卷烟厂自行缴纳烟叶税13.00万元

C. 卷烟厂代扣代缴烟叶税14.30万元　　D. 卷烟厂代扣代缴烟叶税13.00万元

11. 根据现行烟叶税法规定，下列说法正确的是（　　）。

A. 烟叶税实行定额税

B. 烟叶税的纳税地点为烟叶收购地

C. 烟叶税的纳税人是销售烟叶的单位

D. 没收违法收购的烟叶，由销售烟叶的单位按销售额纳税

二、多项选择题

1. 下列各项中，应作为城市维护建设税计税依据的有（　　）。

A. 纳税人被查补的消费税税额

B. 纳税人应缴纳的增值税税额

C. 经税务局审批的当期免抵增值税税额

D. 缴纳的进口货物增值税税额

2. 下列关于城市维护建设税纳税地点的表述中，正确的有（　　）。

A. 纳税人应在增值税和消费税的纳税地缴纳

B. 纳税人跨地区提供建筑服务的，在建筑服务发生地预缴

C. 跨省开采的油田，下属生产单位与核算单位不在一个省内的，在核算单位所在地纳税

D. 无固定纳税地点的流动经营者应随同增值税和消费税在经营地缴纳

3. 下列有关城市维护建设税的说法，正确的有（　　）。

A. 某外商投资企业已缴纳增值税，但不需要缴纳城市维护建设税

B. 某企业总机构在甲地，在乙地缴纳增值税，城市维护建设税也在乙地缴纳

C. 某企业已缴纳了增值税，没有缴纳城市维护建设税，可以单独进行处罚

D. 某企业增值税实行先征后返，城市维护建设税同时返还

E. 城市维护建设税的适用税率，一律按纳税人所在地的适用税率执行

参考答案及解析

一、单项选择题

1.【答案】B

【解析】城建税的计税依据是增值税、消费税实际缴纳的税额。

2.【答案】B

【解析】纳税人应当自纳税义务发生之日起30日内申报纳税。应缴纳烟叶税 = 80×（1+10%）×20% = 17.6（万元），烟草公司应向收购地（乙县）主管税务机关申报缴纳烟叶税；烟叶税的纳税义务发生时间为纳税人收购烟叶的当天，即8月9日。

3.【答案】A

【解析】应纳城建税 = （350 - 50 + 530 - 30）×5% = 40（万元）。

4.【答案】B

【解析】该公司9月份应缴纳城市维护建设税 = （120×9% + 20×6%）×5% = 0.6（万元）。

5.【答案】B

【解析】城建税进口不征、出口不退。经国家税务总局正式审核批准的当期免抵的增值税税额应作为城建税和教育费附加的依据。应纳城建税 = （40 + 5）×7% = 3.15（万元）。

6.【答案】B

【解析】由受托方代收、代扣"两税"的单位和个人，按受托方所在地的规定税率就地缴纳城市维护建设税。本题烟丝加工厂所在地为县城，按税率5%代收代缴城建税。

受托方代收代缴消费税 = （60 000 + 8 000）÷（1 - 30%）×30% = 29 142.86（元）。

代收代缴城建税 = 29 142.86×5% = 1 457.14（元）。

7.【答案】B

【解析】应纳城市维护建设税 = （40 + 4）×7% = 3.08（万元）。

8.【答案】B

【解析】该企业出口应退税额320万元，免抵税额 = 380 - 320 = 60（万元）。该企业应纳城建税 = （60 + 5）×7% = 4.55（万元）。

9.【答案】D

【解析】纳税人应于纳税义务发生月终了之日起15日内申报并缴纳税款。

10.【答案】B

【解析】在中华人民共和国境内收购烟叶的单位为烟叶税的纳税人。卷烟厂自行缴纳烟叶税 = 实际支付价款总额×税率 = 65×20% = 13（万元）。

11.【答案】B

【解析】选项A，烟叶税实行比例税率，税率为20%；选项C，烟叶税的纳税人是在中华人民共和国境内收购烟叶的单位；选项D，查处没收的违法收购的烟叶，由收购罚没烟叶的单位按照购买金额计算缴纳烟叶税。

二、多项选择题

1.【答案】ABC

【解析】城建税的计税依据,是指纳税人实际缴纳的"两税"税额,被查补的消费税税额也是城建税的计税依据。经国家税务总局正式审核批准的当期免抵的增值税税额应纳入城市维护建设税和教育费附加的计征范围,分别按规定的税(费)率征收城市维护建设税和教育费附加。海关对进口产品代征的增值税、消费税,不征收城建税。

2.【答案】ABD

【解析】选项C,跨省开采的油田,其下属生产单位与核算单位不在一个省内的,其生产的原油,在油井所在地缴纳增值税、城建税。

3.【答案】BC

第七章 关税法和船舶吨税法

一、单项选择题

1. 下列机构中，有权决定税收特别关税的货物、适用国别、税率、期限和征收办法的是（　　）。
   A. 商务部
   B. 财政部
   C. 海关总署
   D. 国务院关税税则委员会

2. 下列税费中，应计入进口货物关税完税价格的是（　　）。
   A. 单独核算的境外技术培训费用
   B. 报关时海关代征的增值税和消费税
   C. 由买方单独支付的入关后的运输费用
   D. 进口货物运抵我国境内输入地点起卸前的保险费

3. 我国某公司2019年3月从国内甲港口出口一批锌锭到国外，货物成交价格170万元（不含出口关税），其中包括货物运抵甲港口装载前的运输费10万元、单独列明支付给境外的佣金12万元。甲港口到国外目的港口之间的运输保险费20万元。锌锭出口关税税率为20%。该公司出口锌锭应缴纳的出口关税为（　　）万元。
   A. 25.6
   B. 29.6
   C. 31.6
   D. 34.0

4. 某演出公司进口舞台设备一套，实付金额折合人民币185万元，其中包含单独列出的进口后设备安装费10万元、中介经纪费5万元；运输保险费无法确定，海关按同类货物同期同程运输费计算的运费为25万元。假定关税税率为20%，该公司进口舞台设备应缴纳的关税为（　　）万元。
   A. 34.00
   B. 35.00
   C. 40.00
   D. 40.12

5. 以下关税税率运用的表述中，正确的是（　　）。
   A. 进出口货物，应当适用海关接受该货物申报进口或者出口之日实施的税率。
   B. 经海关批准，实行集中申报的进出口货物，应当适用每次货物进出口时海关接受该货物申报之日实施的税率
   C. 已申报进境并放行的保税货物、减免税货物、租赁货物或暂时进出境货物，应当适用海关接受纳税人再次填写报关单办理纳税及有关手续之日实施的税率
   D. 进口转关运输货物，应当适用指运地海关接受该货物申报进口之日实施的税率

6. 在关税税则中，预先按产品的价格高低分档制定若干不同的税率，根据进出口商品价格的变动而增减进出口税率的关税是（　　）。
   A. 选择税
   B. 滑动税
   C. 复合税
   D. 差别税

7. 下列不属于关税纳税义务人的是（　　）。

A. 进口货物的收货人　　　　　　　B. 出口货物的发货人
C. 邮递出口物品的收件人　　　　　D. 进境物品的携带人

8. 某进出口公司从加拿大进口一批钢材共 500 吨，货物以境外口岸离岸价格成交，单价折合人民币为 30 000 元，买方承担境外包装费每吨 400 元，另向卖方支付的佣金每吨 1 000 元人民币，另向自己的采购代理人支付佣金 6 000 元人民币，已知该货物运抵中国海关境内输入地起卸前的运输、保险为每吨 2 000 元人民币，进口后另发生运输和装卸费用 300 元人民币，该批钢材的关税完税价格为（　　）万元。

A. 1 670　　　B. 2 670　　　C. 1 370　　　D. 1 970

9. 2017 年 3 月，某贸易公司进口一批货物。合同中约定成交价格为人民币 600 万元，支付境内特许销售权费用人民币 10 万元、卖方佣金人民币 5 万元。该批货物运抵境内输入地点起卸前发生的运费和保险费共计人民币 8 万元。该货物关税完税价格（　　）万元。

A. 623　　　B. 615　　　C. 613　　　D. 610

10. 某生产企业 2016 年 5 月将机器运往境外修理，出境时已向海关报明，并在海关规定期限内复运进境。已知机器原值为 100 万元，已提折旧 20 万元，报关出境前发生运费和保险费 1 万元，境外修理费 5 万元，修理料件费 1.2 万元；复运进境发生的运费和保险费 1.5 万元，以上金额均为人民币。该机器再次报关入境时应申报缴纳关税（　　）万元。（关税税率为 10%）

A. 8.77　　　B. 0.77　　　C. 8.87　　　D. 0.62

11. 某企业 2015 年 4 月向境外企业租赁一台大型设备，租期 1 年，支付租金 10 万元，另支付境内运费、保险费 2 万元。2016 年 4 月，企业决定将该设备买下，双方成交价格 60 万元，海关审定的留购价格 65 万元，以上金额均为人民币。该企业 2016 年 4 月应缴纳关税（　　）万元。（关税税率为 10%）

A. 6.50　　　B. 6.00　　　C. 1.20　　　D. 1.00

12. 某科技公司 2014 年 5 月 7 日经批准进口一套特定免税设备用于研发项目，2016 年 10 月 27 日经海关批准，该公司将设备出售，取得销售收入 240 万元，该设备进口时经海关审定的完税价格为 320 万元，已提折旧 60 万元。2016 年 10 月该公司应补缴关税（　　）万元。（关税税率为 10%，海关规定的监管年限为 5 年）

A. 16.00　　　B. 16.53　　　C. 24.00　　　D. 26.00

13. 某企业进口一批货物，海关审定货价折合人民币 7 000 万元，运保费无法确定，海关按同类货物同程运输费估定运费折合人民币 12.58 万元，则进口该批货物关税的完税价格为（　　）万元。

A. 7 033.62　　　B. 8 013.62　　　C. 6 099.58　　　D. 7 012.32

14. 下列进口货物中，免征进口关税的是（　　）。

A. 外国政府无偿赠送的物资
B. 具有一定商业价值的货样

C. 运往境外修理的货物复运进境

D. 关税税额为人民币80元的一票货物

15. 下列关于关税征收管理的说法，正确的是（ ）。

A. 进口货物自运输工具申报进境之日起14日内，向货物进境地海关申报纳税

B. 进口货物在货物运抵海关监管区后装货的24小时以后，向货物出境地海关申报纳税

C. 关税的延期缴纳税款期限，最长不得超过12个月

D. 进出境货物和物品放行后，海关发现少征或者漏征税款，应当自缴纳税款或者货物、物品放行之日起2年内，向纳税义务人补征关税

16. 2018年3月，某公司将货物运往境外加工，出境时已向海关报明。并在海关规定期限内复运进境。已知货物价值100万元，境外加工费和料件费30万元，运费1万元。保险费0.39万元。关税税率10%。上述业务应缴的关税为（ ）万元。

A. 3.10　　　　B. 3.14　　　　C. 10.14　　　　D. 13.14

17. 下列关于船舶吨税的表述中，错误的是（ ）。

A. 自中华人民共和国境外港口进入境内港口的船舶，应当缴纳吨税

B. 吨税设置优惠税率和普通税率

C. 吨税按照船舶净吨位和吨税执照期限征收

D. 应税船舶因不可抗力在未设立海关地点停泊的，船舶负责人应当立即向附近海关报告并申报纳税

18. 应税船舶负责人应当自海关填发吨税缴款凭证之日起（ ）日内缴清税款。

A. 10　　　　B. 15　　　　C. 30　　　　D. 60

二、多项选择题

1. 下列措施中，属于《海关法》赋予海关可以采取的强制措施有（ ）。

A. 变价抵缴　　C. 补征税额　　B. 强制扣缴　　D. 征收关税滞纳金

2. 下列税费中，应计入进口货物关税完税价格的有（ ）。

A. 进口环节缴纳的消费税

B. 单独支付的境内技术培训费

C. 由买方负担的境外包装材料费用

D. 由买方负担的与该货物视为一体的容器费用

3. 以倒扣价格法估定关税完税价格时，下列应当扣除的项目有（ ）。

A. 进口关税

B. 境内同类或相似货物的利润和一般费用

C. 货物运抵输入地之后的境内运费

D. 在境外生产时的原材料成本

4. 海关在采用合理方法确定进口货物的完税价格时，不得使用的价格包括（ ）。

A. 出口到第三国的货物销售价格　　B. 货物在出口地市场的销售价格

C. 类似货物成交价格估价方法　　D. 可供选择的价格中较高的价格

5. 下列各项中，符合关税减免规定的有（　　）。

A. 因故退还的国内出口货物，经海关审查属实，可予免征进口关税，已征收的出口关税准予退还

B. 关税税额在人民币 50 元以下的一票货物

C. 因故退还的境外进口货物，经海关审查属实，可予免征出口关税，已征收的进口关税准予退还

D. 在海关放行前损失的货物

6. 海关对进口货物估价时可以采用的方法有（　　）。

A. 货物向第三国出口的价格估价方法

B. 相同货物成交价格估价方法

C. 倒扣价格估价方法

D. 计算价格估价方法

7. 下列关于关税完税价格的说法，正确的有（　　）。

A. 出口货物关税的完税价格不包含出口关税

B. 进口货物的保险费无法确定时，海关应按照货价的 5% 计算保险费

C. 进口货物的关税完税价格不包括进口关税

D. 经海关批准的暂时进境货物，应当按照一般进口货物完税价格确定的有关规定，审查确定完税价格

8. 依据关税的有关规定，下列进口货物中可享受法定免税的有（　　）。

A. 有商业价值的进口货样

B. 外国政府无偿赠送的物资

C. 贸易公司进口的残疾人专用品

D. 关税税额在人民币 50 元以下的一票货物

9. 根据关税有关规定，下列符合进口货物成交价格条件的有（　　）。

A. 进口货物的买方和卖方没有特殊关系，或者虽有特殊关系但未对成交价格产生影响

B. 进口货物的成交价格不得受到使该货物成交价格无法确定的条件和因素的影响

C. 进口货物的成交价格不包括间接支付的价款和价外收取的费用

D. 进口货物的卖方不得直接或间接获得因买方销售、处置或者使用进口货物而产生的任何收益。或者虽有收益但能够按照规定进行调整

10. 下列关于船舶吨税征收管理的表述中，正确的有（　　）。

A. 应税船舶负责人缴纳吨税或者提供担保后，海关按照其申领的执照期限填发吨税执照

B. 应税船舶在离开港口办理出境手续时，应当交验吨税执照（或者申请核验吨税执照电子信息）

C. 应税船舶在进入港口办理入境手续时，应当向海关申报纳税领取吨税执照，或者交验吨税执照（或者申请核验吨税执照电子信息）

D. 应税船舶在吨税执照期限内，因税目税率调整或者船籍改变而导致适用税率变化的，应重新领取吨税执照

11. 下列各项中，免征船舶吨税的有（　　　）。

A. 非机动驳船　　　　　　　　　　B. 捕捞、养殖渔船

C. 警用船舶　　　　　　　　　　　D. 应纳税额为人民币30元的船舶

参考答案及解析

一、单项选择题

1.【答案】D

【解析】征收特别关税的货物、适用国别、税率、期限和征收办法，由国务院关税税则委员会决定，海关总署负责实施。

2.【答案】D

【解析】选项A、B、C，都不属于进口关税完税价格的组成部分。

3.【答案】C

【解析】出口货物的完税价格，由海关以该货物向境外销售的成交价格为基础审查确定，并应包括货物运至我国境内输出地点装载前的运输及其相关费用、保险费，但其中包含的出口关税税额，应当扣除。出口货物的成交价格中含有支付给境外的佣金的，如果单独列明，应当扣除。

该公司应缴纳的出口关税 =（170 - 12）×20% = 31.6（万元）。

4.【答案】D

【解析】由买方负担的除购货佣金以外的佣金和经纪费计入完税价格。货物进口后的基建、安装、装配、维修和技术服务的费用，不得计入完税价格。如果进口货物的运费无法确定或未实际发生，海关应按该货物进口同期运输行业公布的运费率计算运费；按照"货价加运费"两者总额的3‰计算保险费。

该公司进口舞台设备应缴纳的关税 =（185 - 10 + 25）×1.003 × 20% = 40.12（万元）。

5.【答案】ABCD

【解析】以上四个选项均正确。

6.【答案】B

【解析】

分类	关税
按征税对象	进口关税、出口关税和过境关税
按征税标准	从量税、从价税、复合税、选择税、滑准税（滑动税）
按征税性质	普通关税、优惠关税、差别关税（分为加重关税、反补贴关税、反倾销关税、报复关税等）
按保护形式	关税壁垒和非关税壁垒

7.【答案】C

【解析】纳税人指进口货物收货人,出口货物发货人,进出境物品所有人(携带人、邮运进境收件人、邮运出境寄件人或托运人等)。

8. 【答案】A

【解析】关税完税价格 =(30 000 + 400 + 1 000 + 2 000)× 500 ÷ 10 000 = 1 670(万元)。

9. 【答案】A

【解析】关税完税价格 = 600 + 10 + 5 + 8 = 623(万元)。

10. 【答案】D

【解析】运往境外修理的货物,出境时已向海关报明并在规定期限内复运进境的,以境外修理费、料件费为基础确定完税价格。因此应纳关税 =(5 + 1.2)× 10% = 0.62(万元)。

11. 【答案】A

【解析】留购的租赁货物,以海关审定的留购价格作为完税价格。该企业 2016 年 4 月应缴纳关税 = 65 × 10% = 6.5(万元)。

12. 【答案】A

【解析】完税价格 = 海关审定的该货物原进口时的价格 × [1 − 补税时实际已进口的时间(月)÷(监管年限 × 12)]。补税时实际已进口的时间按月计算,不足 1 个月但是超过 15 日的,按照 1 个月计算,不超过 15 日的,不予计算。

应补缴关税 = 320 × [1 − 30 ÷(5 × 12)]× 10% = 16(万元)。

13. 【答案】A

【解析】关税完税价格 =(7 000 + 12.58)×(1 + 3‰)= 7 033.62(万元)。

14. 【答案】A

【解释】选项 B,无商业价值的广告品和货样,可免征关税;选项 C,运往境外修理的货物复运进境,以境外修理费、料件费为基础审查确定完税价格;选项 D,关税税额为人民币 50 元以下的一票货物,可免征关税。

15. 【答案】A

【解析】选项 B,出口货物应自货物运抵海关监管区后装货的 24 小时以前,由纳税人向货物出境地海关申报;选项 C,关税的延期缴纳税款期限,最长不得超过 6 个月;选项 D,进出境货物和物品放行后,海关发现少征或者漏征税款,应当自缴纳税款或者货物、物品放行之日起 1 年内,向纳税义务人补征关税。

16. 【答案】B

【解析】运往境外加工的货物,出境时已向海关报明,并在海关规定期限内复运进境的,以境外加工费、料件费、复运进境的运输及相关费用,保险费为基础审查确定完税价格。快小学公司上述业务应缴纳关税 =(30 + 1 + 0.39)× 10% = 3.14(万元)。

17. 【答案】D

【解析】应税船舶因不可抗力在未设立海关地点停泊的,船舶负责人应当立即向附近海关报告,并在不可抗力原因消除后,依照规定向海关申报纳税。

18. 【答案】B

【解析】应税船舶负责人应当自海关填发吨税缴款凭证之日起 15 日内缴清税款。

二、多项选择题

1. 【答案】ABD

【解析】关税强制措施有两类：滞纳金；强制征收，包括强制扣缴、变价抵缴等强制措施。

2. 【答案】CD

【解析】下列费用，如能与该货物实付或者应付价格区分，不得计入完税价格：（1）厂房、机械、设备等货物进口后的基建、安装、装配、维修和技术服务的费用；（2）货物运抵境内输入地点之后的运输费用、保险费和其他相关费用；（3）进口关税及其他国内税收；（4）为在境内复制进口货物而支付的费用；（5）境内技术培训及境外考察费用；（6）符合条件的利息。

3. 【答案】ABC

【解析】以倒扣价格法估定关税完税价格时，下列各项应当扣除：（1）同等级或者同种类货物在境内第一销售环节销售时，通常的利润和一般费用以及通常支付的佣金；（2）货物运抵境内输入地点起卸后的运输及其相关费用、保险费；（3）进口关税、进口环节海关代征税及其他国内税。

4. 【答案】ABD

【解析】海关在采用合理方法确定进口货物的完税价格时，不得使用以下价格：（1）境内生产的货物在境内的销售价格；（2）可供选择的价格中较高的价格；（3）货物在出口地市场的销售价格；（4）以计算价格估价方法规定的有关各项之外的价值或费用计算的价格；（5）出口到第三国或地区的货物的销售价格；（6）最低限价或武断、虚构的价格。

5. 【答案】BD

【解析】有下列情形之一的，纳税义务人自缴纳税款之日起1年内，可以申请退还关税，并应当以书面形式向海关说明理由，提供原缴款凭证及相关资料：（1）已征进口关税的货物，因品质或规格原因，原状退货复运出境；（2）已征出口关税的货物，因品质或规格原因，原状退货复运进境，并已缴纳因出口退还的国内税收；（3）已征出口关税的货物，因故未装运出口，申报退关。

6. 【答案】BCD

【解析】海关估价依次使用的方法包括：（1）相同货物的成交价格估价方法；（2）类似货物的成交价格估价方法；（3）倒扣价格估价方法；（4）计算价格估价方法；（5）合理估价方法。合理估价方法不允许使用的估价方法是：（1）境内生产的货物在境内的销售价格；（2）可供选择的价格中较高的价格；（3）货物在出口地市场的销售价格；（4）以计算价格估价方法中所含价值或费用之外的价值或者费用计算的相同或者类似货物的价格；（5）出口到第三国或者地区的货物的销售价格；（6）最低限价或者武断、虚构的价格。

7. 【答案】ACD

【解析】出口货物的完税价格由海关以该货物的成交价格为基础审查确定，并应当包括货物运至中华人民共和国境内输出地点装载前的运输及其相关费用、保险费。进口货物的完税价格由海关以货物的成交价格为基础审查确定，并应当包括该货物运抵中华人民共和国境内输入地点起卸前的运输及其相关费用、保险费。

8. 【答案】BD

【解析】下列进出口货物，免征关税：（1）关税税额在人民币50元以下的一票货物；（2）无商业价值的广告品和货样；（3）外国政府、国际组织无偿赠送的物资；（4）在海关放行前损失的货物；（5）进出境运输工具装载的途中必需的燃料、物料和饮食用品。

9. 【答案】ABD

【解析】选项C，进口货物的成交价格是指卖方向境内销售该货物时，买方为进口该货物向卖方实付、应付的并按照规定调整后的价款总额，包括直接支付的价款和间接支付的价款。

10. 【答案】ABC

【解析】选项 D，应税船舶在吨税执照期限内，因税目税率调整或者船籍改变而导致适用税率变化的，吨税执照继续有效。

11. 【答案】BCD

【解析】选项 A，非机动驳船应按相同净吨位船舶税率的 50% 计征税款。

第八章 资源税法和环境保护税法

一、单项选择题

1. 下列生产或开采的资源产品中，不征收资源税的是（　　）。
   A. 家庭生活用水　　　　　　　　C. 焦煤
   B. 金属矿产品原矿或精矿　　　　D. 与原油同时开采的天然气

2. 某油田开采企业 2019 年 1 月销售天然气 90 万立方米，取得不含增值税收入 1 350 000 元，假设天然气的资源税税率为 10%，该企业 2019 年 1 月销售天然气应缴纳的资源税为（　　）元。
   A. 135 000.00　　　　　　　　　C. 135 338.03
   B. 135 150.00　　　　　　　　　D. 135 359.55

3. 某煤炭开采企业 2019 年 4 月销售洗煤 5 万吨，开具增值税专用发票注明金额 5 000 万元，另取得从洗煤厂到码头不含增值税的运费收入 50 万元。假设洗煤的折算率为 80%，资源税税率为 10%，该企业销售洗煤应缴纳的资源税为（　　）万元。
   A. 400　　　　B. 404　　　　C. 505　　　　D. 625

4. 某养殖场 2019 年 2 月养鸡存栏量为 6 000 羽，污染当量值为 30 羽，假设当地水污染物适用税额为每污染当量 3.2 元，当月应纳环境保护税（　　）元。
   A. 0　　　　　B. 640　　　　C. 19 200　　　D. 576 000

5. 关于资源税的处理中，下列说法正确的是（　　）。
   A. 以自采原矿加工为非应税产品，视同销售非应税产品缴纳资源税
   B. 以自采原矿加工为精矿无偿赠送，视同销售精矿缴纳资源税
   C. 以自采的原煤加工为洗选煤自用，视同销售原煤缴纳资源税
   D. 以自采原矿洗选后的精矿连续生产非应税产品，视同销售原矿缴纳资源税

6. 下列关于稀土矿征收资源税的说法中，错误的是（　　）。
   A. 将自采原矿加工为精矿销售的，在销售时缴纳资源税
   B. 以自采未税原矿和外购已税原矿加工精矿，未分别核算的，一律视同以未税原矿加工精矿，计算缴纳资源税
   C. 将自采原矿加工的精矿用于抵债的，视同销售精矿缴纳资源税
   D. 以自采原矿加工精矿的，在原矿移送使用时缴纳资源税

7. 2018 年 9 月，小快原油开采企业（增值税一般纳税人）销售原油取得不含税销售额 3 560 万元。用 10 吨原油与汽车生产企业换取一辆汽车，原油不含税销售价格 0.38 万元/吨。原油资源税率为 6%。该企业当月应纳资源税（　　）万元。
   A. 182.56　　　B. 213.60　　　C. 213.83　　　D. 213.85

8. 某原油开采企业为增值税一般纳税人，2018 年 3 月开采原油 10 万吨，当月销售 6 万吨，取得不含税收入 24 000 万元，3 万吨用于继续加工为成品油。该企业当月应纳资源税（   ）万元。（原油资源税税率为 6%）

　　A. 1 440　　　　　　B. 2 400　　　　　　C. 2 160　　　　　　D. 1 000

9. 某企业 2019 年 1 月向水体直接排放第一类水污染物总汞、总镉、总铬、总砷、总铅、总银各 40 千克。已知水污染当量值：分别为总汞 0.000 5、总镉 0.005、总铬 0.04、总砷 0.02。企业 1 月第一类水污染物应该缴纳环保税的污染当量数为（   ）。

　　A. 80 000　　　　　B. 92 000　　　　　C. 93 600　　　　　D. 90 000

10. 某企业 2018 年 6 月向大气直接排放二氧化硫 160 吨、氮氧化物 228 吨、烟尘 45 吨、一氧化碳 20 吨，该企业所在地区大气污染物的税额标准为 1.2 元/污染当量，该企业只有一个排放口。已知二氧化硫、氮氧化物的污染当量值为 0.95，烟尘污染当量值为 2.18，一氧化碳污染当量值为 16.7。该企业 6 月大气污染物应缴纳的环境保护税（   ）元。（结果保留两位小数）

　　A. 288 000.00　　　B. 202 105.26　　　C. 202 105.26　　　D. 514 875.90

11. 某企业为环境保护税的纳税人，该企业 2018 年 4 月直接向河流排放总铅 5 000 千克，已知总铅污染当量值 0.025 千克，假设其所在省公布的环境保护税税额为每污染当量 4 元。甲企业当月应缴纳环境保护税（   ）元。

　　A. 800 000　　　　B. 500 000　　　　C. 824 000　　　　D. 850 000

12. 某企业 2018 年 5 月产生尾矿 2 000 吨，其中综合利用的尾矿 800 吨（符合标准），在符合国家和地方环境保护标准的设施贮存 500 吨，适用税额为 15 元/吨。该企业 5 月尾矿应缴纳环境保护税（   ）元。

　　A. 10 500　　　　　B. 30 000　　　　　C. 22 500　　　　　D. 18 000

13. 下列情形，不予免征环境保护税的是（   ）。

　　A. 农业种植排放应税污染物的

　　B. 船舶行驶排放应税污染物的

　　C. 规模化养殖排放应税污染物的

　　D. 纳税人综合利用的固体废物，符合国家和地方环境保护标准的

二、多项选择题

1. 符合条件的运杂费用，纳税人在计算应税产品计税销售额时，可予以扣减，需要满足的条件包括（   ）。

　　A. 包含在应税产品销售收入中

　　B. 属于纳税人销售应税产品环节发生的运杂费用，具体是指运送应税产品从坑口或者洗选（加工）地到车站、码头或者购买方指定地点的运杂费用

　　C. 取得相关运杂费用发票或者其他合法有效凭据

　　D. 将运杂费用与计税销售额分别进行核算

2. 下列关于环境保护税征收管理的表述中，正确的有（   ）。

A. 纳税义务发生时间为纳税人排放应税污染物的当日

B. 环境保护税按月计算，按年申报缴纳

C. 纳税人应当向应税污染物排放地的税务机关申报缴纳环境保护税

D. 纳税人按次申报缴纳的，应当自纳税义务发生之日起 30 日内，向税务机关办理纳税申报并缴纳税款

3. 下列有关资源税税收优惠的表述中，正确的有（   ）。

A. 从低丰度油气田开采的原油、天然气减征 20% 资源税

B. 从衰竭期矿山开采的矿产品，减征 30% 资源税

C. 开采原油以及油田范围内运输原油过程中用于加热的原油、天然气

D. 稠油、高凝油减征 40% 资源税

4. 下列关于对应税噪声征收环境保护税的表述中，正确的有（   ）。

A. 昼、夜均超标的环境噪声，昼、夜分别计算应纳税额，累计计征

B. 声源一个月内超标不足 15 天的，减半计算应纳税额

C. 应税噪声环境保护税的计税单位为超标分贝

D. 应税噪声的应纳税额为超标分贝数乘以具体适用税额

5. 资源税的纳税义务人包括（   ）。

A. 在中国境内开采并销售煤炭的个人

B. 在中国境内生产销售天然气的国有企业

C. 在中国境内生产自用应税资源的个人

D. 进口应税资源的国有企业

6. 根据水资源税试点规定，下列情形中，不缴纳水资源税的有（   ）。

A. 农村集体经济组织及其成员从本集体经济组织的水塘、水库中取用水的

B. 水利工程管理单位为配置或者调度水资源取水的

C. 为消除对公共安全或者公共利益的危害临时应急取水的

D. 为农业抗旱和维护生态与环境必须临时应急取水的

7. 以下符合环境保护税政策规定的有（   ）。

A. 环保税的纳税义务发生时间为纳税人排放应税污染物的当日

B. 纳税人应向应税污染物排放地的税务机关申报缴纳环保税

C. 环保税按月计算、按季申报缴纳

D. 纳税人按次申报缴纳的，应当自次月起 10 日内，向税务机关办理纳税申报并缴纳税款

8. 下列各项中，属于环境保护税征税范围的有（   ）。

A. 大气污染物   B. 光污染物

C. 煤矸石   D. 建筑施工噪声

三、计算问答题

1. 某石化企业为增值税一般纳税人，2019 年 4 月发生以下业务：

(1) 从国外某石油公司进口原油 50 000 吨，支付不含税价款折合人民币 9 000 万元，其中包含包装费及保险费折合人民币 10 万元。

(2) 开采原油 10 000 吨，并将开采的原油对外销售 6 000 吨，取得含税销售额 2 340 万元，另外支付运输费用 7.02 万元。

(3) 将开采的原油 1 000 吨通过关联公司对外销售，关联公司的对外含税售价为 0.39 万元/吨。

(4) 用开采的原油 2 000 吨加工生产汽油 1 300 吨。（其他相关资料：原油的资源税税率为 10%）

根据上述资料，按照下列序号回答问题，如有计算须计算出合计数。

(1) 说明业务（1）中该石化企业是否应对从国外某石油公司进口的原油计算缴纳资源税，如需要计算缴纳，计算应缴纳的资源税额。

(2) 计算业务（2）应缴纳的资源税额。

(3) 计算业务（3）应缴纳的资源税额。

(4) 计算业务（4）应缴纳的资源税额。

2. 某县城的联合企业为增值税一般纳税人，2019 年 11 月生产经营情况如下：

(1) 专门开采天然气 45 000 千立方米，销售天然气 37 000 千立方米，取得不含税销售额 7 400 万元。

(2) 开采原煤 35 万吨，销售 20 万吨，取得不含税销售额 9 800 万元。

(3) 以开采的原煤直接加工洗煤 12 万吨，全部对外销售，取得不含税销售额 7 200 万元。

(4) 企业职工食堂领用原煤 2 500 吨，同类产品不含增值税市场售价为 122.5 万元。

(5) 购进采掘机械设备 40 台，取得增值税专用发票，注明每台设备支付货款 25 万元、增值税 3.25 万元，已全部投入使用。购进其他货物、服务准予抵扣增值税 567 万元。

已知：资源税税率，原煤为 5%，天然气为 6%；洗选煤的折算率为 70%，保留两位小数。

根据上述资料，按下列序号计算回答问题，每问须计算出合计数。

(1) 计算该联合企业当月应缴纳天然气的资源税。

(2) 计算该联合企业当月应缴纳煤炭的资源税。

(3) 计算该联合企业当月应缴纳的资源税。

(4) 计算该联合企业当月应缴纳的增值税。

(5) 计算该联合企业当月应缴纳的城建税、教育费附加、地方教育附加。

参考答案及解析

一、单项选择题

1.【答案】A

【解析】开征水资源税试点,将地表水和地下水纳入征税范围,但不包括家庭生活用水。

2.【答案】A

【解析】应纳税额 = 1 350 000 × 10% = 135 000(元)。

3.【答案】A

【解析】洗选煤应纳税额 = 洗选煤销售额 × 折算率 × 适用税率,洗选煤销售额包括洗选副产品的销售额,不包括洗选煤从洗选煤厂到车站、码头等的运输费用。该企业销售洗煤应缴纳的资源税 = 5 000 × 80% × 10% = 400(万元)。

4.【答案】B

【解析】水污染物的污染当量数 = 6 000 ÷ 30 = 200,应纳税额 = 200 × 3.2 = 640(元)。

5.【答案】B

【解析】选项A,以自采原矿加工为非应税产品的,视同销售原矿;选项C,以自采原煤加工为洗选煤自用的,视同销售洗选煤;选项D,以自采原矿洗选后的精矿连续生产非应税产品,视同销售精矿。

6.【答案】D

【解析】选项A、D:纳税人将其开采的原矿,自用于连续生产精矿的,在原矿移送使用环节不缴纳资源税,加工为精矿后销售的,按规定计算缴纳资源税。选项B,纳税人同时以自采未税原矿和外购已税原矿加工精矿的,应当分别核算;未分别核算的,一律视同以未税原矿加工精矿,计算缴纳资源税。选项C,纳税人将自采原矿加工为精矿自用或者进行投资、分配、抵债以及以物易物等情形的,视同销售精矿,依照有关规定计算缴纳资源税。

7.【答案】C

【解析】该企业当月应纳资源税 = (3 560 + 0.38 × 10) × 6% = 213.83(万元)。

8.【答案】C

【解析】自产资源税应税产品原油用于连续加工非应税的成品油,在移送环节视同销售缴纳资源税;应纳的资源税 = 24 000 ÷ 6 × (6 + 3) × 6% = 2 160(万元)。

9.【答案】C

【解析】污染当量数 = 该污染物的排放量 ÷ 该污染物的污染当量值。

污染物	污染当量数
总汞	40 ÷ 0.000 5 = 80 000
总镉	40 ÷ 0.005 = 8 000
总铬	40 ÷ 0.04 = 1 000
总砷	40 ÷ 0.02 = 2 000
总铅	40 ÷ 0.025 = 1 600
总银	40 ÷ 0.02 = 2 000

对第一类水污染物污染当量数排序:

总汞(80 000) > 总镉(8 000) > 总砷(2 000) = 总银(2 000) > 总铅(1 600) > 总铬(1 000)。
取前五项，计算第一类水污染物应该缴纳环保税的污染当量数 = 93 600。

10．【答案】D

【解析】第一步，计算各污染物的污染当量数：

污染物	污染当量数
二氧化硫	160 × 1 000 ÷ 0.95 = 168 421.05
氮氧化物	228 × 1 000 ÷ 0.95 = 240 000
烟尘	45 × 1 000 ÷ 2.18 = 20 642.20
一氧化碳	20 × 1 000 ÷ 16.7 = 1 197.60

第二步，按污染物的污染当量数排序：
氮氧化物（240 000）> 二氧化硫（168 421.05）> 烟尘（20 642.20）> 一氧化碳（1 197.60）。
第三步，选取前三项污染物计算应纳税额：
氮氧化物：240 000 × 1.2 = 288 000（元）；
二氧化硫：168 421.05 × 1.2 = 202 105.26（元）；
烟尘：20 642.20 × 1.2 = 24 770.64（元）。
该企业6月应纳环保税税额 = 288 000 + 202 105.26 + 24 770.64 = 514 875.90（元）。

11．【答案】A

【解析】污染当量数 = 该污染物的排放量 ÷ 该污染物的污染当量值 = 5 000 ÷ 0.025 = 200 000；
应缴纳环境保护税 = 污染当量数 × 适用税额 = 200 000 × 4 = 800 000（元）。

12．【答案】A

【解析】应税固体废物的计税依据按照固体废物的排放量确定。固体废物的排放量为当期应税固体废物的产生量减去当期应税固体废物的贮存量、处置量、综合利用量的余额。
应税固体废物的应纳税额 = 固体废物排放量 × 适用税额 =（2 000 − 800 − 500）× 15 = 10 500（元）。

13．【答案】C

【解析】达到省级人民政府确定的规模标准并且有污染物排放口的畜禽养殖场，应当依法缴纳环境保护税。

二、多项选择题

1．【答案】ABCD

【解析】以上选项均正确。

2．【答案】AC

【解析】选项B，环境保护税按月计算，按季申报缴纳。不能按固定期限计算缴纳的，可以按次申报缴纳；选项D，纳税人按次申报缴纳的，应当自纳税义务发生之日起15日内，向税务机关办理纳税申报并缴纳税款。

3．【答案】ABCD

【解析】以上四个选项均正确。

4．【答案】ABC

【解析】选项D，应税噪声的应纳税额为超过国家规定标准的分贝数对应的具体适用税额。

5.【答案】ABC

【解析】在我国领域及管辖海域开采或者生产应税产品的单位和个人，为资源税的纳税人。进口不征，出口不退。单一环节缴纳。

6.【答案】ABCD

【解析】下列情形，不缴纳水资源税：（1）农村集体经济组织及其成员从本集体经济组织的水塘、水库中取用水的；（2）家庭生活和零星散养、圈养畜禽饮用等少量取用水的；（3）水利工程管理单位为配置或者调度水资源取水的；（4）为保障矿井等地下工程施工安全和生产安全必须进行临时应急取用（排）水的；（5）为消除对公共安全或者公共利益的危害临时应急取水的；（6）为农业抗旱和维护生态与环境必须临时应急取水的。

7.【答案】ABC

【解析】选项D，纳税人按次申报缴纳的，应当自纳税义务发生之日起15日内，向税务机关办理纳税申报并缴纳税款。

8.【答案】AC

【解析】光污染物不属于环保税征税范围，应税噪声污染目前只包括工业噪声，建筑施工噪声不属于工业噪声。

三、计算问答题

1.【答案及解析】

（1）不需要缴纳资源税。资源税进口不征，出口不退。

（2）应缴纳的资源税额 = 2 340 ÷ （1 + 13%） × 10% = 207.08（万元）。

（3）应缴纳的资源税额 = 1 000 × 0.39 ÷ （1 + 13%） × 10% = 34.51（万元）。

（4）应缴纳的资源税额 = 2 000 × 2 340 ÷ 6 000 ÷ （1 + 13%） × 10% = 69.03（万元）。

2.【答案及解析】

（1）该联合企业当月应缴纳天然气的资源税 = 7 400 × 6% = 444（万元）。

（2）该联合企业当月销售原煤应纳资源税 = 9 800 × 5% = 490（万元）；自产自用原煤和加工洗煤应纳资源税 = 7 200 × 70% × 5% + 122.5 × 5% = 258.13（万元）；

当月应缴纳煤炭的资源税 = 490 + 258.13 = 748.13（万元）。

（3）该联合企业当月应缴纳的资源税 = 444 + 748.13 = 1 192.13（万元）。

（4）该联合企业当月销项税 = 7 400 × 9% + （9 800 + 7 200 + 122.5） × 13% = 666 + 2 225.9 = 2 891.93（万元）；

进项税 = 3.25 × 40 + 567 = 697（万元）；

该联合企业当月应缴纳增值税 = 2 891.93 – 697 = 2 194.93（万元）。

（5）该联合企业当月应缴纳的城建税、教育费附加、地方教育附加 = 2 194.93 × （5% + 3% + 2%） = 219.49（万元）。

第九章　城镇土地使用税法和耕地占用税法

一、单项选择题

1. 某企业在市区拥有一块地，尚未由有关部门组织测量面积，但持有政府部门核发的土地使用证书。下列关于该企业履行城镇土地使用税纳税义务的表述中，正确的是（　　）。

   A. 暂缓履行纳税义务

   B. 自行测量土地面积并履行纳税义务

   C. 待将来有关部门测定完土地面积后再履行纳税义务

   D. 以证书确认的土地面积作为计税依据履行纳税义务

2. 下列土地中，免征城镇土地使用税的是（　　）。

   A. 营利性医疗机构自用的土地

   B. 公园内附设照相馆使用的土地

   C. 生产企业使用海关部门的免税土地

   D. 公安部门无偿使用铁路企业的应税土地

3. 某企业2019年度拥有位于市郊的一宗地块，其地上面积为1万平方米，单独建造的地下建筑面积为4 000平方米（已取得地下土地使用权证）。该市规定的城镇土地使用税税率为2元/平方米。则该企业2019年度就此地块应缴纳的城镇土地使用税为（　　）万元。

   A. 0.8　　　　　　B. 2　　　　　　C. 2.8　　　　　　D. 2.4

4. 下列耕地占用的情形中，免征耕地占用税的是（　　）。

   A. 医院占用耕地　　　　　　　　B. 建厂房占用鱼塘

   C. 高尔夫球场占用耕地　　　　　D. 商品房建设占用林地

5. 下列占用耕地的行为中，免征耕地占用税的是（　　）。

   A. 公立医院占用耕地　　　　　　B. 铁路线路占用耕地

   C. 农村居民新建住宅占用耕地　　D. 民用飞机场跑道占用耕地

6. 某工厂4月份购买一幢旧厂房，6月份在房地产权属管理部门办理了产权证书。该厂房所占土地开始缴纳城镇土地使用税的时间是（　　）月份。

   A. 4　　　　　　B. 5　　　　　　C. 6　　　　　　D. 7

7. 下列关于城镇土地使用税减免税优惠的说法，正确的是（　　）。

   A. 农业生产单位的办公用地免征城镇土地使用税

   B. 事业单位的经营用地免征城镇土地使用税

   C. 城市轨道交通系统运营用地免征城镇土地使用税

D. 企业厂区内的绿化用地免征城镇土地使用税

8. 2018年6月农村居民李某因受灾住宅倒塌，经批准占用150平方米耕地新建自用住宅，当地耕地占用税税额为20元/平方米。李某应缴纳耕地占用税（　　）元。
   A. 0   B. 1 500   C. 3 000   D. 4 000

9. 根据耕地占用税的有关规定，下列选项中，属于法定免征耕地占用税的是（　　）。
   A. 修建港口占用耕地
   B. 农村居民占用耕地新建自用住宅
   C. 专用公路和城区内机动车道占用耕地
   D. 医疗机构占用耕地新建病房

10. 下列关于耕地占用税减免税优惠的说法，正确的是（　　）。
    A. 建设直接为农业生产服务的生产设施占用林地的，不征耕地占用税
    B. 专用铁路占用耕地的，减按2元/平方米的税额征收耕地占用税
    C. 农村居民在规定用地标准以内占用耕地新建自用住宅的，免征耕地占用税
    D. 专用公路占用耕地的，免征耕地占用税

11. 村民张某2018年起承包耕地面积3 000平方米。2019年将其中300平方米用于新建住宅，其余耕地仍和上年一样使用，即700平方米用于种植药材，2 000平方米用于种植水稻。当地耕地占用税税率为25元/平方米，张某应缴纳的耕地占用税为（　　）元。
    A. 3 750   B. 7 500   C. 12 500   D. 25 000

二、多项选择题

1. 下列选项需要征收城镇土地使用税的有（　　）。
   A. 免税单位无偿使用纳税单位的房产
   B. 学校租给企业的房产
   C. 公园附设的照相馆
   D. 公园管理单位自用的办公楼

2. 下列关于城镇土地使用税的表述中，正确的有（　　）。
   A. 城镇土地使用税采用有幅度的差别税额，每个幅度税额的差距为20倍
   B. 城镇土地使用税实行按年计算、分期缴纳的征收方法，具体纳税期限由省、自治区、直辖市人民政府确定
   C. 免税单位的职工家属宿舍用地由省、自治区、直辖市税务局确定减免税
   D. 经济落后地区，城镇土地使用税的适用税额标准可适当降低，但降低额不得超过规定最低税额的30%

3. 下列各项中，属于法定免征城镇土地使用税的有（　　）。
   A. 免税单位无偿使用纳税单位的土地
   B. 免税单位职工家属的宿舍用地
   C. 企业办的学校、医院、托儿所、幼儿园

D. 市政街道、广场、绿化地带等公共用地
4. 根据耕地占用税有关规定，下列各项土地中属于耕地的有（　　）。
   A. 菜地　　　　　B. 茶园　　　　　C. 果园　　　　　D. 鱼塘
5. 下列各项中，免征耕地占用税的有（　　）。
   A. 铁路线路占用耕地
   B. 学校、幼儿园、养老院、医院
   C. 公路线路占用耕地
   D. 军事设施占用耕地
6. 下列说法，符合城镇土地使用税税收政策的有（　　）。
   A. 农副产品加工厂用地应征收城镇土地使用税
   B. 公园里开办的照相馆用地应征收城镇土地使用税
   C. 企业厂区以外的公共绿化用地应计算缴纳城镇土地使用税
   D. 自收自支、自负盈亏的事业单位用地应征收城镇土地使用税
7. 下列关于城镇土地使用税的说法正确的有（　　）。
   A. 企业厂区内绿化用地免征城镇土地使用税
   B. 企业厂区以外绿化用地暂免征城镇土地使用税
   C. 专门经营农产品的批发市场免征城镇土地使用税
   D. 对邮政部门坐落在城布、县城、建制镇、工矿区范围内的土地，应征收城镇土地使用税
8. 下列关于耕地占用税征收管理的说法，正确的有（　　）。
   A. 纳税人在批准临时占用耕地期满之日起一年内依法复垦，恢复种植条件的，全额退还已缴耕地占用税
   B. 纳税人占用耕地的，应当在耕地所在地申报纳税
   C. 土地管理部门在通知单位办理占用耕地手续时，应当同时通知耕地所在地上级税务机关
   D. 经批准占用耕地的，纳税义务发生时间为纳税人收到自然资源主管部门办理手续书面通知的当天
9. 下列占用农村土地的行为，须计算缴纳耕地占用税的有（　　）。
   A. 占用耕地建房　　　　　　　B. 占用耕地从事非农业建设
   C. 占用林地从事非农业建设　　D. 占用耕地新办学校、幼儿园
10. 下列用地行为，应征收耕地占用税的有（　　）。
    A. 新建住宅和办公楼占用林地
    B. 飞机场修建跑道占用耕地
    C. 修建专用公路占用耕地
    D. 企业新建厂房占用耕地

参考答案及解析

一、单项选择题

1.【答案】D

【解析】尚未组织测量,但纳税人持有政府部门核发的土地使用证书的,以证书确认的土地面积为准。

2.【答案】D

【解析】选项A,对非营利性医疗机构、疾病控制机构和妇幼保健机构等卫生机构自用的土地,免征城镇土地使用税;选项B,公园自用的土地免征城镇土地使用税,但公园内附设照相馆使用的土地,属于经营性用地,应照章征税;选项C,纳税单位无偿使用免税单位的土地,纳税单位应照章缴纳城镇土地使用税。

3.【答案】D

【解析】该企业2019年度此地块应缴纳的城镇土地使用税 = 1×2 + 0.4×2×50% = 2.4(万元)。

4.【答案】A

【解析】学校、幼儿园、养老院和医院占用的耕地,免征耕地占用税。选项B、C、D,属于占用耕地从事非农业建设,需要缴纳耕地占用税。

5.【答案】A

【解析】选项B、D,除另有规定外,铁路线路、公路线路、飞机场跑道、停机坪、港口、航道占用耕地,减按每平方米2元的税额征收耕地占用税;选项C,农村居民占用耕地新建住宅,按照当地适用税额减半征收耕地占用税。

6.【答案】D

【解析】购置存量房,自办理房屋权属转移、变更登记手续,房地产权属登记机关签发房屋权属证书之次月起计征城镇土地使用税。

7.【答案】C

【解析】选项A,直接从事种植、养殖、饲养的专业用地免征城镇土地使用税,农业生产单位的办公用地要照章征收城镇土地使用税;选项D,企业厂区内的绿化用地照章征税。

8.【答案】B

【解析】农村居民在规定用地标准以内占用耕地新建自用住宅,按照当地适用税额减半征收耕地占用税。李某应缴纳耕地占用税 = 150×20×50% = 1 500(元)。

9.【答案】D

【解析】军事设施、学校、幼儿园、社会福利机构、医疗机构占用耕地免征耕地占用税。

10.【答案】A

【解析】选项B、D,专用铁路和专用公路占用耕地的,按照当地适用税额缴纳耕地占用税;选项C,农村居民在规定用地标准以内占用耕地新建自用住宅,按照当地使用税额减半征收耕地占用税。

11.【答案】A

【解析】农村居民占用耕地新建住宅,按照当地适用税额减半征收耕地占用税。张某应缴纳耕地占用税 = 300×25×50% = 3 750(元)。

二、多项选择题

1.【答案】BC

【解析】选项 A，免税单位无偿使用纳税单位的土地，免征城镇土地使用税；选项 B，学校租给企业的房产没有免税规定，照章征收城镇土地使用税；选项 C，公园附设的照相馆用地，应按规定缴纳城镇土地使用税；选项 D，公园自用的土地免征城镇土地使用税。公园自用的土地，是指供公共参观游览的用地及其管理单位的办公用地。

2.【答案】ABCD

【解析】以上四个选项均正确。

3.【答案】ACD

【解析】免税单位职工家属的宿舍用地，可由各省、自治区、直辖市地方税务局确定减免城镇土地使用税。

4.【答案】ABCD

【解析】以上均属于耕地。

5.【答案】BD

【解析】学校和军事设施占用的耕地免征耕地占用税。

6.【答案】ABD

【解析】选项 C，对企业厂区以外的公共绿化用地，暂免征收城镇土地使用税。

7.【答案】BCD

【解析】选项 A，对企业厂区以内的绿化用地，应照章征收城镇土地使用税。

8.【答案】ABD

【解析】选项 C，土地管理部门在通知单位办理占用耕地手续时，应当同时通知耕地所在地同级税务机关。

9.【答案】ABC

【解析】选项 D，军事设施、学校、幼儿园、社会福利院机构、医疗机构占用耕地，免征耕地占用税。

10.【答案】ABCD

【解析】选项 A、D，纳税人占用耕地建设建筑物、构筑物或者从事非农业建设应征收耕地占用税；选项 B，铁路线路、公路线路、飞机场跑道、停机坪、港口、航道占用耕地，减按每平方米 2 元的税额征收耕地占用税；选项 C，专用公路和城区内机动车道占用耕地应纳税。

第十章 房产税法、契税法和土地增值税法

房产税法

一、单项选择题

1. 下列房屋及建筑物中，属于房产税征税范围的是（   ）。
   A. 农村的居住用房
   B. 建在室外的露天游泳池
   C. 个人拥有的市区经营性用房
   D. 尚未使用或出租而待售的商品房

2. 某企业 2019 年 3 月投资 1 500 万元取得 5 万平方米的土地使用权，用于建造面积为 3 万平方米的厂房，建筑成本和费用为 2 000 万元，2019 年年底竣工验收并投入使用。对该厂房征收房产税时所确定的房产原值是（   ）万元。
   A. 2 900   B. 3 500   C. 5 000   D. 3 800

3. 下列关于房产税纳税人的税法，正确的是（   ）。
   A. 产权出典的，由出典人缴纳房产税
   B. 产权属于国家所有的，由经营管理单位缴纳房产税
   C. 纳税单位无租使用免税单位房产的，由免税单位缴纳房产税
   D. 无论产权所有人是否在房屋所在地，均由产权所有人缴纳房产税

4. 个人 2018 年 1 月 31 日将自有住房出租，当月交付使用，每月收入不含税租金 5 000 元，个人 2018 年应缴纳房产税（   ）元。
   A. 2 200   B. 2 400   C. 6 600   D. 7 200

5. 某公司 2017 年购进一处房产，2018 年 5 月 1 日用于投资联营（收取固定收入，不承担联营风险），投资期 3 年，当年取得固定收入 160 万元（不含增值税）。该房产原值 3 000 万元，当地政府规定的房产计税余值的扣除比例为 30%。该公司 2018 年应缴纳的房产税为（   ）万元。
   A. 21.2   B. 27.6   C. 29.7   D. 44.4

6. 王某拥有三套房产，一套供自己和家人居住；另一套于 2018 年 7 月 1 日出租给小李居住，每月租金收入 1 200 元（不含增值税，下同）；还有一套于 9 月 1 日出租给小张用于生产经营，每月租金 5 000 元。2018 年王某应缴纳房产税（   ）元。
   A. 1 088   B. 1 664   C. 2 688   D. 3 264

7. 某企业有厂房一栋原值 200 万元，2018 年 8 月初对该厂房进行扩建，2018 年 8 月底完工并办理验收手续，增加了房产原值 45 万元，另外对厂房安装了价值 15 万元的

排水设备并单独作固定资产核算。已知当地政府规定计算房产余值的扣除比例为20%，2018年度该企业应缴纳房产税（　　）元。

A. 20 640　　　　B. 21 000　　　　C. 21 120　　　　D. 21 600

8. 2018年某企业拥有房产原值共计8 000万元，其中生产经营用房原值6 500万元、内部职工医院用房原值500万元、托儿所用房原值300万元、超市用房原值700万元。当地政府规定计算房产余值的扣除比倒为20%，2018年该企业应纳房产税（　　）万元。

A. 62.40　　　　B. 69.12　　　　C. 76.80　　　　D. 77.92

9. 某上市公司2017年以5 000万元购得一处高档会所，然后加以改建，支出500万元在后院新建一露天泳池，支出500万元新增中央空调系统，拆除200万元的照明设施，再支付500万元安装智能照明和楼宇声控系统，会所于2017年年底改建完毕并对外营业。当地规定计算房产余值扣除比例为30%，2018年该会所应缴纳房产税（　　）万元。

A. 42.00　　　　B. 48.72　　　　C. 50.40　　　　D. 54.60

10. 某工业企业2018年2月自建的厂房竣工并投入使用。该厂房的原值为8 000万元，其中用于储存物资的地下室为800万元。假设房产原值的减除比例为30%，地下室应税原值为房产原值的60%。该企业2018年应缴纳房产税（　　）万元。

A. 53.76　　　　B. 56.00　　　　C. 59.14　　　　D. 61.60

11. 下列关于房产税纳税义务发生时间的表述中，正确的是（　　）。

A. 纳税人出租房产，自交付房产之月起缴纳房产税

B. 纳税人自行新建房屋用于生产经营，从建成之月起缴纳房产税

C. 纳税人将原有房产用于生产经营，从生产经营之月起缴纳房产税

D. 房地产开发企业自用本企业建造的商品房，自房屋使用之月起缴纳房产税

二、多项选择题

1. 下列项目中，应以房产租金作为计税依据征收房产税的有（　　）。

A. 以融资租赁方式租入的房屋

B. 以经营租赁方式租出的房屋

C. 居民住宅区内业主自营的共有经营性房屋

D. 以收取固定收入、不承担联营风险方式投资的房屋

2. 下列情形中，应由房产代管人或者使用人缴纳房产税的有（　　）。

A. 房屋产权未确定的

B. 房屋租典纠纷未解决的

C. 房屋承典人不在房屋所在地的

D. 房屋产权所有人不在房屋所在地的

3. 下列各项中，应依照房产余值缴纳房产税的有（　　）。

A. 融资租赁租入的房产

B. 以房产联营投资，收取固定收入，不承担经营风险

C. 用于美容院使用的居民住宅区内业主共有的经营性房产

D. 出租房产，租赁双方签订的租赁合同约定的免收租金期间

4. 下列各项中符合房产税免税优惠的有（　　）。

A. 自2019年1月1日至2021年12月31日，对国家级、省级科技企业孵化器、大学科技园和国家备案众创空间自用以及无偿或通过出租等方式提供给在孵对象使用的房屋

B. 公园管理部门自用的办公用房

C. 外商投资企业办公用房

D. 个人非营业用房

5. 下列关于房产税纳税人及缴纳税款的说法，正确的有（　　）。

A. 租赁合同约定有免收租金期限的出租房产，免收租金期间无须缴纳房产税

B. 融资租赁的房产未约定开始日的，由承租人自合同签订当日起缴纳房产税

C. 无租使用其他单位房产的应税单位和个人，由使用人代为缴纳房产税

D. 产权出典的，由承典人缴纳房产税

6. 下列关于房产税减免税的说法，正确的有（　　）。

A. 外商投资企业的自用房产免征房产税

B. 对经营公租房所取得的租金收入免征房产税

C. 经有关部门鉴定，对毁损不堪居住的房屋和危险房屋，在停止使用后，可免征房产税

D. 高校学生公寓免征房产税

三、计算问答题

1. 某市甲公司，2018年发生以下应税行为：

（1）5月份与乙公司签订两份合同，其中货物运输合同注明运费30万元，保管费5万元，装卸费2万元；房屋租赁合同注明原值1 000万元的房产出租给乙公司开办快捷酒店，合同约定5月31日交付使用，租期1年，年租金120万元。

（2）6月底自建的办公楼交付使用，其入账价值为1 500万元（不包括中央空调80万元）。

（3）7月份与丙公司签订技术转让合同，取得转让收入80万元，其中技术咨询费20万元。

（4）8月份股东会决定增资1 000万元，增资款当月到账。

（说明：以上价格不含增值税，当地政府规定按房产原值一次扣除20%的余值计算房产税。）

根据上述资料，回答以下问题：

（1）甲公司2018年自建的办公楼应缴纳的房产税。

（2）甲公司技术转让合同及增资应缴纳的印花税。

(3) 甲公司签订的运输合同和租赁合同应缴纳的印花税。
(4) 甲公司 2018 年出租的房产应缴纳的房产税。

2. 2018 年年初甲企业自有房产 14 栋，原值共计 13 500 万元，具体使用情况如下：

(1) 3 栋房产在 2017 年年初已经被有关部门认定为危险房屋，2018 年 4 月 1 日起停止使用，房产原值共计 2 000 万元。

(2) 8 栋房产用于企业生产经营活动，房产原值共计 10 000 万元。

(3) 1 栋房产用于职工学校和托儿所，房产原值 500 万元。

(4) 2 栋原值均为 500 万元的房产自 2018 年 1 月 1 日起用于对外投资，不承担联营风险，每栋按月收取固定收入 10 万元（不含增值税）。由于特殊情况，2018 年 5 月 1 日收回 1 栋进行大修理，大修理时间为 7 个月。大修理后该房产原值由 500 万元上升为 1 000 万元，12 月 1 日作为厂房投入本单位使用。

(5) 2018 年 6 月 20 日签订合同以融资租赁的方式租入一栋房产，原值 1 000 万元，租赁期 15 年，租入当月投入使用。

(注：当地政府规定计算房产余值的扣除比例为 20%。)

根据上述资料，回答下列问题：

(1) 2018 年甲企业 3 栋危房应缴纳的房产税。
(2) 2018 年甲企业第 (4) 笔业务中 2 栋房产共计应缴纳的房产税。
(3) 2018 年甲企业融资租入的房产应缴纳的房产税。
(4) 2018 年甲企业共计应缴纳的房产税。

契税法

一、单项选择题

1. 下列行为中，应缴纳契税的是（　　）。
A. 承受荒山、荒沟、荒丘、荒滩土地使用权，并用于农、林、牧、渔业生产
B. 法定继承人通过继承承受土地、房屋权属
C. 婚姻关系存续期间夫妻之间变更土地、房屋权属
D. 企业以自有房产投资于另一企业并取得相应的股权

2. 甲企业 2019 年 1 月因无力偿还乙企业已到期的债务 3 000 万元，经双方协商甲企业同意以自有房产偿还债务，该房产的原值 5 000 万元，净值 2 000 万元，评估现值 9 000 万元，乙企业支付差价款 6 000 万元，双方办理了产权过户手续，则乙企业缴纳契税的计税依据是（　　）万元。
A. 5 000　　　　B. 6 000　　　　C. 9 000　　　　D. 2 000

3. 赠与房屋时，确定契税计税依据所参照的价格或价值是（　　）。
A. 房屋原值　　B. 摊余价值　　C. 协议价格　　D. 市场价格

4. 征收机关参照土地使用权出售的市场价格核定计税依据的是（　　）。
A. 土地使用权转让　　　　　　B. 土地使用权出让

C. 土地使用权出售
D. 土地使用权赠与

二、多项选择题

1. 下列关于契税计税依据的表述中，正确的有（   ）。

   A. 购买的房屋以成交价格作为计税依据
   B. 接受赠与的房屋参照市场价格核定计税依据
   C. 采取分期付款方式购买的房屋参照市场价格核定计税依据
   D. 转让以划拨方式取得的土地使用权以补交的土地使用权出让费用或者土地收益作为计税依据

2. 甲企业2018年3月以自有房产对乙企业进行投资并取得了相应的股权，办理了产权过户手续。经有关部门评估，该房产的现值为24 000万元。当月丙企业以股权方式购买该房产并办理了过户手续，支付的股份价值为30 000万元。下列各企业计缴契税的处理中，正确的有（   ）。

   A. 乙企业向丙企业出售房屋不缴纳契税
   B. 甲企业以房产投资的行为不缴纳契税
   C. 丙企业按30 000万元作为计税依据计缴契税
   D. 乙企业从甲企业取得房屋按房产现值24 000万元作为计税依据计缴契税

3. 下列情形中，免予缴纳契税的是（   ）。

   A. 由国家财政部门拨付事业经费的单位，如学校、医疗卫生单位、托儿所、幼儿园
   B. 个人所有非营业用的房产免征房产税
   C. 对高校学生公寓免征房产税
   D. 对农产品批发市场、农贸市场（包括自有和承租，下同）专门用于经营农产品的房产、土地，暂免征收房产税

土地增值税法

一、单项选择题

1. 下列房地产交易行为中，应当缴纳土地增值税的是（   ）。

   A. 房地产公司出租高档住宅
   B. 县城居民之间互换自有居住用房屋
   C. 非营利的慈善组织将合作建造的房屋转让
   D. 房地产开发企业代客户进行房地产开发，开发完成后向客户收取代建收入

2. 下列情形中，纳税人应进行土地增值税清算的是（   ）。

   A. 直接转让土地使用权的
   B. 房地产开发项目尚未竣工但已销售面积为50%的
   C. 转让未竣工结算房地产开发项目50%股权的
   D. 取得销售（预售）许可证满1年仍未销售完毕的

3. 下列行为属于土地增值税征税范围的是（　　）。
   A. 村委会自行转让土地　　　　　B. 企业以房地产抵债
   C. 事业单位出租闲置房产　　　　D. 政府向国有企业划转土地使用权
4. 某有限公司转让商品楼取得不含税收入1 000万元，计算土地增值额准予扣除项目金额200万元，则适用税率为（　　）。
   A. 30%　　　　B. 40%　　　　C. 50%　　　　D. 60%
5. 2017年4月，某房地产开发公司转让在建项目，取得转让收入20 000万元。该公司取得土地使用权时支付土地出让金7 000万元、契税210万元、印花税3.5万元（已计入管理费用）及登记费0.1万元，该公司缴纳土地增值税时可以扣除的取得土地使用权所支付的金额为（　　）万元。
   A. 7 213.50　　B. 7 210.10　　C. 7 213.60　　D. 7 210.00
6. 某房地产开发公司开发一住宅项目，取得该土地使用权所支付的金额3 000万元，房地产开发成本4 000万元，利息支出500万元（能提供金融机构贷款证明），所在省人民政府规定，能提供金融机构贷款证明的，其他房地产开发费用扣除比例为4%。该公司计算土地增值税时允许扣除开发费用为（　　）万元。
   A. 780.00　　B. 700.00　　C. 850.00　　D. 500.00
7. 2017年4月，张某将2016年6月购入的商铺转让，取得收入600万元。张某持有购房增值税普通发票，注明金额350万元、税额17.5万元，无法取得商铺评估价格。张某计算缴纳土地增值税时，可以扣除旧房金额以及加计扣除共计（　　）万元。
   A. 350.00　　B. 367.50　　C. 385.88　　D. 404.25
8. 位于县城的某商贸公司（增值税一般纳税人）2016年12月销售一栋旧办公楼，取得含增值税收入1 000万元，缴纳印花税0.5万元。因无法取得评估价格，公司提供了购房发票，该办公楼购于2013年1月，购价为600万元，缴纳契税18万元（能提供契税完税凭证）。已知该公司选择简易计税办法计算增值税，则该公司销售办公楼计算土地增值税时，可扣除项目金额的合计数为（　　）万元。
   A. 639.60　　B. 640.10　　C. 740.40　　D. 763.70
9. 2017年8月某房地产开发公司转让新建普通住宅一幢，取得不含税收入5 000万元，转让环节可扣除的税金及附加合计60万元。该公司为取得该住宅地的土地使用权支付地价款和有关税费2 000万元，房地产开发成本1 000万元，利息支出100万元（能够按房地产项目计算分摊并提供金融机构证明）。该公司所在地政府规定的其他房地产开发费用的计算扣除比例为5%。该公司应缴纳土地增值税（　　）万元。
   A. 0　　　　　B. 140.25　　C. 223.75　　D. 327.00
10. 2017年某企业转让一栋六成新的旧仓库，取得不含税转让收入2 000万元，可扣除的相关税费共计25万元。该仓库原造价1 000万元，重置成本价1 500万元。该企业转让旧仓库应缴纳土地增值税（　　）万元。
    A. 415.00　　B. 296.00　　C. 398.75　　D. 476.25

11. 土地增值税的纳税人转让的房地产坐落在两个或两个以上地区的，其申报纳税的主管税务机关是（　　）。

　　A. 房地产坐落地的上一级税务机关

　　B. 事先选择房地产坐落地的其中一方税务机关

　　C. 先向机构所在地税务机关预交，再向房屋坐落地税务机关缴纳

　　D. 分别为房地产坐落地各方的税务机关

12. 某房地产开发公司为增值税一般纳税人，2016 年 4 月 30 日前转让 A 项目部分房产，取得转让收入 30 000 万元；2016 年 5 月 1 日后转让 A 项目部分房产，取得含税收入 50 000 万元。该项目已达土地增值税清算条件，该房地产公司对 A 项目选择"简易征收"方式缴纳增值税。该公司在土地增值税清算时应确认收入（　　）万元。

　　A. 80 000.00　　B. 76 190.48　　C. 77 619.05　　D. 75 045.05

13. 某房地产公司在 2017 年将一建筑面积 20 000 平方米的楼盘销售了 90%，房地产公司进行了已售面积的土地增值税清算，扣除项目总金额 3 960 万元。2018 年，销售其清算时未转让的房地产建筑面积 1 000 平方米，取得不含税销售收入 500 万元，应纳土地增值税（　　）万元。

　　A. 140　　　　　B. 107　　　　　C. 114　　　　　D. 127

二、多项选择题

1. 关于房地产开发企业土地增值税税务处理，下列说法正确的有（　　）。

　　A. 房地产开发企业逾期开发缴纳的土地闲置费不得计入扣除项目进行扣除

　　B. 土地增值税清算时已经计入房地产开发成本的利息支出，应调整至财务费用中计算扣除

　　C. 土地增值税清算时未开具销售发票或未全额开具销售发票的，未开具部分可以不计入房地产转让收入

　　D. 房地产开发企业为取得土地使用权所支付的契税，应计入"土地使用权所支付的金额"中予以扣除

2. 符合下列情形之一的，纳税人应进行土地增值税清算的有（　　）。

　　A. 房地产开发项目全部竣工、完成销售的

　　B. 取得销售（预售）许可证满三年仍未销售完毕的

　　C. 整体转让未竣工决算房地产开发项目的

　　D. 直接转让土地使用权的

3. 下列行为中，免征土地增值税的有（　　）。

　　A. 企业转让职工宿舍作为公共租赁住房房源，且增值额未超过扣除项目金额 20%

　　B. 企业以分期收款方式转让房产

　　C. 房地产开发企业销售其开发的普通标准住宅，其增值额未超过扣除项目金额 20%

　　D. 王某转让一套居住 6 年的别墅

4. 计算缴纳土地增值税时，判定普通标准住宅的标准有（　　）。

A. 建筑容积率在1.0以上

B. 实际成交价低于同级别土地上住房平均交易价1.2倍以下

C. 建筑覆盖率在1.0以上

D. 增值额未超过扣除项目金额之和的20%

5. 下列项目中，计征土地增值税时需要用评估价格来确定转让房地产收入、扣除项目金额的包括（　　）。

A. 出售新房屋及建筑物的　　　　B. 出售旧房屋及建筑物的

C. 虚报房地产成交价格的　　　　D. 提供扣除项目金额不实的

6. 房地产开发公司支付的下列相关税费，可列入加计20%扣除范围的有（　　）。

A. 支付建筑人员的工资、福利费　　B. 占用耕地缴纳的耕地占用税

C. 销售过程中发生的销售费用　　　D. 开发小区内的道路建设费用

7. 下列情形中，应征收土地增值税的有（　　）。

A. 房产所有人将房屋产权赠与直系亲属

B. 个人之间互换自有居住用房地产

C. 企业将自有土地使用权交换其他企业的股权

D. 企业之间等价互换自有的房地产

8. 下列项目中，属于房地产开发成本的有（　　）。

A. 土地出让金　　　　　　　　　B. 耕地占用税

C. 公共配套设施费　　　　　　　D. 借款利息费用

三、计算问答题

1. 2019年3月，某县税务机关拟对辖区内某房地产开发企业开发的房地产项目进行土地增值税清算。该房地产开发企业提供的资料如下：

（1）2016年9月以18 000万元协议购买用于该房地产项目的一宗土地，并缴纳了契税。

（2）2017年3月开始动工建设，发生开发成本6 000万元；小额贷款公司开具的贷款凭证显示利息支出7 000万元（按照商业银行同类同期贷款利率计算的利息为5 000万元）。

（3）2018年12月该房地产项目竣工验收，扣留建筑安装施工企业的质量保证金600万元，已开具发票。

（4）2019年1月该项目已销售可售建筑面积的90%，共计取得不含税收入54 000万元；可售建筑面积的10%以成本价出售给本企业职工。

（5）该企业已按照2%的预征率预缴土地增值税1 080万元。（其他相关资料：当地适用的契税税率为3%。增值税简易征收。）

根据上述资料，回答下列问题：

（1）清算时允许扣除的土地使用权支付的金额。

（2）清算时允许扣除的增值税、城市维护建设税、教育费附加和地方教育附加。
（3）清算时允许扣除项目金额的合计数。
（4）清算时应补缴的土地增值税。

2. 位于某市区的甲房地产开发公司，2016年年初开发建设办公楼一栋，当年12月20日与本市乙企业签订了一份房屋销售合同，将办公楼销售给乙企业。

（1）销售金额共计3 000万元。合同载明，乙企业向甲房地产开发公司支付货币资金2 500万元，另将一块未作任何开发的土地的使用权作价500万元转让给甲房地产开发公司，并签署产权转移书据（印花税2.5万元）。

（2）甲房地产开发公司开发该办公楼支付土地价款800万元、契税40万元、房地产开发成本360万元，开发过程中发生管理费用120万元（未包括印花税）、销售费用200万元、财务费用150万元（向其他企业借款）。

（3）乙企业转让给甲房地产开发公司的土地使用权为2年前抵债取得，抵债时作价300万元、并发生相关税费10万元。

（注：当地政府确定房地产开发费用扣除比例为8%，增值税采用简易计税方法。）

根据上述资料，回答下列问题：
（1）2016年12月甲公司应缴纳的增值税、城建税和教育费附加、地方教育费附加合计。
（2）2016年甲公司计算土地增值税时的"准予扣除项目"合计。
（3）2016年甲公司应缴纳的土地增值税。
（4）2016年乙企业应缴纳的土地增值税。

3. 2019年4月，税务机关对某房地产开发公司开发的房产项目进行土地增值税清算。该房地产开发公司提供的资料如下：

（1）2018年6月以17 760万元拍得一宗土地使用权，并缴纳了契税。

（2）自2018年7月起，对受让土地50%的面积进行一期项目开发，发生开发成本6 000万元、管理费用200万元、销售费用400万元、银行贷款凭证显示利息支出600万元，允许扣除的有关税金及附加290万元。

（3）2019年3月该项目实现全部销售，共计取得不含税收入31 000万元。（其他相关资料：当地适用的契税税率为5%，不考虑土地价款抵减增值税销售额的因素，该项目未预缴土地增值税。）

根据上述资料，回答下列问题，如有计算须计算出合计数。
（1）简要说明房地产开发成本包含的项目。
（2）简要说明房地产开发费用的扣除标准。
（3）计算该公司清算土地增值税时允许扣除的土地使用权支付金额。
（4）计算该公司清算土地增值税时允许扣除项目金额的合计数。
（5）计算该公司清算土地增值税时应缴纳的土地增值税。

4. 某工业企业2019年9月1日转让其位于县城的一栋办公楼，取得不含增值税销售收入 12 000 万元。2008 年建造该办公楼时，为取得土地使用权支付金额 3 000 万元，发生建造成本 4 000 万元。转让时经政府批准的房地产评估机构评估后，确定该办公楼的重置成本价为 8 000 万元。（其他相关资料：产权转移书据印花税税率 0.5‰，成新度折扣率为 60%。纳税人选择简易办法缴纳增值税。）

根据上述资料，回答下列问题，如有计算须计算出合计数。

（1）请解释重置成本价的含义。
（2）计算土地增值税时该企业办公楼的评估价格。
（3）计算土地增值税时允许扣除的税金及附加。
（4）计算土地增值税时允许扣除的印花税。
（5）计算土地增值税时允许扣除项目金额的合计数。
（6）计算转让办公楼应缴纳的土地增值税。

5. 甲房地产开发公司开发 A 项目的可售总面积为 45 000 平方米，截至 2019 年 8 月底销售面积为 40 500 平方米，取得收入 40 500 万元；计算土地增值税时扣除项目金额合计 29 013.75 万元；尚余 4 500 平方米房屋未销售。2019 年 9 月主管税务机关要求房地产开发公司就 A 项目进行土地增值税清算。2020 年 2 月底，公司将剩余 4 500 平方米房屋打包销售，收取价款 4 320 万元。

根据上述资料，回答下列问题：

（1）公司打包销售的 4 500 平方米房屋的单位建筑面积成本费用。
（2）公司打包销售的 4 500 平方米房屋的土地增值税。

参考答案及解析

房产税法

一、单项选择题

1.【答案】C

2.【答案】B

【解析】计征房产税的房产原值 = 1 500 + 2 000 = 3 500（万元）。

对按照房产原值计税的房产，无论会计上如何核算，房产原值均应包含地价，包括为取得土地使用权支付的价款、开发土地发生的成本费用等。本题的宗地容积率 = 建筑面积 ÷ 总面积 = 3 ÷ 5 = 0.6 > 0.5，所以直接计算即可，计征房产税的房产原值 = 1 500 + 2 000 = 3 500（万元）。如果宗地容积率小于 0.5，按房产建筑面积的 2 倍计算土地面积并据此确定计入房产原值的地价，这是房产税中的特殊规定，需要特殊记忆。

3.【答案】B

【解析】选项 A，产权出典的，由承典人纳税；选项 C，纳税单位无租使用免税单位房产的，由纳税单位代为缴纳房产税；选项 D，产权所有人不在房屋所在地的，由房产代管人或者使用人缴纳房产税。

4.【答案】A

【解析】个人出租住房减按4%的税率计征房产税。应纳房产税=5 000×11×4%=2 200（元）。

5.【答案】B

【解析】对于以房产投资联营，投资者参与投资利润分红，共担风险的，按房产的计税余值作为计税依据计征房产税；对以房产投资，收取固定收入，不承担联营风险的，实际是以联营名义取得房产租金，应由出租方按租金收入计算缴纳房产税。该公司自5月1日起对外投资联营，收取固定收入，视为出租，以取得的固定收入从租计税，所以2018年应缴纳的房产税=3 000×（1-30%）×1.2%×4÷12+160×12%=27.6（万元）。

6.【答案】A

【解析】自2008年3月1日起，对个人出租住房，不区分实际用途，按4%的税率征收房产税。2018年王某应缴纳房产税=1 200×6×4%+5 000×4×4%=1 088（元）。

7.【答案】C

【解析】纳税人对原有房屋进行改建、扩建的，要相应增加房屋的原值。厂房的排水设备，不管会计核算中是否单独记账与核算，都应计入房产原值，计征房产税。2018年度该企业应缴纳房产税=200×（1-20%）×1.2%÷12×8×10 000+（200+45+15）×（1-20%）×1.2%÷12×4×10 000=21 120（元）。

8.【答案】B

【解析】企业办的各类学校、医院、托儿所、幼儿园自用的房产，免征房产税。2018年该企业应纳房产税=（8 000-500-300）×（1-20%）×1.2%=69.12（万元）。

9.【答案】B

【解析】房产原值应包括与房屋不可分割的各种附属设备或一般不单独计算价值的配套设施。凡以房屋为载体，不可随意移动的附属设备和配套设施，如给排水、采暖、消防、中央空调、电气及智能化楼宇设备等，无论在会计核算中是否单独记账与核算，都应计入房产原值，计征房产税。对于更换房屋附属设备和配套设施的，在将其价值计入房产原值时，可扣减原来相应设备和设施的价值。2018年应缴纳房产税=（5 000+500-200+500）×（1-30%）×1.2%=48.72（万元）。

10.【答案】B

【解析】应纳税额=8 000×（1-30%）×1.2%÷12×10=56（万元）。

11.【答案】C

【解析】选项A，纳税人出租房产，自交付房产之次月起缴纳房产税；选项B，纳税人自行新建房屋用于生产经营，从建成之次月起缴纳房产税；选项D，房地产开发企业自用、出租、出借本企业建造的商品房，自房屋使用之次月起缴纳房产税。

二、多项选择题

1.【答案】BD

【解析】选项A、C依照房产余值缴纳房产税。

2.【答案】ABCD

3.【答案】ACD

【解析】选项B，以房产联营投资，收取固定收入，不承担经营风险，只收取固定收入的，实际是以联营名义取得房产租金，因此应由出租方按租金收入计征房产税。

4.【答案】ABD

【解析】选项C，外商投资企业也是房产税纳税人，纳税人经营用房产应征收房产税。

5.【答案】CD

【解析】选项A，租赁合同约定有免收租金期跟的出租房产，免收租金期间由产权所有人按照房产原值缴纳房产税。选项B，融资租赁的房产，由承租人自租赁合同约定开始日的次月起依照房产余值缴纳房产税；合同未约定开始日的，由承租人自合同签订的次月起依照房产余值缴纳房产税。选项C，纳税单位和个人无租使用房产管理部门、免税单位及纳税单位的房产，应由使用人代为缴纳房产税。

6.【答案】BCD

【解析】选项A，外商投资企业自用的房产，应缴纳房产税，没有免税规定。

三、计算问答题

1.【答案及解析】

（1）应纳房产税 = (1 500 + 80) × (1 - 20%) × 1.2% × 6 ÷ 12 × 10 000 = 75 840（元）。

（2）技术合同包括技术开发、转让、咨询、服务等合同。技术转让合同包括专利申请转让、非专利技术转让所书立的合同，但不包括专利权转让、专利实施许可所书立的合同。后者适用于产权转移书据合同。一般的法律、会计、审计等方面的咨询不属于技术咨询，其所书立合同不贴印花。

技术转让合同印花税 = 80 × 10 000 × 0.03% = 240（元），增资缴纳印花税 = 1 000 × 10 000 × 0.05% × 50% = 2 500（元），两者合计 2 500 + 240 = 2 740（元）。

（3）运输合同印花税 = 30 × 10 000 × 0.05% + 5 × 10 000 × 0.1% = 200（元）；

租赁合同印花税 = 120 × 10 000 × 0.1% = 1 200（元），两者合计 = 200 + 1 200 = 1 400 元。

（4）租赁房产应纳房产税 = 1 000 × (1 - 20%) × 1.2% × 5 ÷ 12 × 10 000 + 120 × 12% × 7 ÷ 12 × 10 000 = 12 4000（元）。

2.【答案及解析】

（1）2018年甲企业3栋危房应缴纳的房产税 = 2 000 × (1 - 20%) × 1.2% × 3 ÷ 12 = 4.8（万元）。

（2）2018年甲企业第（4）笔业务中2栋房产共计应缴纳的房产税 = (10 × 12 + 10 × 4) × 12% + 1 000 × (1 - 20%) × 1.2% ÷ 12 = 20（万元）。

（3）2018年甲企业融资租入的房产应缴纳的房产税 = 1 000 × (1 - 20%) × 1.2% × 6 ÷ 12 = 4.8（万元）。

（4）2018年甲企业共计应缴纳的房产税 = 4.8 + 10 000 × (1 - 20%) × 1.2% + 20 + 4.8 = 125.6（万元）。学校、医院、托儿所、幼儿园自用的房产免税。

契税法

一、单项选择题

1.【答案】D

【解析】ABC均免税。

2.【答案】C

【解析】以房产抵偿债务，视同房屋买卖，按房屋现值缴纳契税。

3.【答案】D

【解析】土地使用权赠与、房屋赠与，契税的计税依据由征收机关参照土地使用权出售、房屋买卖的市场价格核定。

4.【答案】D

【解析】土地使用权赠与，由征收机关参照土地使用权出售的市场价格核定计税依据。

二、多项选择题

1. 【答案】ABD

【解析】选项C，采取分期付款方式购买房屋附属设施土地使用权、房屋所有权的，应按合同规定的总价款计征契税。

2. 【答案】ABCD

【解析】契税的纳税义务人是境内转移土地、房屋权属，承受的单位和个人。乙向丙出售，应该由丙缴纳契税，以成交价 30 000 万元缴纳契税；以房产投资、入股，由产权承受方缴纳契税，所以甲不缴纳契税，应该由乙按 24 000 万元缴纳契税。

3. 【答案】ABCD

【解析】以上选项均免予缴纳契税。

土地增值税法

一、单项选择题

1. 【答案】C

【解析】选项C，合作建房后转让，要缴纳土地增值税。

2. 【答案】A

【解析】符合下列情形之一的，纳税人应当进行土地增值税的清算：（1）房地产开发项目全部竣工、完成销售的；（2）整体转让未竣工决算房地产开发项目的；（3）直接转让土地使用权的。

3. 【答案】B

【解析】土地增值税只对转让国有土地使用权的行为课税，转让非国有土地和出让国有土地的行为均不征税。

4. 【答案】D

【解析】增值额与扣除项目金额比例 =（1 000 - 200）÷ 200 × 100% = 400%，适用第4级税率，即60%。

5. 【答案】B

【解析】取得土地使用权所支付的金额是指纳税人为取得土地使用权所支付的地价款和按国家统一规定缴纳的有关费用之和。该公司缴纳土地增值税时可以扣除的取得土地使用权所支付的金额 = 7 000 + 210 + 0.1 = 7 210.1（万元）。

6. 【答案】A

【解析】允许扣除的开发费用 = 500 +（3 000 + 4 000）× 4% = 780（万元）。

7. 【答案】B

【解析】纳税人转让旧房及建筑物，凡不能取得评估价格，但能提供购房发票的，可按发票所载金额并从购买年度起至转让年度止每年加计5%的扣除。每满12个月计一年，本题中，2016年6月购入，2017年4月转让，不足12个月，可以扣除旧房金额及加计扣除共计 = 350 + 17.5 = 367.5（万元）。

8. 【答案】C

【解析】本题目的购置至转让期间可以按照4年计算，可扣除项目金额：

（1）取得土地使用权支付金额0。

（2）发票旧房购置价及按每年加计5%的扣除，600 ×（1 + 5% × 4）= 720（万元）。

（3）交易税费：购买契税18万元；交易印花税0.5万元。

城建税和两个附加 =（1 000 - 600）÷（1 + 5%）× 5% ×（5% + 3% + 2%）= 1.9（万元）。

可扣除项目金额合计 = 720 + 18 + 0.5 + 1.9 = 740.4（万元）。

9．【答案】D

【解析】（1）确定转让收入 5 000 万元。

（2）确定转让房地产的扣除项目金额：

① 取得土地使用权所支付的金额为 2 000 万元。

② 房地产开发成本为 1 000 万元。

③ 房地产开发费用 = 100 +（2 000 + 1 000）×5% = 250（万元）。

④ 与转让房地产有关的税金为 60 万元。

⑤ 从事房地产开发的加计扣除 =（2 000 + 1 000）×20% = 600（万元）。

⑥ 转让房地产的扣除项目金额合计 = 2 000 + 1 000 + 250 + 60 + 600 = 3 910（万元）。

（3）转让房地产的增值额 = 5 000 − 3 910 = 1 090（万元）。

（4）增值额与扣除项目金额的比率 = 1 090 ÷ 3 910 × 100% = 27.88%，适用税率为 30%。

（5）应纳土地增值税 = 1 090 × 30% = 327（万元）。

10．【答案】C

【解析】出售旧房及建筑，首先按评估价格及有关因素确定扣除项目，再根据土地增值税的计算方法计算应纳税额；其中评估价格 = 重置成本价 × 成新度折扣率。本题仓库的成新度折扣率为 60%，即 6 成新，其评估价 = 1 500 × 60% = 900（万元）。

该转让项目的土地增值额 = 2 000 − 900 − 25 = 1 075（万元）。

土地增值率 = 1 075 ÷ 925 × 100% = 116.21%，适用 50% 的税率，速算扣除系数 15%。

该企业转让旧仓库应纳土地增值税 = 1 075 × 50% − 925 × 15% = 398.75（万元）。

11．【答案】D

【解析】纳税人转让的房地产坐落在两个或两个以上地区的，应按房地产所在地分别申报纳税。

12．【答案】C

【解析】房地产开发企业在营改增后进行房地产开发项目土地增值税清算时，按以下方法确定相关金额：土地增值税应税收入 = 营改增前转让房地产取得的收入 + 营改增后转让房地产取得的不含增值税收入 = 30 000 + 50 000 ÷（1 + 5%）= 77 619.05（万元）。

13．【答案】B

【解析】单位建筑面积成本费用 = 清算时的扣除项目总金额 ÷ 清算的总建筑面积。

单位建筑面积成本费用 = 3 960 ÷（20 000 × 90%）= 0.22（万元/平方米）。

扣除项目金额 = 1 000 × 0.22 = 220（万元）。

增值额 = 500 − 220 = 280（万元）。

增值率 = 280 ÷ 220 × 100% = 127.27%

土地增值税 = 280 × 50% − 220 × 15% = 107（万元）。

二、多项选择题

1．【答案】ABD

【解析】选项 C，未开具发票或者未全额开具发票的，以交易双方签订的销售合同所载的售房金额及其他收益确认收入。

2．【答案】ACD

【解析】纳税人应当进行土地增值税清算的情形：（1）房地产开发项目全部竣工、完成销售的；

(2) 整体转让未竣工决算房地产开发项目的；(3) 直接转让土地使用权的。

3. 【答案】ACD

【解析】选项B，以分期收款方式转让房地产的，主管税务机关可根据合同规定的收款日期来确定具体的纳税期限。

4. 【答案】AB

【解析】普通标准住宅的标准是：住宅小区建筑容积率在1.0以上；单套建筑面积在120平方米以下；实际成交价低于同级别土地上住房平均交易价1.2倍以下。

5. 【答案】BCD

【解析】纳税人有下列情况之一的，需要对房地产进行评估，并以评估价格确定转让房地产收入、扣除项目的金额：(1) 出售旧房及建筑物的；(2) 隐瞒、虚报房地产成交价格的；(3) 提供扣除项目金额不实的；(4) 转让房地产的成交价格低于房地产评估价格，又无正当理由的。

6. 【答案】ABD

【解析】销售费用属于房地产开发费用，不能加计扣除。

7. 【答案】CD

【解析】选项A，赠与直系亲属不征；选项B，个人之间换房不征。

8. 【答案】BC

【解析】土地征用及拆迁补偿费（含耕地占用税）、前期工程费、建筑安装工程费、基础设施费、公共配套设施费、开发间接费用。

三、计算问答题

1. 【答案及解析】

(1) 允许扣除的土地使用权支付的金额 = 18 000 × (1 + 3%) = 18 540 (万元)。

(2) 应纳增值税 = 54 000 ÷ 90% × 5% = 3 000 (万元)。应纳城市维护建设税 = 3 000 × 5% = 150 (万元)，应纳教育费附加和地方教育附加 = 3 000 × (3% + 2%) = 150 (万元)，允许扣除的城市维护建设税及附加 = 150 + 150 = 300 (万元)。

(3) 允许扣除项目金额的合计数 = 18 540 + 6 000 + 5 000 + (18 540 + 6 000) × 5% + 300 + (18 540 + 6 000) × 20% = 35 975 (万元)。

(4) 应补缴的土地增值税的计算：收入合计 = 54 000 ÷ 90% = 60 000 (万元)，增值率 = (60 000 - 35 975) ÷ 35 975 × 100% = 66.78%。应补缴的土地增值税 = (60 000 - 35 975) × 40% - 35 975 × 5% - 1 080 = 6 731.25 (万元)。

2. 【答案及解析】

(1) 应缴纳增值税 = 3 000 ÷ (1 + 5%) × 5% = 142.86 (万元)，附加税费 = 142.86 × (7% + 3% + 2%) = 17.14 (万元)，合计为160万元。

(2) 取得土地使用权所支付的金额 = 800 + 40 = 840 (万元)，开发成本为360万元，开发费用 = (840 + 360) × 8% = 96 (万元)，税金 = 17.14 (万元)，加计扣除 = (840 + 360) × 20% = 240 (万元)，扣除项目合计 = 840 + 360 + 96 + 17.14 + 240 = 1 553.14 (万元)。

(3) 增值额 = 3 000 ÷ (1 + 5%) - 1 553.14 = 1 304 (万元)，增值率 = 1 304 ÷ 1 553.14 × 100% = 84%，(选择第二档税率) 应缴纳土地增值税 = 1 304 × 40% - 1 553.14 × 5% = 521.6 - 77.66 = 443.94 (万元)。

(4) 扣除项目合计 = (300 + 10) + (500 - 300) ÷ (1 + 5%) × 5% × (7% + 3% + 2%) + 2.5

（印花税）＝313.64（万元），增值额＝500－（500－300）÷（1＋5%）×5%－313.64＝176.84（万元），增值率＝176.84÷313.64×100%＝56.38%，应缴纳土地增值税＝176.84×40%－313.64×5%＝55.05（万元）。

3.【答案及解析】

（1）房地产开发成本包括土地征用及拆迁补偿费（包括土地征用费、耕地占用税等）、前期工程费、建筑安装工程费、基础设施费、公共配套设施费、开发间接费用等。

（2）纳税人能够按转让房地产项目计算分摊利息支出并能提供金融机构贷款证明的：

允许扣除的房地产开发费用＝利息＋（取得土地使用权所支付的金额＋房地产开发成本）×5%以内。

纳税人不能按转让房地产项目计算分摊利息支出或不能提供金融机构贷款证明的（包含全部使用自有资金没有利息支出的情况）：

允许扣除的房地产开发费用＝（取得土地使用权所支付的金额＋房地产开发成本）×10%以内。

（3）清算土地增值税时允许扣除的土地使用权支付金额＝17 760×（1＋5%）×50%＝9 324（万元）。

（4）房地产开发费用＝600＋（9 324＋6 000）×5%＝1 366.2（万元），加计扣除＝（9 324＋6 000）×20%＝3 064.8（万元），扣除项目金额合计数＝9 324＋6 000＋1 366.2＋290＋3 064.8＝20 045（万元）。

（5）增值额＝31 000－20 045＝10 955（万元），增值率＝增值额/扣除项目金额＝10 955/20 045×100%＝54.65%，适用税率为40%，速算扣除系数为5%。应纳土地增值税＝10 955×40%－20 045×5%＝3 379.75（万元）。

4.【答案及解析】

（1）重置成本价的含义：对旧房及建筑物，按转让时的建材价格及人工费用计算，建筑同样面积、同样层次、同样结构、同样建设标准的新房及建筑物所需花费的成本费用。

（2）计算土地增值税时该企业办公楼的评估价格＝8 000×60%＝4 800（万元）。

（3）应纳增值税＝12 000×5%＝600（万元），应纳城市维护建设税＝600×5%＝30（万元），应纳两个附加费＝600×（3%＋2%）＝30（万元），可扣除税金及附加＝30＋30＝60（万元），如果为含税收入，应纳增值税＝12 000÷（1＋5%）×5%＝571.43（万元），可扣除税金及附加＝57.14（万元）。

（4）计算土地增值税时可扣除的印花税＝12 000×0.5‰＝6（万元）。

（5）计算土地增值税时允许扣除项目金额的合计数＝4 800＋3 000＋60＋6＝7 866（万元）。

（6）转让办公楼的增值额＝12 000－7 866＝4 134（万元），增值率＝4 134÷7 866×100%＝52.56%，应纳土地增值税＝4 134×40%－7 866×5%＝1 653.6－393.3＝1 260.3（万元）。

5.【答案】

（1）单位建筑面积成本费用＝29 013.75÷40 500＝0.72（万元）。

（2）扣除项目＝0.72×4 500＝3 240（万元），增值额＝4 320－3 240＝1 080（万元），增值率＝1 080÷3 240×100%＝33.33%，应纳土地增值税＝1 080×30%＝324（万元）。

第十一章 车辆购置税法、车船税法和印花税法

车辆购置税法

一、单项选择题

1. 某汽车制造厂 2019 年 9 月将自产轿车 10 辆无偿捐赠，将自产轿车 3 辆自用。该企业生产的上述轿车售价为 180 000 元/辆（不含增值税），国家税务总局对同类轿车未核定最低计税价格。该汽车制造厂应纳车辆购置税（　　）元。

   A. 45 000　　　　B. 54 000　　　　C. 252 000　　　　D. 306 000

2. 纳税人购买下列车辆时，不需要缴纳车辆购置税的是（　　）。

   A. 汽车　　　　　　　　　　　　　　B. 挂车
   C. 摩托车　　　　　　　　　　　　　D. 城市公交企业购置的公共汽电车辆

3. 下列关于车辆购置税的说法中，错误的是（　　）。

   A. 车辆购置税属于直接税范畴
   B. 车辆购置税实行比例税率
   C. 外国公民在中国境内购置车辆免税
   D. 受赠使用的新车需要缴纳车辆购置税

4. 2020 年 2 月，小学汽车制造公司将自产小汽车 3 辆奖励给职工个人，2 辆移送业务部门使用。小汽车生产成本为 53 500 元/辆。纳税人生产的同类应税车辆的销售价格为 68 000 元/辆。小学公司应纳车辆购置税（　　）元。

   A. 10 700　　　　B. 13 600　　　　C. 26 750　　　　D. 34 000

5. 下列关于车辆购置税退税的说法中，错误的是（　　）。

   A. 因质量原因车辆被退回经销商，可以申请退税
   B. 纳税人应填写《车辆购置税退税申请表》办理退税
   C. 纳税人应提供经销商开具的退车证明或退车发票作为退税资料
   D. 自纳税人办理纳税申报之日起车辆使用未满 1 年的，扣减 10% 计算退税额

6. 关于车辆购置税，下列说法正确的是（　　）。

   A. 购置已税二手车需要缴纳车辆购置税
   B. 纳税人购买应税车辆，自购买之日起 10 日内申报纳税
   C. 已缴纳车辆购置税的车辆，发生车辆退回生产企业的，可全额申请退税
   D. 纳税人进口应税车辆，以组成计税价格为计税依据计算纳税

二、多项选择题

1. 根据《车辆购置税暂行条例》的规定，属于车辆购置税应税行为的有（　　）。

A. 抵债方式取得并自用的应税车辆　　C. 购买自用的应税车辆
B. 获奖自用的应税车辆　　D. 馈赠车辆的行为

2. 某单位2020年4月购车一辆，随购车支付的下列款项中，不并入计税依据征收车辆购置税的有（　　）。

A. 代收牌照费　　B. 车辆装饰费
C. 车辆购置税　　D. 支付的已取得保险公司票据的保险费

3. 下列各项中，属于车辆购置税计税依据的有（　　）。

A. 购买使用的，计税依据为支付的不含增值税价款
B. 自产自用的，计税依据为纳税人生产的同类应税车辆的销售价格
C. 纳税人以受赠、获奖或者其他方式取得自用应税车辆的计税价格，按照购置应税车辆时相关凭证载明的价格确定
D. 进口自用的，计税依据为组成计税价格

4. 下列项目中，属于车辆购置税计税价格组成部分的有（　　）。

A. 销售方代收的保险费　　B. 增值税
C. 不含增值税的价款　　D. 随车辆价款支付的车辆改装费

5. 下列行为中，属于车辆购置税应税行为的有（　　）。

A. 销售应税车辆的行为　　B. 购买使用应税车辆的行为
C. 进口使用应税车辆的行为　　D. 自产自用应税车辆的行为

车船税法

一、单项选择题

1. 下列车船中，应缴纳车船税的是（　　）。

A. 警用车辆　　B. 养殖渔船
C. 纯电动乘用车　　D. 公司拥有的摩托车

2. 下列关于车船税计税单位确认的表述中，正确的是（　　）。

A. 摩托车按"排气量"作为计税单位
B. 游艇按"净吨位每吨"作为计税单位
C. 专用作业车按"整备质量每吨"作为计税单位
D. 商用货车按"每辆"作为计税单位

3. 下列各项中，不符合车船税征收管理规定的是（　　）。

A. 从事机动车第三者责任强制保险的保险机构，为机动车车船税的扣缴义务人
B. 车船税的纳税地点为车船所有人的住所所在地
C. 车船税纳税义务发生时间为取得车船所有权或者管理权的当月
D. 按年申报，分月计算，一次性缴纳

4. 2018年1月，某客运公司购进客车20辆，购买当月即投入使用，并取得了购货发票，缴纳了全年车船税，5月，3辆客车因质量问题退回厂家，6月取得退货发票，当

地政府规定该型号客车的车船税年税额为1 200元/辆。该客运公司退货应获得车船税退税（　　）元。

A. 2 100　　　　B. 2 400　　　　C. 3 000　　　　D. 3 300

5. 2018年年初，某船运公司拥有机动船3艘，每艘净吨位2 000吨；拖船2艘，发动机功率均为1 000千瓦。机动船舶车船税年税额为：净吨位201吨至2 000吨的，每吨4元；净吨位2001吨至10 000吨的，每吨5元。该船运公司2018年应缴纳车船税（　　）元。

A. 26 680　　　　B. 27 000　　　　C. 28 000　　　　D. 32 000

6. 甲远洋运输公司2018年4月购进一艘净吨位为10 000吨的机动船舶，造船厂开具了销货发票，当月船舶运抵运输公司港口，5月购入一艘净吨位为2 000吨非机动驳船，造船厂开具了销货发票，机动船舶和非机动驳船都在5月投入使用。机动船舶具体适用税额标准：净吨位201吨至2 000吨的，每吨4元；净吨位2 001吨至10 000吨的，每吨5元。则海事管理机构应代征车船税（　　）元。

A. 26 000.00　　B. 29 000.00　　C. 40 166.67　　D. 33 333.33

二、多项选择题

1. 下列车船中，以"整备质量每吨"作为计税单位的有（　　）。

A. 客车
B. 专用作业车
C. 客货两用汽车
D. 货车

2. 下列有关车船税的表述中，正确的有（　　）。

A. 车船税是地方政府固定收入
B. 已税车船当年办理转让过户，不另纳税也不退税
C. 已办理退税的被盗抢车船，失而复得的，纳税人应当从公安机关出具相关证明的当月起计算缴纳车船税
D. 纯电动乘用车和燃料电池乘用车免征车船税

3. 下列有关车船税减免税的规定中，表述正确的有（　　）。

A. 纯电动商用车免征车船税
B. 捕捞、养殖渔船免征车船税
C. 对节约能源车辆，减半征收车船税
D. 军队、武警专用的车船免征车船税

4. 省级人民政府可根据当地实际情况给予定期减征或者免征车船税的车船有（　　）。

A. 捕捞渔船
B. 公共交通车船
C. 农村居民拥有并主要在农村地区使用的摩托车
D. 军队专用的车船

5. 下列关于车船税的税务处理方法，符合车船税法规定的有（　　）。

A. 医院救护车免征车船税
B. 境内单位租入外国籍船舶的，免征车船税

C. 客货两用车依照货车的计税单位和年基准税额计征车船税

D. 依法不需要办理登记的车船，车船税的纳税地点为车船的所有人或管理人所在地

印花税法

一、单项选择题

1. 在签订合同时无法确定计税金额的，可在签订时先按定额（　　）元贴花，以后结算时再按实际金额计税，补贴印花。

　A. 5　　　　　　B. 8　　　　　　C. 10　　　　　　D. 15

2. 某企业签订了如下经济合同：与甲公司签订技术开发合同，合同总金额为400万元，其中研究开发费100万元；与乙公司签订货物销售合同，销售额为300万元，运输费用4万元，其中包括装卸费1万元。该企业应缴纳印花税（　　）元。

　A. 1 800　　　　B. 1 815　　　　C. 2 115　　　　D. 2 120

3. 甲公司2018年8月开业，实收资本6 000万元。2019年增加资本公积200万元，3月份与乙公司签订受托加工合同，约定由甲公司提供原材料100万元，并向乙公司收取加工费20万元；5月份与丙公司签订技术开发合同记载金额100万元。2019年甲公司应缴纳印花税（　　）元。

　A. 700　　　　　B. 900　　　　　C. 1 200　　　　D. 1 400

4. 2019年2月，甲公司与乙公司签订一份设备采购合同，价款为2 000万元；两个月后因采购合同作废，又改签为融资租赁合同，租赁总额为2 100万元，甲公司应缴纳印花税（　　）元。

　A. 2 700　　　　B. 8 100　　　　C. 7 050　　　　D. 7 500

5. 下列合同中，应按"购销合同"税目征收印花税的是（　　）。

　A. 企业之间签订的土地使用权转让合同

　B. 发电厂与电网之间签订的购售电合同

　C. 银行与工商企业之间签订的融资租赁合同

　D. 开发商与个人之间签订的商品房销售合同

6. 某企业2019年期初营业账簿记载的实收资本和资本公积余额为500万元，当年该企业增加实收资本120万元，新建其他账簿12本，领受专利局发给的专利证1件、税务机关重新核发的税务登记证1件。该企业上述凭证2019年应纳印花税为（　　）元。

　A. 65　　　　　B. 70　　　　　C. 305　　　　　D. 605

7. 下列合同中，属于印花税征税范围的是（　　）。

　A. 供用电合同　　　　　　　　　C. 人寿保险合同

　B. 融资租赁合同　　　　　　　　D. 法律咨询合同

8. 下列应按"产权转移书据"计征印花税的是（　　）。

　A. 专利申请权转让　　　　　　　B. 技术咨询合同

　C. 非专利技术转让　　　　　　　D. 商标专用权转移书据

9. 下列合同中，应按照"技术合同"税目征收印花税的是（　　）。
A. 工程项目论证合同　　　　　　B. 会计制度咨询合同
C. 税务筹划咨询合同　　　　　　D. 经济法律咨询合同

二、多项选择题

1. 下列证照中，应按"权利、许可证照"税目征收印花税的有（　　）。
A. 专利证书　　　　　　　　　　C. 土地使用证
B. 卫生许可证　　　　　　　　　D. 工商营业执照

2. 下列凭证中，属于印花税征税范围的有（　　）。
A. 银行设置的现金收付登记簿
B. 个人出租门店签订的租赁合同
C. 电网与用户之间签订的供用电合同
D. 单位与发行单位之间订立的图书订购单

3. 电网公司甲在2019年4月与发电厂订了购销电合同1份，与保险公司签订了保险合同1份，直接与用户签订了供电合同若干份，另与房地产开发公司签订了一份购房合同。下列说明甲公司缴纳印花税的表述中，正确的有（　　）。
A. 签订保险合同按保险合同缴纳印花税
B. 签订的购电合同按购销合同缴纳印花税
C. 与用户签订的供电合同按购销合同缴纳印花税
D. 签订的购房合同，按产权转移书据缴纳印花税

4. 下列合同中，按照印花税产权转移书据税目计征印花税的有（　　）。
A. 土地使用权出让合同　　　　　B. 非专利技术转让合同
C. 版权转移书据出让合同　　　　D. 土地使用权转让合同

5. 下列关于印花税计税依据的表述中，正确的是（　　）。
A. 技术合同的计税依据包括研究开发经费
B. 财产保险合同的计税依据为支付（收取）的保险费，不包括所保财产的金额
C. 货物运输合同的计税依据包括货物装卸费和保险费
D. 记载资金账簿的计税依据为新增的"实收资本"和"资本公积"的合计金额

6. 下列凭证，免纳印花税的有（　　）。
A. 与高校学生签订的高校学生公寓租赁合同
B. 县政府批准企业改制签订的产权转移书据
C. 国际金融组织向我国企业提供优惠贷款书立的合同
D. 贴息贷款合同

7. 下列关于印花税贴花的说法，正确的有（　　）。
A. 签订应税凭证后，于凭证生效之日起贴花
B. 凡多贴印花税票者，不得申请退税或者抵扣
C. 印花税票应贴在应纳税凭证上，由纳税人注销或画销

D. 已经贴花的凭证，凡修改后所载金额增加，应就增加的部分补贴印花

三、计算问答题

某综合性企业2018年度发生如下业务：

（1）与A公司签订一份易货合同，约定用本企业市场价格为120万元的库存商品换取A公司市场价格为140万元的原材料，支付A公司差价款20万元。

（2）与B公司签订一份加工合同，受托为其加工一批特殊商品，原材料由该综合性企业提供，金额300万元，另外收取加工费120万元。

（3）与C公司签订一份建筑安装工程总承包合同，金额2 500万元，施工期间C公司将价值600万元的水电工程分包给其他施工单位，并签订了分包合同。由于施工单位安装水电工程的质量未达到企业的要求，实际仅支付其分包金额500万元。

（4）2018年度拥有房产原值6 000万元，其中90%为企业自用（当地政府规定计算房产余值的扣除比例为20%），其余10%于当年1月1日开始对外出租，租期为一年，租赁合同记载全年应收取租金80万元。（已知：上述金额均不含增值税。）

根据上述资料，回答下列问题：

（1）该企业与A公司签订的易货合同应缴纳的印花税。

（2）该企业与B公司签订的加工合同应缴纳的印花税。

（3）C公司签订的建筑安装工程总承包合同及分包合同共计应缴纳的印花税。

（4）该企业当年自用与出租房产应缴纳的房产税和印花税合计。

参考答案及解析

车辆购置税法

一、单项选择题

1. 【答案】B

【解析】自产自用3辆，有同类购置价格，应缴纳车辆购置税 = 3 × 180 000 × 10% = 54 000（元）。

2. 【答案】D

【解析】选项A、B、C、D都属于车辆购置税的征用范围，但是城市公交企业购置的公共汽电车辆免征车辆购置税。

3. 【答案】C

【解析】车辆购置税以境内购置规定车辆为课税对象，外国公民在中国境内购置车辆使用要正常交税。

4. 【答案】B

【解析】该公司应纳车辆购置税 = 68 000 × 2 × 10% = 13 600（元）。

5. 【答案】D

【解析】车辆退回生产企业或者经销商的，自纳税人办理纳税申报之日起，按已缴纳税款每满1年扣减10%计算退税额；未满1年的，按已缴纳税款全额退税。

6. 【答案】D

【解析】选项A,由于车辆购置税采用一次课征制,购置已经缴纳过车辆购置税的二手车自用不再缴纳车辆购置税。选项B,纳税人购买自用的应税车辆,自购买之日起60日内申报纳税。选项C,车辆退回生产企业或者经销商的,纳税人申请退税时,主管税务机关自纳税人办理纳税申报之日起,按已缴纳税款每满1年扣减10%计算退税额;未满1年的,按已缴纳税款全额退税。

二、多项选择题

1. 【答案】ABC

【解析】馈赠车辆的行为,不属于购置,不缴纳车辆购置税。

2. 【答案】ABCD

3. 【答案】ABCD

4. 【答案】CD

【解析】纳税人购买自用的应税车辆,其计税价格为纳税人购买应税车辆而支付给销售者的全部价款和价外费用,不包括增值税税款及销售方代办保险等而向购买方收取的保险费,以及向购买方收取的代购买方缴纳的车辆购置税、车辆牌照费。

5. 【答案】BCD

【解析】购置是指取得并使用的行为,包括:(1)购买使用行为(包括购买自用国产、进口应税车辆);(2)进口使用行为;(3)受赠使用行为;(4)自产自用行为;(5)获奖使用行为;(6)拍卖、抵债、走私、罚没等方式取得并使用的行为。

车船税法

一、单项选择题

1. 【答案】D

【解析】警用车辆和养殖渔船免征车船税;纯电动乘用车,不属于车船税征收范围,不征收车船税。

对节约能源车辆,减半征收车船税。对新能源车船,免征车船税。

商用车	纯电动商用车、插电式(含增程式)混合动力汽车、燃料电池商用车
乘用车	纯电动乘用车和燃料电池乘用车不属于车船税征税范围,对其不征车船税

2. 【答案】C

【解析】摩托车以"每辆"、游艇以"艇身长度每米"、商用货车以"整备质量每吨"为计税单位。

3. 【答案】B

【解析】车船税的纳税地点:扣缴义务人代收代缴车船税的,纳税地点为扣缴义务人所在地。纳税人自行申报缴纳车船税的,纳税地点为车船登记地的主管税务机关所在地。依法不需要办理登记的车船,纳税地点为车船所有人或者管理人主管税务机关所在地。

4. 【答案】A

【解析】已缴纳车船税的车船,因质量原因,车船被退回生产企业或者经销商,纳税人可以向纳税所在地主管税务机关申请退还自退货月份起至该纳税年度终了期间的税款。退货月份以退货发票所载日期的当月为准。客运公司应获车船税退税额 = 3 × 1 200 × 7 ÷ 12 = 2 100(元)。

5. 【答案】A

【解析】拖船按发动机功率每1千瓦折合净吨位0.67吨计算征收车船税,拖船按照机动船舶税额的50%计算车船税;机动船应纳车船税 = 3 × 2 000 × 4 = 24 000(元);拖船应纳车船税 = 1 000 × 0.67 ×

4×50%×2=2 680（元）。该船运公司2018年应缴纳车船税=24 000+2 680=26 680（元）。

6.【答案】C

【解析】对于购买的船舶，以购买船舱的发票或者其他证明文件所载日期为纳税义务发生时间。拖船、非机动驳船分别按照机动船舶税额的50%计算车船税。应代征车船税=10 000×5×9÷12+2 000×4×50%×8÷12=40 166.67（元）。

二、多项选择题

1.【答案】BCD

【解析】选项A计税单位为"每辆"。

2.【答案】ABC

【解析】纯电动乘用车和燃料电池乘用车不属于车船税征税范围，对其不征车船税。

3.【答案】ABCD

【解析】以上选项均正确。

4.【答案】BC

【解析】省、自治区、直辖市人民政府根据当地实际情况，可以对公共交通车船、农村居民拥有并主要在农村地区使用的摩托车、三轮汽车和低速载货汽车定期减征或免征车船税。

5.【答案】CD

【解析】选项A，医院救护车没有免税优惠；选项B，境内单位租入外国籍船舶的，不征收车船税。

印花税法

一、单项选择题

1.【答案】A

【解析】有些合同在签订时无法确定计税金额，可在签订时先按定额5元贴花，以后结算时再按实际金额计税，补贴印花。

2.【答案】B

【解析】为了鼓励技术研究开发，对技术开发合同，只就合同所载的报酬金额计税，研究开发经费不作为计税依据。技术开发合同应缴纳印花税=（400-100）×10 000×0.3‰=900（元）；销售合同应纳的印花税=300×10 000×0.3‰=900（元）；货物运输合同的计税依据为运输费金额，不含所运货物的金额、装卸费和保险费等，因此运输合同应纳的印花税=（4-1）×10 000×0.5‰=15（元）；该企业应缴纳印花税=900+900+15=1 815（元）。

3.【答案】C

【解析】企业启用新账簿后，其实收资本与资本公积两项的合计金额大于原已贴花金额的，就增加的部分补贴印花。对于由受托方提供原材料的加工、定做合同，凡在合同中分别记载加工费金额和原材料金额的，应分别按加工承揽合同、购销合同计税，两项税额相加数，即为合同应贴印花。2019年甲公司应缴纳印花税=（200×0.5‰×50%+100×0.3‰+20×0.5‰+100×0.3‰）×10 000=1 200（元）。

4.【答案】C

【解析】应缴纳印花税=（2 000×0.3‰+2 100×0.05‰）×10 000=7 050（元）。

5.【答案】B

【解析】选项A、D，按照"产权转移书据"税目征收印花税；选项C，按照"借款合同"税目征收印花税。

6.【答案】C

【解析】记载资金的账簿，按增加实收资本金额0.5‰贴花；其他账簿免税，专利证按件贴花5元，税务登记证不属于印花税征税范围。应纳印花税 = 120×0.5‰×10 000×50% + 1×5 = 305（元）。

7.【答案】B

【解析】电网与用户之间签订的供用电合同，人寿保险合同不属于印花税列举征税的凭证，不征收印花税；法律咨询不属于技术咨询，其所立合同不缴印花税。

8.【答案】D

【解析】选项A、B、C均为技术合同，技术合同（开发、转让、咨询、服务）包括专利申请权转让和非专利技术转让，不包括法律、会计、审计咨询合同。产权转移书据主要包括财产所有权，以及版权、商标专用权、专利权、专有技术使用权等转移书据和专利实施许可合同、土地使用权出让合同、土地使用权转让合同、商品房销售合同等权利转移书据。

9.【答案】A

【解析】选项B、C、D所立合同不征收印花税。本题的考核点是印花税税目，需要考生准确区分印花税的应税凭证和非应税凭证。选项B、C、D，一般的法律、会计、审计等方面的咨询不属于技术咨询，其所立合同不贴印花。

二、多项选择题

1.【答案】ACD

【解析】选项B，卫生许可证不征收印花税。

2.【答案】BD

【解析】选项A，银行根据业务管理需要设置的各种登记簿，如空白重要凭证登记簿、有价单证登记簿、现金收付登记簿等，其记载的内容与资金活动无关，仅用于内部备查，属于非营业账簿，均不征收印花税；选项C，电网与用户之间签订的供用电合同不属于印花税列举征税的凭证，不征收印花税。

3.【答案】ABD

【解析】与用户签订的供用电合同不属于印花税征税范围，不缴纳印花税。

4.【答案】ACD

【解析】选项A、C、D，财产所有权和版权、商标专用权、专利权、专有技术使用权等转移书据和专利实施许可合同、土地使用权出让合同、土地使用权转让合同、商品房销售合同都按照产权转移书据征收印花税；选项B，按照"技术合同"计征印花税。

5.【答案】BD

【解析】选项A，技术合同的计税依据为合同所载的价款、报酬或使用费。为了鼓励技术研究开发，对技术开发合同，只就合同所载的报酬金额计税，研究开发经费不作为计税依据。选项C，货物运输合同的计税依据为取得的运输费金额（即运费收入），不包括所运货物的金额、装卸费和保险费等。

6.【答案】ABD

【解析】选项C，外国政府或国际金融组织向我国政府及国家金融机构提供优惠贷款所书立的合同免纳印花税。

7.【答案】BCD

【解析】选项A，印花税应当在应税凭证书立或领受时贴花。选项E，纳税人购买了印花税票并不等于已履行了纳税义务；纳税人必须自行贴花并注销或画销，这样才算完整地完成了纳税义务。

三、计算问答题

【答案及解析】

（1）以货易货形式的商品交易合同，应按合同所载的购、销合计金额贴花。该企业应缴纳印花税 = （120 + 140）×10 000 × 0.3‰ = 780（元）。

（2）由受托方提供原材料的加工、定做合同，凡在合同中分别记载加工费金额和原材料金额的，应分别按"加工承揽合同"和"购销合同"计算缴纳印花税。该企业应缴纳印花税 = （300 × 0.3‰ + 120 × 0.5‰）× 10 000 = 1 500（元）。

（3）建筑安装工程承包合同的计税依据为承包金额，不得剔除任何费用。如果施工单位将自己承包的项目分包给其他施工单位，所签订的分包合同应按所载金额另行贴花。C 公司签订的总承包合同和分包合同共计应缴纳印花税 = （2 500 + 600）× 0.3‰ × 10 000 = 9 300（元）。

（4）该企业当年应缴纳房产税 = 6 000 × 90% ×（1 − 20%）× 1.2% + 80 × 12% = 61.44（万元）；签订房产租赁合同应缴纳印花税 = 80 × 1‰ = 0.08（万元）；该企业当年自用与出租房产应缴纳房产税和印花税共计 = 61.44 + 0.08 = 61.52（万元）。

第十二章 国际税收税务管理实务

一、单项选择题

1. 在《中新税收协定》中规定，对双重居民身份的最终判定标准排列第一的是（　　）。
   A. 习惯性居处　　　　　　　C. 永久性住所
   B. 重要利益中心　　　　　　D. 国籍

2. 从境内向境外单笔支付等值5万美元以上的外汇资金，无须向所在地主管税务机关进行税务备案的是（　　）。
   A. 境外机构境内获得不动产的转让收入
   B. 境外个人在境内的工作报酬
   C. 外国投资者以境内直接投资合法所得在境内再投资单笔5万美元以上
   D. 境内机构在境外代表机构的办公经费

3. 下列国际组织或机构中，发布了《金融账户涉税信息自动交换标准》的是（　　）。
   A. 联合国　　　　　　　　　C. 经济合作与发展组织
   B. 世界银行　　　　　　　　D. 世界贸易组织

4. 下列不属于法人居民身份一般判定标准的是（　　）。
   A. 注册地标准　　　　　　　B. 办公场所标准
   C. 控股权标准　　　　　　　D. 总机构所在地标准

5. 按照居民税收管辖权的国际惯例，自然人居民身份的一般判定标准不包括（　　）。
   A. 住所标准　　　　　　　　B. 居所标准
   C. 停留时间标准　　　　　　D. 籍贯标准

6. 适用于母子公司的经营方式的税收抵免方法是（　　）。
   A. 逆向抵免法　　B. 追溯抵免法　　C. 直接抵免法　　D. 间接抵免法

7. 根据企业所得税相关规定，预约定价安排中确定关联交易价格采取的方法是（　　）。
   A. 中位数法　　B. 百分位数法　　C. 八分位数法　　D. 四分位数法

8. 根据《非居民金融账户涉税信息尽职调查管理办法》的规定，下列各项中属于消极非金融机构的是（　　）。
   A. 上市公司及其关联机构
   B. 仅为了持有非金融机构股权而设立的控股公司

C. 上一公历年度内，股息收入占总收入 50% 以上的非金融机构

D. 上一公历年度末，其股票资产占总资产 20% 以上的非金融机构

9. FATCA 要求外国机构向美国税务机关报告美国账户持有人信息，若外国机构不遵守 FATCA，美国将对外国机构来源于美国的所得和收入扣缴（　　）的惩罚性预提所得税。

  A. 20%   B. 30%   C. 40%   D. 50%

10. 国际税收的实质是（　　）。

  A. 跨国集团间的收入分配关系的协调

  B. 跨国企业间的税收分配关系和税收协调关系

  C. 国家内部的税收分配关系和税收协调关系

  D. 国家之间的税收分配关系和税收协调关系

11. 两个或两个以上的主权国家或地区，为了协调相互之间的税收分配关系，本着对等的原则，在有关税收事务方面通过谈判签订的一种书面协议，是指（　　）。

  A. 税收饶让协定   B. 国际税收协定

  C. 避免对所得双重征税协定 D. 税收管辖权的协定

12. 下列关于非居民纳税人享受税收协定待遇的税务管理规定的表述，不正确的是（　　）。

  A. 非居民纳税人自行申报的，应当自行判断能否享受协定待遇，如实申报并报送相关报告表和资料

  B. 非居民纳税人享受税收协定财产收益、演艺人员和运动员、其他所得条款待遇的，应当在每次纳税申报时，向主管税务机关报送相关报告表和资料

  C. 非居民纳税人填报或报送的相关资料原件为外文文本的，可以不用提供中文译本

  D. 非居民纳税人自行申报的，应当就每一个经营项目、营业场所或劳务项目分别向主管税务机关报送规定的报告表和资料

13. 下列各项中，按照属人原则确立税收管辖权，被大多数国家所采用的是（　　）。

  A. 地域管辖权   B. 居民管辖权

  C. 公民管辖权   D. 国籍管辖权

14. 下列关于国际税收的表述中，不正确的是（　　）。

  A. 国际重复征税、国际双重不征税、国际避税与反避税、国际税收合作是常见的国际税收问题和税收现象

  B. 国家间对商品服务、所得、财产课税的制度差异是国际税收产生的基础

  C. 国际税收中性原则可以从来源国和居住国两个角度进行衡量

  D. 国际税收的基本原则分为单一课税原则和国际税收中性原则两类

二、多项选择题

1. 下列不利于对申请人"受益所有人"身份的判定的因素有（　　）。

A. 申请人有义务在收到所得的12个月内将所得的50%以上支付给第三国（地区）居民

B. 申请人从事的经营活动不构成实质性经营活动

C. 缔约对方国家（地区）对有关所得不征税或免税，或征税但实际税率极低

D. 在利息据以产生和支付的贷款合同之外，存在债权人与第三人之间在数额、利率和签订时间等方面相近的其他贷款或存款合同

2. 下列关于《经合组织范本》的表述中，正确的有（　　）。

A. 主导思想强调的是居民税收管辖权

B. 注重扩大收入来源国的税收管辖权

C. 多为发展中国家所采用作为签订税收协定的依据

D. 其主要目的是为了促进经合组织成员国之间国际税收协定的签订

3. 在中国境内未设立机构、场所的非居民企业从中国境内取得的收入，按全额作为企业所得税应纳税所得额的有（　　）。

A. 担保收入　　　　　　　　C. 租金收入

B. 特许权使用费收入　　　　D. 融资租赁收入

4. 企业按税务机关要求提供其关联交易的同期资料时，年度关联交易金额符合下列（　　）条件，应当准备本地文档。

A. 有形资产所有权转让金额超过1亿元

B. 金融资产转让金额超过2亿元

C. 无形资产所有权转让金额超过1亿元

D. 其他关联交易金额合计超过4 000万元

5. 企业与其关联方签署成本分摊协议，有下列（　　）情形时其自行分摊的成本不得税前扣除。

A. 不具有合理商业目的和经济实质

B. 没有遵循成本与收益配比原则

C. 不符合独立交易原则

D. 自签署成本分摊协议之日起经营期限少于20年

6. 下列关于税收情报交换的表述中，正确的有（　　）。

A. 税收情报应作密件处理

B. 税收情报涉及的事项可以溯及税收协定生效并执行之前

C. 我国从缔约国主管当局获取的税收情报可以作为税收执法行为的依据

D. 税收情报交换在税收协定规定的权利和义务范围内进行

7. 下列说法正确的是（　　）。

A. 可比非受控价格法，适用于所有类型的关联交易

B. 再销售价格法，适用于再销售者未对商品进行改变外形、性能、结构或更换商标等实质性增值加工的简单加工或单纯购销业务

C. 成本加成法，适用于有形资产购销、转让和使用，劳务提供或资金融通的关联交易

D. 利润分割法，适用于各参与方关联交易高度整合且难以单独评估各方交易结果的情况

8. 下列属于国际税收合作形式的有（   ）。

A. 情报交换
B. 征管互助
C. 税务工作人员国际交流与培训
D. 对跨国纳税人提供纳税服务

9. 根据行使征税权力的原则和税收管辖范围、内容的不同，目前世界上的税收管辖权可以分为（   ）。

A. 地域管辖权
B. 居住地管辖权
C. 居民管辖权
D. 公民管辖权

10. 国际上判定一个公司是否属于一国法人居民的一般判定标准包括（   ）。

A. 注册地标准
B. 总机构所在地标准
C. 控股权标准
D. 主要营业活动所在地标准

11. 在特别纳税调整中，对企业实施不具有合理商业目的而获取税收利益的避税安排，税务机关有权实施的调整方法有（   ）

A. 对安排的全部或部分交易重新定性
B. 在税收上否定交易方的存在
C. 将交易与其他交易方视为同一实体
D. 对相关所得、扣除、税收优惠及境外税收抵免等重新定性

12. 下列关于国际税收合作的说法，正确的有（   ）。

A. 保险公司之间的补偿再保险合同无须开展尽职调查
B. 控制是指直接或者间接拥有机构50%以上的股权和表决权
C. 存款账户和托管账户属于金融账户
D. 上市公司及其关联机构不属于消极非金融机构

13. 国际税法原则包括（   ）。

A. 优先征税原则
B. 国际税收地域保护原则
C. 独占征税原则
D. 税收分享原则

14. 在国际税收中，自然人居民身份的判定标准有（   ）。

A. 住所标准
B. 居所标准
C. 停留时间标准
D. 家庭所在地标准

15. 下列关于国际避税与反避税的表述，错误的有（   ）。

A. 国际避税地也称避税港、税务天堂、税收避难所，是指能够为纳税人提供某种合法避税机会的国家和地区
B. 利用避税港中介公司避税是跨国公司进行国际避税的重要工具
C. 跨国公司在高税国投资常利用转让定价手段进行避税

D. 转让定价调整是国际反避税的一种基本方法

16. 依据中国与新加坡签订的税收协定，贷款人分担债务人公司风险的判定因素有（　　）。

    A. 该贷款的偿还次于其他贷款人的债权或股息的支付
    B. 所签订的贷款合同对偿还日期作出明确的规定
    C. 利息的支付水平取决于公司的利润
    D. 债务人支付给债权人高额利息

17. 对于跨国自然人受雇于某一国而在该国取得的报酬如何确定其来源地，目前，国际上通常采用的标准有（　　）。

    A. 停留期间标准　　　　　　　　B. 固定基地标准
    C. 所得支付者标准　　　　　　　D. 所得获得者标准

18. 下列申请人从中国取得的所得为股息时，可不根据规定的因素进行综合分析，直接判定申请人具有"受益所有人"身份的有（　　）。

    A. 缔约对方政府
    B. 缔约对方居民且在缔约对方上市的公司
    C. 缔约对方居民且未在缔约对方上市的公司
    D. 缔约对方居民个人

19. 下列款项中，不能作为可抵免境外所得税税额的有（　　）。

    A. 按照税收协定规定不应征收的境外所得税税款
    B. 因少缴或迟缴境外所得税而追加的利息
    C. 在与我国签订税收饶让协定的国家享受减税待遇所减征的境外所得税税款
    D. 境外所得税纳税人从境外征税主体得到实际返还的境外所得税税款

20. 根据《非居民金融账户涉税信息尽职调查管理办法》的规定，下列各项中不属于消极非金融机构的有（　　）。

    A. 非营利组织
    B. 成立时间不足24个月且尚未开展业务的企业
    C. 政府机构
    D. 正处于资产重组过程中的企业

三、计算问答题

我国境内某机械制造企业，适用企业所得税税率为25%。2018年境内产品销售收入4 000万元，销售成本2 000万元，缴纳税金及附加20万元，销售费用700万元（其中广告费620万元），管理费用500万元，财务费用80万元，取得境外分支机构税后经营所得9万元，分支机构所在国企业所得税税率为20%，该分支机构享受了该国减半征收所得税的优惠。（本题不考虑预提所得税和税收饶让的影响，企业采用"分国不分项"的方法计算税额抵免。）

（1）分国限额法抵免限额 =（国内外应税所得额之和×居住国所得税率）×（某一

外国应税所得÷国内外应纳税所得额之和)。

（2）综合限额法抵免限额=（国内外应纳税所得额之和×居住国所得税率）×（国外应税所得之和÷国内外应纳税所得额之和)。

（3）分项限额法抵免限额=（国内外应纳税所得额之和×居住国所得税率）×（国外某一专项所得÷国内外应纳税所得额之和)。

根据上述资料，回答以下问题：

（1）该企业2018年来源于境外的应纳税所得额。

（2）该企业2018年境外所得的抵免限额。

（3）该企业2018年来源于境内的应纳税所得额。

（4）该企业2018年实际应缴纳企业所得税。

参考答案及解析

一、单项选择题

1. 【答案】C

【解析】最终居民身份判定标准的顺序是：永久性住所、重要利益中心、习惯性居处、国籍。

2. 【答案】D

【解析】境内机构和个人向境外单笔支付等值5万美元以上（不含等值5万美元）下列外汇资金，除无须进行税务备案的情形外，均应向所在地主管税务机关进行税务备案：

（1）境外机构或个人从境内获得的包括运输、旅游、通信、建筑安装及劳务承包、保险服务、金融服务、计算机和信息服务、专有权利使用和特许、体育文化和娱乐服务、其他商业服务、政府服务等服务贸易收入；

（2）境外个人在境内的工作报酬，境外机构或个人从境内获得的股息、红利、利润、直接债务利息、担保费以及非资本转移的捐赠、赔偿、税收、偶然性所得等收益和经常转移收入；

（3）境外机构或个人从境内获得的融资租赁租金、不动产的转让收入、股权转让所得以及外国投资者其他合法所得；外国投资者以境内直接投资合法所得在境内再投资单笔5万美元以上的，也应该按照规定进行税务备案。

3. 【答案】C

【解析】经济合作与发展组织（OECD）于2014年7月发布了《金融账户涉税信息自动交换标准》。

4. 【答案】B

【解析】法人居民身份一般有下列几个标准：注册地标准、实际管理机构与控制中心所在地标准、总机构所在地标准、控股权标准、主要营业活动所在地标准。

5. 【答案】D

【解析】自然人居民身份的一般判定标准包括住所标准、居所标准和停留时间标准。

6. 【答案】D

【解析】适用于母子公司的经营方式的税收抵免方法是间接抵免法。

7. 【答案】D

【解析】根据企业所得税相关规定，预约定价安排中确定关联交易价格采取的方法是四分位数法。

8. 【答案】C

【解析】消极非金融机构是指符合下列条件之一的机构：
（1）上一公历年度内，股息、利息、租金、特许权使用费收入等不属于积极经营活动的收入，以及据以产生前述收入的金融资产的转让收入占总收入比重50%以上的非金融机构；（2）上一公历年度末，拥有可以产生第①项所述收入的金融资产占总资产比重50%以上的非金融机构；（3）税收居民国（地区）不实施金融账户涉税信息自动交换标准的投资机构。

9. 【答案】B

【解析】FATCA要求外国机构向美国税务机关报告美国账户持有人信息，若外国机构不遵守FATCA，美国将对外国机构来源于美国的所得和收入扣缴30%的惩罚性预提所得税。

10. 【答案】D

【解析】国际税收的实质是国家之间的税收分配关系和税收协调关系。

11. 【答案】B

【解析】国际税收协定，是指两个或两个以上的主权国家或地区，为了协调相互之间的税收分配关系，本着对等的原则，在有关税收事务方面通过谈判签订的一种书面协议。

12. 【答案】C

【解析】非居民纳税人填报或报送的资料应采用中文文本。相关资料原件为外文文本的，应当同时提供中文译本。

13. 【答案】B

【解析】居民管辖权是按照属人原则确立税收管辖权，被大多数国家所采用。

14. 【答案】D

【解析】国际税收的基本原则包括单一课税原则、受益原则和国际税收中性原则。国际税法原则包括优先征税原则、独占征税原则、税收分享原则和无差异原则等。

二、多项选择题

1. 【答案】ABCD

【解析】除以上四个选项之外，不利于对申请人"受益所有人"身份判定的因素还包括在特许权使用费据以产生和支付的版权、专利、技术等使用权转让合同之外，存在申请人与第三人之间在有关版权、专利、技术等的使用权或所有权方面的转让合同。

2. 【答案】AD

【解析】选项B，《联合国范本》注重扩大收入来源国的税收管辖权；选项C，发展中国家多采用《联合国范本》作为签订税收协定的依据。

3. 【答案】ABC

【解析】税法规定，非居民企业在中国境内未设立机构、场所的，转让财产所得、融资租赁所得，以收入全额减除财产净值后的余额为应纳税所得额。选项A、B、C符合上述以收入全额作为应税所得的规定。

4. 【答案】CD

【解析】选项A，应当是有形资产所有权转让金额超过2亿元；选项B，应当是金融资产转让金额超过1亿元。

5. 【答案】ABCD

【解析】企业与其关联方签署成本分摊协议，存在五种情形之一的，其自行分摊的成本不得税前扣除。除上述四项外，还有未按本办法有关规定备案或准备、保存和提供有关成本分摊协议的同期资料。

6.【答案】ABCD

【解析】选项 A，税收情报应作密件处理。制作、收发、传递、使用、保存或销毁税收情报，应按照规定执行；选项 B，情报交换应在税收协定生效并执行以后进行，税收情报涉及的事项可以溯及税收协定生效并执行之前；选项 C，我国从缔约国主管当局获取的税收情报可以作为税收执法行为的依据，并可以在诉讼程序中出示；选项 D，情报交换在税收协定规定的权利和义务范围内进行。

7.【答案】ABCD

【解析】以上四个选项均正确。

8.【答案】AB

【解析】国际税收合作主要包括情报交换和征管互助。

9.【答案】ACD

【解析】根据行使征税权力的原则和税收管辖范围、内容的不同，目前世界上的税收管辖权分为三类：地域管辖权、居民管辖权和公民管辖权。

10.【答案】ABCD

【解析】判定一个公司（或企业、单位）是否属于一国的法人居民，一般有下列几个标准：注册地标准、实际管理机构与控制中心所在地标准、总机构所在地标准，控股权标准、主要营业活动所在地标准。

11.【答案】ABCD

【解析】税务机关对企业的避税安排应当以具有合理商业目的和经济实质的类似安排为基准，按照实质重于形式的原则实施特别纳税调整。调整方法包括：（1）对安排的全部或者部分交易重新定性；（2）在税收上否定交易方的存在，或者将该交易方与其他交易方视为同一实体；（3）对相关所得、扣除、税收优惠、境外税收抵免等重新定性或者在交易各方间重新分配；（4）其他合理方法。

12.【答案】ABCD

以上四个选项均正确。

13.【答案】ACD

【解析】国际税法原则包括优先征税原则、独占征税原则、税收分享原则和无差异原则等。国际税收的基本原则包括单一课税原则、受益原则和国际税收中性原则。

14.【答案】ABC

【解析】自然人居民身份的判定标准有：住所标准、居所标准、停留时间标准。

15.【答案】BC

【解析】选项 B，转让定价是跨国公司进行国际避税的重要工具；选项 C，跨国公司在高税国投资常利用资本弱化手段进行避税。

16.【答案】AC

【解析】对贷款人是否分担企业风险的判定通常可考虑如下因素：
（1）该贷款大大超过企业资本中的其他投资形式，并与公司可变现资产严重不符。（2）债权人将分享公司的任何利润。（3）该贷款的偿还次于其他贷款人的债权或股息的支付。（4）利息的支付水平取决于公司的利润。（5）所签订的贷款合同没有对具体的偿还日期作出明确的规定。

17.【答案】AC

【解析】对于跨国自然人受雇于某一国而在该国取得的报酬如何确定其来源地，目前，国际上通常采用以下两种标准：（1）停留期间标准；（2）所得支付者标准。

独立个人劳务所得标准：①固定基地标准；②停留期间标准；③所得支付地标准。董事费：国际上通行的做法是按照所得支付地标准确认支付董事费的公司所在国有权征税。跨国从事演出、表演或参加比赛的演员、艺术家和运动员，国际上通行的做法是：均由活动所在国行使收入来源地管辖权征税。

18.【答案】ABD

【解析】下列申请人从中国取得的所得为股息时，可不根据国家税务总局2018年第9号公告第二条规定的因素进行综合分析，直接判定申请人具有"受益所有人"身份：（1）缔约对方政府；（2）缔约对方居民且在缔约对方上市的公司；（3）缔约对方居民个人；（4）申请人被第（1）至（3）项中的一人或多人直接或间接持有100%股份，且间接持有股份情形下的中间层为中国居民或缔约对方居民。

19.【答案】ABD

【解析】不应作为可抵免境外所得税税额的情形：（1）按照境外所得税法律及相关规定属于错缴或错征的境外所得税税款。（2）按照税收协定规定不应征收的境外所得税税款。（3）因少缴或迟缴境外所得税而追加的利息、滞纳金或罚款。（4）境外所得税纳税人或者其利害关系人从境外征税主体得到实际返还或补偿的境外所得税税款。（5）按照我国《企业所得税法》及其实施条例规定，已经免征我国企业所得税的境外所得负担的境外所得税税款。（6）按照国务院财政、税务主管部门有关规定已经从企业境外应纳税所得额中扣除的境外所得税税款。

20.【答案】ABCD

【解析】下列非金融机构不属于消极非金融机构：（1）上市公司及其关联机构；（2）政府机构或者履行公共服务职能的机构；（3）仅为了持有非金融机构股权或者向其提供融资和服务而设立的控股公司；（4）成立时间不足24个月且尚未开展业务的企业；（5）正处于资产清算或者重组过程中的企业；（6）仅与本集团（该集团内机构均为非金融机构）内关联机构开展融资或者对冲交易的企业；（7）非营利组织。

三、计算问答题

【答案及解析】

（1）来源于境外的应纳税所得额 = 9÷（1-20%×50%）= 10（万元）。

（2）境外所得抵免限额 = 10×25% = 2.5（万元）。

（3）广告费扣除限额 = 4 000×15% = 600（万元），实际发生620万元，超标纳税调增20万元。来源于境内的应纳税所得额 = 4 000 - 2000 - 20 - 700 - 500 - 80 + 20 = 720（万元）。

（4）不考虑预提所得税和税收饶让，实际应缴纳企业所得税 =（720 + 10）×25% - 10×10% = 181.5（万元）。

第十三章 税收征收管理法

一、单项选择题

1. 下列税费征收管理，符合《中华人民共和国税收征收管理法》的是（　　）。
   A. 关税
   B. 房产税
   C. 教育费附加
   D. 海关代征增值税

2. 企业发生的下列情形中，应当办理注销税务登记的是（　　）。
   A. 改变生产经营方式
   B. 改变行政隶属关系
   C. 住所迁移涉及主管税务机关的变动
   D. 减少注册资本

3. 下列关于税款扣缴制度的表述中，正确的是（　　）。
   A. 代扣税款手续费可以由税务所统一办理退库手续
   B. 个人收到的个人所得税扣缴手续费，应计征个人所得税
   C. 对扣缴义务人未履行扣缴义务的，可处以应扣未扣税款50%以上3倍以下的罚款
   D. 扣缴义务人履行扣缴义务时，可从所扣缴的税款中减除扣缴手续费后再上交税务机关

4. 纳税人在本省税务机关管辖区域内跨县（市）经营，是否开具《外管证》由（　　）自行确定。
   A. 县级税务局　　B. 市级税务局　　C. 省级税务局　　D. 国家税务总局

5. 下列关于税收强制执行措施的表述中，正确的是（　　）。
   A. 税收强制执行措施不适用于扣缴义务人
   B. 作为家庭唯一代步工具的轿车，不在税收强制执行的范围之内
   C. 税务机关采取强制执行措施时，可对纳税人未缴纳的滞纳金同时强制执行
   D. 税务机关可对未按期缴纳工薪收入个人所得税的个人实施税收强制执行措施

6. 税务机关采取税收保全措施的期限，一般不得超过6个月，重大案件需要延长的，应报经批准。有权批准的税务机关是（　　）。
   A. 县级税务局
   B. 市级税务局
   C. 省级税务局
   D. 国家税务总局

7. 下列关于退还纳税人多缴税款的表述中，正确的是（　　）。
   A. 纳税人发现多缴税款但距缴款日期已超过3年的，税务机关不再退还多缴税款
   B. 税务机关发现多缴税款的，在退还税款的同时，应一并计算银行同期存款利息
   C. 税务机关发现多缴税款但距缴款日期已超过3年的，税务机关不再退还多缴税款
   D. 纳税人发现当年预缴企业所得税款超过应缴税额的，可要求退款并加计银行同期存款利息

8. 根据《税收征收管理法》中延期缴纳税款制度的规定，下列表述中正确的是（   ）。

   A. 批准的延期期限内加收滞纳金

   B. 延期缴纳的同一笔税款不得滚动审批

   C. 延期缴纳税款的期限最长不得超过30天

   D. 延期缴纳税款必须经县级税务机关批准

二、多项选择题

1. 下列方法中，属于税务检查方法的有（   ）

   A. 全查法　　　　B. 抽查法　　　　C. 外调法　　　　D. 现场检查法

2. 税收滞纳金征收制度，说法正确的有（   ）。

   A. 纳税人因有特殊困难，不能按期缴纳税款的，经省、自治区、直辖市税务局批准，可以延期缴纳税款期间，不缴纳滞纳金

   B. 纳税人未按照规定期限缴纳税款的，扣缴义务人未按照规定期限解缴税款的，税务机关除责令限期缴纳外，从滞纳税款之日起，按日加收滞纳税款万分之五的滞纳金

   C. 对纳税人、扣缴义务人、纳税担保人应缴纳的欠税及滞纳金不再要求同时缴纳，可以先行缴纳欠税，再依法缴纳滞纳金

   D. 法律、行政法规规定或者税务机关依照法律、行政法规的规定确定的税款缴纳期限届满次日起至纳税人、扣缴义务人实际缴纳或者解缴税款之次日止

3. 具有特殊情形的企业不得作为纳税保证人。下列各项属于该特殊情形的有（   ）。

   A. 有欠税行为的

   B. 与纳税人存在担保关联关系的

   C. 纳税信用等级被评为C级以下的

   D. 因有税收违法行为正在被税务机关立案处理的

4. 某房地产开发企业被税务机关要求提供纳税担保，该企业拥有的下列资产中，可以用作纳税抵押品的有（   ）。

   A. 小轿车　　　　B. 写字楼　　　　C. 库存钢材　　　　D. 土地所有权

参考答案及解析

一、单项选择题

1.【答案】B

【解析】教育费附加属于费用，不适用征管法；海关征收的增值税税和关税不适用征管法。

2.【答案】C

【解析】选项A、B、D属于变更税务登记的范围。

3. 【答案】C

【解析】选项A，代扣、代收税款手续费只能由县（市）以上税务机关统一办理退库手续，不得在征收税款过程中坐支；选项B，个人收到的个人所得税扣缴手续费，不计征个人所得税；选项D，扣缴义务人履行扣缴义务时，不可从所扣缴的税款中减除扣缴手续费。

4. 【答案】C

【解析】根据2016年国家税务总局关于优化《外出经营活动税收管理证明》相关制度和办理流程的意见，纳税人在省税务机关管辖区域内跨县（市）经营，是否开具《外管证》由省税务机关自行确定。

5. 【答案】C

【解析】本题考核税收强制执行措施的有关规定。税收强制执行不仅适用于纳税人，还适用于扣缴义务人，故选项A不正确；作为家庭使用的轿车，也在强制执行的范围内，因此选项B不正确；税务机关不可以对未按期缴纳工薪收入的个人所得税的个人实施税收强制执行措施。

6. 【答案】D

【解析】税务机关采取税收保全措施的期限一般不得超过6个月；重大案件需要延长的，应当报国家税务总局批准。

7. 【答案】A

【解析】选项B，税务机关发现的，没有加算银行同期存款利息的规定。选项C，税务机关发现的多缴税款，《征管法》没有规定多长时间内可以退还。法律没有规定期限的，推定为无限期。因此，税务机关发现的多缴税款，无论多长时间，都应当退还给纳税人。选项D，不得加算银行同期存款利息。

8. 【答案】B

【解析】选项A，税务机关不予批准的延期纳税，从缴纳税款期限届满次日起加收滞纳金。经批准的延期纳税，在批准的延期期限内免予加收滞纳金；选项B，同一笔税款不得滚动审批；选项C、D，纳税人因特殊困难不能按期缴纳税款的，经县以上税务机关批准，可延期缴纳税款，但最长不得超过3个月。

二、多项选择题

1. 【答案】ABCD

【解析】税务检查的方法有：全查法、抽查法、顺查法、逆查法、现场检查法、调账检查法、比较分析法、控制计算法、审阅法、核对法、观察法、外调法、盘存法、交叉稽核法。

2. 【答案】ABC

【解析】法律、行政法规规定或者税务机关依照法律、行政法规的规定确定的税款缴纳期限届满次日起至纳税人、扣缴义务人实际缴纳或者解缴税款之日止。

3. 【答案】ABCD

【解析】有以下情形之一的，不得作为纳税保证人：有偷税、抗税、骗税、逃避追缴欠税行为被税务机关、司法机关追究过法律责任未满2年的；因有税收违法行为正在被税务机关立案处理或涉嫌刑事犯罪被司法机关立案侦查的；纳税信誉等级被评为C级以下的；在主管税务机关所在地的市（地、州）没有住所的自然人或税务登记不在本市（地、州）的企业；无民事行为能力或限制民事行为能力的自然人；与纳税人存在担保关联关系的；有欠税行为的。

4. 【答案】ABC

【解析】不得抵押的财产共8项：（1）土地所有权。（2）土地使用权，抵押范围规定的除外。（3）

学校、幼儿园、医院等以公益为目的的事业单位、社会团体、民办非企业单位的教育设施、医疗卫生设施和其他社会公益设施；以外的财产可作应缴纳的税款及滞纳金提供抵押。(4) 所有权、使用权不明或者有争议的财产。(5) 依法被查封、扣押、监管的财产。(6) 依法定程序确认为违法、违章的建筑物。(7) 法律、行政法规规定禁止流通的财产或者不可转让的财产。(8) 经设区的市、自治州以上税务机关确认的其他不予抵押的财产。

第十四章 税务行政法制

一、单项选择题

1. 下列关于税务行政处罚的设定中,正确的是( )。
   A. 国务院可以通过法律的形式设定各种税务行政处罚
   B. 国家税务总局可以通过规章的形式设定警告和罚款
   C. 地方人大可以通过法律的形式设定各种税务行政处罚
   D. 省税务机关可以设定税务行政处罚的规范性文件

2. 下列税务行政处罚情形中,当事人可以在税务机关作出税务行政处罚决定之前要求听证的是( )。
   A. 某公司被处以5 000元罚款
   B. 某中国公民被处以500元罚款
   C. 某合伙企业被处以1 500元罚款
   D. 某非营利组织被处以15 000元罚款

3. 下列关于税务行政处罚权的表述中,正确的是( )。
   A. 省税务局可以通过规范性文件的形式设定警告
   B. 国家税务总局可以通过规章的形式设定一定限额的罚款
   C. 省以下税务局的稽查局不具有税务行政处罚主体资格
   D. 作为税务机关派出机构的税务所不具有税务行政处罚主体资格

4. 某国有企业因有违反税收征收管理法的行为,被税务机关处以8 000元的罚款。假定该企业收到税务行政处罚决定书的时间为2020年5月1日,则该企业6月5日缴纳罚款时的总金额为( )元。
   A. 8 000   B. 9 200   C. 13 040   D. 16 640

5. 税务机关做出的下列行政行为,纳税人不服时可以申请行政复议也可以直接向人民法院提起行政诉讼的是( )。
   A. 罚款
   B. 加收滞纳金
   C. 确认抵扣税款
   D. 确认征收范围

6. 纳税人对税务机关作出的下列行政行为不服时,应当先向行政复议机关申请复议后,才可以向人民法院提起行政诉讼的是( )。
   A. 加收滞纳金
   B. 税收保全措施
   C. 处以税款50%的罚款
   D. 强制执行措施

二、多项选择题

1. 税务机关实施的下列具体行政行为中,属于税务行政处罚的有( )。

A. 罚款
C. 没收违法所得
B. 收缴发票
D. 停止出口退税权

2. 下列原则中，属于税务行政诉讼的原则有（　　）。

A. 合法性审查原则
C. 纳税人负举证责任原则
B. 不适用调解原则
D. 由税务机关负责赔偿原则

3. 下列各项中，属于税务行政处罚权力清单包括的处罚权力事项有（　　）。

A. 账簿凭证管理类
C. 纳税申报类
B. 税务文书类
D. 税务检查类

4. 根据现行税务行政处罚规定，下列属于税务行政处罚的有（　　）。

A. 行政罚款
C. 没收财物违法所得
B. 加收滞纳金
D. 停止出口退税权

参考答案及解析

一、单项选择题

1. 【答案】B

【解析】选项 A，应该是全国人大及其常委会；选项 C，应该是全国人大及其常委会；选项 D，省税务机关可以制定规范性文件，但无行政处罚的设定权。

2. 【答案】D

【解析】税务行政处罚听证的范围是对公民作出 2000 元以上，或者对法人或其他组织作出 1 万元以上罚款的案件。

3. 【答案】B

【解析】国家税务总局可以通过规章的形式设定警告和罚款，省地方税务局没有这样的权利，因此，选项 A 不正确；省级以下税务局的稽查局具有税务行政处罚主体资格，因此，选项 C 不正确；税务所可以在特别授权的情况下实施罚款 2 000 元以下的税务行政处罚。

4. 【答案】C

【解析】税务机关对当事人作出罚款行政处罚决定的，当事人应当在收到行政处罚决定书之日起 15 日内缴纳罚款，到期不缴纳的，税务机关可以对当事人每日按罚款数额的 3% 加处罚款。该企业在 2020 年 6 月 5 日缴纳罚款时的总金额 =（16 + 5）× 8 000 × 3% + 8 000 = 13 040（元）。

5. 【答案】A

【解析】选项 A，属于税务行政处罚行为，纳税人对税务机关做出的税务行政处罚行为不服的，可以申请行政复议也可以直接向人民法院提起行政诉讼；选项 B、C、D，属于征税行为，纳税人对税务机关做出的征税行为不服的必须先申请行政复议。

6. 【答案】A

【解析】选项 A，属于税务机关作出的征税行为，申请人对其不服的，行政复议是行政诉讼必经前置程序；选项 B、C、D，行政复议不是行政诉讼必经前置程序。

二、多项选择题

1. 【答案】ACD

【解析】根据本章提到的税法规定，税务行政处罚主要有3种：（1）罚款；（2）没收财务非法所得；（3）停止出口退税权。

2. 【答案】ABD

【解析】税务行政诉讼的原则包括：（1）人民法院特定主管原则；（2）合法性审查原则；（3）不适用调解原则；（4）起诉不停止执行原则；（5）税务机关负举证责任原则；（6）由税务机关负责赔偿原则。

3. 【答案】ACD

【解析】税务行政处罚权力清单共包括3类8项处罚权力事项。其中，账簿凭证管理类3项，纳税申报类2项，税务检查类3项。

4. 【答案】ACD

【解析】现行的税务行政处罚种类主要有三种：（1）罚款；（2）没收财物违法所得；（3）停止出口退税权。

第三部分 模拟试卷

模拟试卷一

一、**单项选择题**（本题型共24小题，每小题1分，共24分）

1. 下列税种中，属于中央政府与地方政府共享收入的是（　　）。
   A. 车船税　　　B. 契税　　　C. 个人所得税　　　D. 土地增值税

2. 下列不属于增值税征税范围的有（　　）。
   A. 单位聘用的员工为本单位提供的运输业务
   B. 建筑图纸审核业务
   C. 免费为其他企业提供广告业务
   D. 房地产评估咨询公司提供的房地产评估业务

3. 企业生产销售的下列产品中，属于消费税征税范围的是（　　）。
   A. 铅蓄电池
   B. 电动汽车
   C. 体育用鞭炮药引线
   D. 售价为9 000元的手表

4. 2019年某公司给自有员工实际发放合理工资总额为1 000万元；公司生产部门接受外部劳务派遣员工6人，每人每月支付劳务费3 000元。假设公司当年发生的职工福利费为200万元，职工福利费应调增应纳税所得额（　　）万元。
   A. 54.96　　　B. 55.97　　　C. 56.98　　　D. 60.00

5. 依据企业所得税的相关规定，销售货物所得来源地的判定标准是（　　）。
   A. 销售货物的目的地
   B. 销售货物的企业所在地
   C. 销售货物的起运地
   D. 交易活动的发生地

6. 在商品营销活动中，企业和单位对营销业绩突出的非雇员（营销人员）以培训班、研讨会、工作考察等名义组织旅游活动，通过免收差旅费、旅游费对个人实行的营销业绩奖励，所发生的费用，该营销人员（　　）。
   A. 不缴纳个人所得税
   B. 按工资、薪金所得缴纳个人所得税
   C. 按劳务报酬所得缴纳个人所得税
   D. 按偶然所得缴纳个人所得税

7. 按现行个人所得税规定，下列选项中说法错误的是（　　）。
   A. 实行内部退养的个人在其办理内部退养手续后至法定离退休年龄之间从原任职单

位取得的工资、薪金，不属于离退休工资，应按"劳务报酬所得"项目计征个人所得税
B. 个人在办理内部退养手续后至法定离退休年龄之间重新就业取得的工资、薪金所得，应与其从原任职单位取得的同一月份的工资、薪金所得合并纳税
C. 个人在办理内部退养手续后从原任职单位取得的一次性收入，应按办理内部退养手续后至法定离退休年龄之间的所属月份进行平均，并与领取当月的工资、薪金所得合并后减除当月费用扣除标准，以余额为基数确定适用税率
D. 个人因办理提前退休手续而取得的一次性补贴收入，应按照办理提前退休手续至法定退休年龄之间所属月份平均分摊计算个人所得税

8. 位于市区的甲汽车厂，2019年5月实际缴纳增值税和消费税362万元，其中包括由位于县城的乙企业代收代缴的消费税30万元、进口环节增值税和消费税50万元、被税务机关查补的增值税12万元。补交增值税同时缴纳的滞纳金和罚款共计8万元。则甲厂本月应向所在市区税务机关缴纳的城市维护建设税为（　　）万元。
   A. 18.90　　　　B. 19.74　　　　C. 20.30　　　　D. 25.34

9. 下列各项中，应计入出口货物完税价格的有（　　）。
   A. 出口关税税额
   B. 货物在我国境内输出地点装载前的运输费用
   C. 货物在我国境内输出地点装载后的运输费用
   D. 货物运至我国境内输出地点装载后的保险费

10. 村民张某2018年起承包耕地面积3 000平方米。2019年将其中300平方米用于新建住宅，其余耕地仍和上年一样使用，即700平方米用于种植药材，2 000平方米用于种植水稻。当地耕地占用税税率为25元/平方米，张某应缴纳的耕地占用税为（　　）元。
    A. 3 750　　　　B. 7 500　　　　C. 12 500　　　　D. 25 000

11. 下列关于房产税纳税义务发生时间的表述中，正确的是（　　）。
    A. 纳税人出租房产，自交付房产之月起缴纳房产税
    B. 纳税人自行新建房屋用于生产经营，从建成之月起缴纳房产税
    C. 纳税人将原有房产用于生产经营，从生产经营之月起缴纳房产税
    D. 房地产开发企业自用本企业建造的商品房，自房屋使用之月起缴纳房产税

12. 某工业企业2018年2月自建的厂房竣工并投入使用。该厂房的原值为8 000万元，其中用于储存物资的地下室为800万元。假设房产原值的减除比例为30%，地下室应税原值为房产原值的60%。该企业2018年应缴纳房产税（　　）万元。
    A. 53.76　　　　B. 56.00　　　　C. 59.14　　　　D. 61.60

13. 征收机关参照土地使用权出售的市场价格核定计税依据的是（　　）。
    A. 土地使用权转让　　　　　　　　B. 土地使用权出让
    C. 土地使用权出售　　　　　　　　D. 土地使用权赠与

14. 下列各项中，不符合车船税征收管理规定的是（　　）。

A. 从事机动车第三者责任强制保险的保险机构，为机动车车船税的扣缴义务人
B. 车船税的纳税地点为车船所有人的住所所在地
C. 车船税纳税义务发生时间为取得车船所有权或者管理权的当月
D. 按年申报，分月计算，一次性缴纳

15. 加工承揽合同，下列各项关于计算印花税的表述中，不正确的是（   ）。
A. 委托方提供原材料，计税依据为原材料、加工费和辅料的合计数，按加工承揽合同的 0.5‰ 计税
B. 受托方提供原材料，分别记载加工费与原材料，加工费金额按加工承揽合同 0.5‰，原材料金额按购销合同的 0.3‰ 计税
C. 受托方提供原材料，未分别记载，全部金额依照加工承揽合同的 0.5‰ 计税
D. 委托方提供原材料；原材料不计税，计税依据为加工费和辅料的合计数，按加工承揽合同的 0.5‰ 计税

16. 甲、乙两家企业是关联企业。2019 年 1 月 1 日，乙企业从甲企业借款 3 000 万元，期限一年，双方约定按照金融企业同类同期贷款年利率 8% 结算利息，乙企业无其他关联方债权性投资。乙企业注册资本为 200 万元，所有者权益构成为实收资本 200 万元，资本公积 100 万元，未分配利润 -50 万元。则 2019 年不得扣除的关联方借款利息为（   ）万元。
A. 240   B. 192   C. 48   D. 0

17. 某企业对县税务局的征税行为不服，在缴纳税款之后，欲申请行政复议。根据有关法律、法规的规定，有管辖权的行政复议机关是（   ）。
A. 县人民政府   B. 县税务局   C. 市人民政府   D. 市税务局

18. 某汽车制造厂 2020 年 1 月将自产轿车 3 辆无偿捐赠，自产轿车 4 辆奖励给职工，将自产轿车 3 辆自用。该企业生产的上述轿车售价为 200 000 元/辆（不含增值税），国家税务总局对同类轿车未核定最低计税价格。该汽车制造厂应纳车辆购置税（   ）元。
A. 200 000   B. 140 000   C. 120 000   D. 60 000

19. 单位或个人取得下列收入中，不需要缴纳增值税的是（   ）。
A. 贷款利息   B. 存款利息
C. 票据贴现利息   D. 以货币资金投资取得的固定利润

20. 根据现行税法规定，下列消费品既征收增值税又征收消费税的是（   ）。
A. 外贸公司进口的啤酒
B. 日化厂将自产的高档化妆品移送用于生产护肤品
C. 汽车厂销售自产大轿车
D. 珠宝批发公司批发外购的金银镶嵌首饰

21. 甲企业持有乙企业 93% 的股权，共计 3 000 万股。2019 年 9 月丙企业决定收购甲企业所持有的乙企业全部股权，该股权每股计税基础为 10 元、收购日每股公允价值为 12 元。在收购中丙企业以公允价值为 32 400 万元的股权以及 3 600 万元银行存款作为支

付对价，假定该收购行为符合且企业选择特殊性税务处理，则甲企业股权转让的应纳税所得额为（　　）万元。

A. 300　　　　B. 600　　　　C. 5 400　　　　D. 6 000

22. 依据企业所得税的相关规定，企业接受县政府以股权投资方式投入的国有非货币性资产，应确定的计税基础是（　　）。

A. 政府确定的接收价值　　　　B. 该资产的公允价值
C. 该资产的账面净值　　　　　D. 该资产的账面原值

23. 中国公民李某2019年12月工资4 200元，12月除取得当月工资以外，还取得全年一次性奖金10 000元。李某2019年12月全年一次性奖金应缴纳个人所得税是（　　）元。（注：全年一次性奖金选择不并入综合所得计算个税。）

A. 256　　　　B. 300　　　　C. 458　　　　D. 165

24. 关于个人取得公务交通、通讯补贴收入征税的相关政策，下列表述中不正确的是（　　）。

A. 个人因公务用车和通讯制度改革而取得的公务用车、通信补贴收入，扣除一定标准的公务费用后，按照"工资、薪金所得"项目计征个人所得税
B. 按月发放通讯补贴收入的，并入当月"工资、薪金所得"计征个人所得税
C. 不按月发放公务交通补贴收入的，分解到所属月份并与该月份"工资、薪金所得"合并后计征个人所得税
D. 公务费用的扣除标准，由省级税务机关根据纳税人公务交通、通信费用的实际发生情况调查测算，报经国家税务总局批准后确定

二、多项选择题（本题型共14小题，每小题1.5分，共21分）

1. 下列各项税法原则中，属于税法适用原则的是（　　）。

A. 税收公平原则　　　　　　　B. 新法优于旧法原则
C. 实质课税原则　　　　　　　D. 程序优于实体原则

2. 下列各项中，符合消费税纳税地点规定的有（　　）。

A. 委托加工业务，由受托方向所在地主管税务机关代收代缴消费税税款
B. 委托个人加工的应税消费品，由委托方向其机构所在地或者居住地主管税务机关申报纳税
C. 进口的应税消费品，由进口人或者其代理人向报关地海关申报纳税
D. 纳税人到外县（市）销售或委托外县（市）代销自产应税消费品的，于应税消费品销售后，向机构所在地或者居住地主管税务机关申报纳税

3. 下列关于缴纳消费税适用计税依据的表述中，正确的有（　　）。

A. 委托加工应税消费品应当首先以受托人同类消费品销售价格作为计税依据
B. 换取生产资料的自产应税消费品应以纳税人同类消费品平均价格作为计税依据
C. 作为福利发放的自产应税消费品应以纳税人同类消费品最高价格作为计税依据
D. 投资入股的自产应税消费品应以纳税人同类应税消费品最高售价作为计税依据

4. 下列营改增一般纳税人中，可选择按简易计税方法缴纳增值税的有（   ）。
   A. 提供公共交通运输服务   B. 清包工
   C. 动漫企业   D. 收派服务

5. 根据企业所得税相关规定，下列企业属于居民企业的是（   ）。
   A. 依法在中国境内成立的外商投资企业
   B. 依法在境外成立但实际管理机构在中国境内的外国企业
   C. 在中国境内未设立机构、场所，但有来源于中国境内所得的外国企业
   D. 在中国境内未设立机构、场所且没有来源于中国境内所得的外国企业

6. 下列各项中，关于教育费附加和地方教育附加的表述正确的有（   ）。
   A. 教育费附加和地方教育附加征收比率均为3%
   B. 对海关进口的产品征收增值税、消费税，但不征收教育费附加
   C. 代扣代缴、代收代缴增值税、消费税的单位和个人，同时也是城市维护建设税的代扣代缴、代收代缴义务人，其城建税的纳税地点在代扣代收地
   D. 外商投资企业和外国企业也要缴纳

7. 下列船舶中，免征船舶吨税的有（   ）。
   A. 养殖渔船   B. 非机动驳船
   C. 军队征用的船舶   D. 应纳税额为人民币100元的船舶

8. 下列关于水资源税征收管理的表述中，正确的是（   ）。
   A. 除农业生产取用水外，水资源税按季或按月征收，由主管税务机关根据实际情况确定。对超过规定限额的农业生产取用水水资源税可按年征收
   B. 水资源税的纳税义务发生时间为纳税人取用水资源的当日
   C. 纳税人应当自纳税期满或者纳税义务发生之日起15日内申报缴纳水资源税
   D. 水资源税不能按固定期限计算纳税的，可以按次申报纳税

9. 下列关于环境保护税计税依据的表述中，正确的是（   ）。
   A. 应税大气污染物按照污染物排放量折合的污染当量数确定
   B. 应税水污染物按照污染物排放量折合的污染当量数确定
   C. 应税固体废物按照固体废物的排放量确定
   D. 应税噪声按照超过国家规定标准的分贝数确定

10. 下列关于城镇土地使用税减免税法中，正确的有（   ）。
    A. 国家拨付事业经费和企业办的学校、医院、托儿所、幼儿园，其用地能与企业其他用地明确区分的，免征城镇土地使用税
    B. 城镇土地使用税征税范围内单独建造的地下建筑物用地，减半征收
    C. 企业内绿化用地，免税
    D. 专营农产品的农贸市场用地，免税

11. 下列关于《海外账户税收遵从法案》的表述中，正确的是（   ）。
    A. 《海外账户税收遵从法案》规定举证责任最终由纳税人承担

B. 《海外账户税收遵从法案》的主要目的是追查全球企业避税情况

C. 根据《海外账户税收遵从法案》被认定为"不合作账户持有人"将被扣缴30%的预提所得税

D. 《海外账户税收遵从法案》仅适用于美国境内

12. 关于纳税信用评估，说法准确的有（   ）。

A. 纳税信用评价采取年度评价指标得分和直接判级方式

B. 纳税信用级别 A、B、M、C、D 五级

C. 税务机关每年4月确定上一年度纳税信用评价结果，并为纳税人提供自我查询服务

D. 税务机关对纳税人的纳税信用级别实行动态调整

13. 不存在欠税情形是指纳税人在税收征管信息系统中，不存在应申报未申报记录且无应缴未缴的税款，应缴未缴的税款包括（   ）。

A. 办理纳税申报后，纳税人未在税款缴纳期限内缴纳的税款

B. 经批准延期缴纳的税款期限已满，纳税人未在税款缴纳期限内缴纳的税款

C. 税务机关检查已查定纳税人的应补税额，纳税人未缴纳的税款

D. 税务机关核定纳税人的应纳税额，纳税人未在税款缴纳期限内缴纳的税款

14. 税务行政复议期间发生的下列情形中，可导致行政复议中止的有（   ）。

A. 作为申请人的公民死亡，其近亲属尚未确定是否参加行政复议的

B. 作为申请人的法人或者其他组织终止，尚未确定权利义务承受人的

C. 作为申请人的公民死亡，没有近亲属，或者其近亲属放弃行政复议权利的

D. 作为申请人的法人或者其他组织终止，其权利义务的承受人放弃行政复议权利的

三、计算问答题（本题型共4小题，共24分）

1. 某企业为增值税一般纳税人，2019年9月经营状况如下：

（1）生产食用酒精一批，将其中的50%用于销售，开具的增值税专用发票注明金额10万元、税额1.3万元。

（2）将剩余50%的食用酒精作为酒基，加入食品添加剂调制成38度的配制酒，当月全部销售，开具的增值税专用发票注明金额20万元、税额2.6万元。

（3）配制葡萄酒一批，将20%的葡萄酒用于生产酒心巧克力，采用赊销方式销售，不含税总价为20万元，货已经交付，合同约定10月31日付款。

（4）将剩余80%的葡萄酒装瓶对外销售，开具的增值税专用发票注明金额40万元、税额5.2万元。

（其他相关资料：企业当期通过认证可抵扣的进项税额为5万元，消费税税率为10%。）

根据上述资料，回答下列问题，如有计算须计算出合计数。

（1）计算业务（1）应缴纳的消费税。

（2）计算业务（2）应缴纳的消费税。

(3) 计算业务（3）应缴纳的消费税。

(4) 计算业务（4）应缴纳的消费税。

(5) 计算该企业9月应缴纳的增值税。

2. 中国公民郑某2019年度取得下列所得：

(1) 全年取得基本工资收入500 000元，郑某全年负担的"三险一金"39 600元。

(2) 郑某与他的妻子结婚前分别贷款购买了人生中的第一套住房，夫妻双方商定选择他的妻子购买的住房作为首套住房贷款利息支出扣除（20年内）。

(3) 郑某的儿子今年4月满3岁，女儿1岁，夫妻双方商定子女教育支出由郑某扣除。

(4) 郑某和妻子均为独生子女，郑某的父亲已经年满60岁，母亲年满56岁，郑某的父母均有退休工资，不需要郑某支付赡养费，由于郑某的岳父母在农村生活，郑某每月给岳父汇款2 000元。

(5) 郑某参加了2018年继续教育，支出3 000元，于2019年3月拿到证书。

(6) 6月从持有三个月的某上市公司股票分得股息1 500元，从银行取得银行储蓄存款利息3 000元，从未上市某投资公司分得股息2 000元。

(7) 9月份在境内出版图书取得一次性稿酬95 000元。

(8) 12月份取得全年一次性奖金350 000元，储蓄存款利息2 000元，保险赔款5 000元，省政府颁发的科技创新奖金120 000元。

（假设郑某取得全年一次性奖金选择不并入当年综合所得计算纳税。）

根据上述资料，回答下列问题：

(1) 计算2019年子女教育支出专项扣除额。

(2) 计算郑某可扣除的住房贷款利息支出额，并简述税法相关规定。

(3) 简述郑某不用缴纳个人所得税的收入有哪些。

(4) 计算郑某6月份取得股息、利息应缴纳的个人所得税。

(5) 计算郑某全年一次性奖金应缴纳的个人所得税。

(6) 计算郑某2019年综合所得应缴纳的个人所得税。

3. 某石化企业为增值税一般纳税人，2019年12月发生以下业务：

(1) 从国外某石油公司进口原油50 000吨，支付不含税价款折合人民币9 000万元，其中包含包装费、保险费折合人民币10万元。

(2) 开采原油10 000吨，并将开采的原油对外销售6 000吨，取得含税销售额2 260万元，同时向购买方收取延期付款利息2.26万元，包装费1.13万元，另外支付运输费用6.96万元。

(3) 将开采的原油1 000吨通过关联公司对外销售，关联公司的对外含税销售价为0.39万元/吨。

(4) 用开采的原油2 000吨加工生产汽油1 300吨。

（其他相关资料：原油的资源税税率为6%。）

要求：根据上述资料，按照下列序号回答问题，如有计算需计算出合计数。

（1）说明业务（1）中该石化企业是否应对从国外某石油公司进口的原油计算缴纳资源税，如需计算缴纳，计算应缴纳的资源税额。

（2）计算业务（2）应缴纳的资源税额。

（3）计算业务（3）应缴纳的资源税额。

（4）计算业务（4）应缴纳的资源税额。

4. 甲公司2018年7月1日转让其位于市区的一栋办公大楼，取得不含增值税销售收入24 000万元。2010年建造该办公楼时，为取得土地使用权支付金额6 000万元，发生建造成本8 000万元。转让时经政府批准的房地产评估机构评估后，确定该办公楼的重置成本价为16 000万元，成新度折旧率为60%，允许扣除的有关税金及附加1 356万元。

根据上述资料，回答下列问题，如有计算须计算出合计数。

（1）回答甲公司办理土地增值税纳税申报的期限。

（2）计算土地增值税时甲公司办公楼的评估价格。

（3）计算土地增值税时允许扣除项目金额的合计数。

（4）计算转让办公楼应缴纳的土地增值税。

四、综合题（本题型共2小题，共31分）

1. 某市房地产集团于2020年1月发生了以下业务：

（1）集团总部取得了保本保收益型理财产品的投资收益106万元；转让了持有的某基金产品，卖出价为63.6万元，买入价为53万元。

（2）集团总部将自有资金2亿元无偿调拨给下属项目公司，向银行支付了汇款手续费530元，并取得了增值税专用发票。向银行支付了贷款利息5 300万元，取得了银行以"融资服务费"名目开具的增值税专用发票。

（3）项目公司开发写字楼项目，《建筑施工许可证》注明的开工日期为2016年6月1日。向国外某公司支付了设计费，合同约定不含税金额为600万元。向分包单位（增值税一般纳税人）支付了施工服务费，取得增值税专用发票中注明的价款为1 000万元。

（4）写字楼项目价税合计销售收入为12.99亿元，向政府支付土地价款为2亿元。项目总可售建筑面积为9万平方米，已售建筑面积为4.5万平方米。

（5）项目公司还开发了一住宅项目（与项目公司所在地不为同一县），住宅项目采用简易计税方法，当期取得预售收入价税合计8 400万元。营销团队为了促销随机送出2 000台便携式风扇,其市场平均售价和实际采购价格均为5.65元/台，购进时取得的增值税专用发票注明不含税价款为1万元。

（6）项目公司采购了一套会议系统设备，取得了增值税专用发票。财务人员认为设备共用于写字楼项目和住宅项目，需要作为"当期无法划分的全部税额"，按规定进行进项税额转出。（其他相关资料：集团公司及项目公司均位于某市区，均为增值税一般纳税人，代扣代缴手续在当月完成）

根据上述资料，回答下列问题，如有计算须计算出合计数。

（1）计算集团总部在业务（1）中的销项税额。

（2）判断集团总部在业务（2）中的行为是否属于"统借统还"，并说明理由。

（3）计算集团总部在业务（2）中的进项税额，须列示计算过程并说明理由。

（4）计算项目公司在业务（3）中应代扣代缴的增值税以及城市维护建设税、教育费附加、地方教育附加的金额。（三种附加税费均由境外企业承担，暂不考虑其他相关税费影响）

（5）计算项目公司在业务（3）中可以抵扣的进项税额。

（6）计算业务（4）中的销售税额。

（7）计算项目公司在业务（5）中的当期可以抵扣的进项税额以及视同销售的销项税额。

（8）计算项目公司在业务（5）中需要在项目所在地预缴的增值税额以及在机构所在地需要缴纳的增值税额。

（9）指出业务（6）中对于会议系统设备的增值税处理方法是否正确，如错误，说明应如何处理。

2. 某市服装生产企业，为增值税一般纳税人。2019年度取得销售收入40 000万元、投资收益1 000万元，发生销售成本28 900万元、营业税金及附加1 800万元、管理费用3 500万元、销售费用4 200万元、财务费用1 300万元、营业外支出200万元。企业自行计算实现年度利润总额1 100万元。

2020年年初聘请某会计师事务所进行审核，发现以下问题：

（1）收入、成本中包含2019年10月转让旧办公楼合同记载的收入1 300万元、成本700万元（其中土地价款200万元），但未缴纳转让环节的相关税费。经评估机构评估该办公楼的重置成本为1 600万元，成新度折扣率5成。

（2）11月中旬购买安全生产专用设备（属于企业所得税优惠目录规定范围）1台，取得增值税专用发票注明金额600万元、进项税额78万元，当月投入使用，企业没有计提折旧。

（3）2019年12月接受非股东单位捐赠原材料一批，取得增值税专用发票注明金额30万元、进项税额3.9万元，直接计入了"资本公积"账户核算。

（4）管理费用中含业务招待费用130万元。

（5）成本、费用中含实发工资总额1 200万元、职工福利费180万元、职工工会经费28万元、职工教育经费40万元。

（6）投资收益中含转让国债收益85万元，该国债购入面值72万元，发行期限3年，利率5%，转让时持有天数为700天。

（7）营业外支出中含通过当地环保部门向环保设施建设捐款180万元并取得合法票据。

（其他相关资料：假设税法规定安全专用设备折旧年限为10年，不考虑残值；城市维护建设税税率为7%；产权转移书据印花税税率0.5‰；转让旧办公楼增值税按简易计税方法。）

根据上述资料，回答下列问题：

（1）计算旧办公楼销售环节应缴纳的增值税、城市维护建设税、教育费附加、地方教育附加、印花税和土地增值税。

（2）计算专用设备投入使用当年应计提的折旧费用。

（3）计算该企业2019年度的会计利润总额。

（4）计算业务招待费应调整的应纳税所得额。

（5）计算职工福利费、职工工会经费、职工教育经费应调整的应纳税所得额。

（6）计算转让国债应调整的应纳税所得额。

（7）计算公益性捐赠应调整的应纳税所得额。

（8）计算该企业2019年度应纳税所得额。

（9）计算该企业2019年度应缴纳的企业所得税。

参考答案及解析

一、单项选择题

1.【答案】C

【解析】关税、消费税属于中央政府固定收入，土地增值税属于地方政府固定收入。

（1）中央政府固定收入包括：消费税（含进口环节海关代征的部分）、车辆购置税、关税、海关代征的进口环节增值税等。

（2）地方政府固定收入包括：城镇土地使用税、耕地占用税、土地增值税、房产税、车船税、契税、环境保护税和烟叶税等。

（3）中央政府与地方政府共享收入主要包括：① 增值税（不含进口环节由海关代征的部分）：中央政府分享50%，地方政府分享50%。② 企业所得税：中国铁路总公司（原铁道部）、各银行总行及海洋石油企业缴纳的部分归中央政府，其余部分中央与地方政府按60%与40%的比例分享。③ 个人所得税：除储蓄存款利息所得的个人所得税外，其余部分的分享比例与企业所得税相同。④ 资源税：海洋石油企业缴纳的部分归中央政府，其余部分归地方政府。⑤ 城市维护建设税：中国铁路总公司、各银行总行、各保险总公司集中缴纳的部分归中央政府，其余部分归地方政府。

2.【答案】A

【解析】单位聘用的员工为本单位或者雇主提供应税服务，不征收增值税。

3.【答案】A

【解析】电动汽车、体育用鞭炮药引线和价格低于10 000元的手表不属于消费税征税范围。

4.【答案】C

【解析】税法规定，企业接受外部劳务派遣用工所实际发生的费用，应分两种情况按规定在税前扣除。按照协议（合同）约定直接支付给劳务派遣公司的费用，应作为劳务费支出；直接支付给员工个人的费用，应作为工资薪金支出和职工福利费支出，其中属于工资薪金支出的费用，准予计入企业工资薪金总额的基数，作为计算其他各项相关费用扣除的依据。

工资、薪金总额 = 1 000 + 6×3 000×12÷10 000 = 1 021.6（万元），职工福利费扣除限额 = 1 021.6×14% = 143.02（万元），职工福利费应调增应纳税所得额 = 200 - 143.02 = 56.98（万元）。

5. 【答案】D

【解析】销售货物所得，按照交易活动发生地确定所得来源地。

6. 【答案】C

【解析】对于雇员取得的这项奖励，按照工资、薪金所得缴纳个人所得税；对于非雇员取得的这项奖励，按照劳务报酬所得缴纳个人所得税。

7. 【答案】A

【解析】实行内部退养的个人在其办理内部退养手续后至法定离退休年龄之间从原任职单位取得的工资、薪金，不属于离退休工资，应按"工资、薪金所得"项目计征个人所得税。

8. 【答案】B

【解析】代收代缴的消费税在县城缴纳城建税，进口环节不征收城建税，所以甲厂本月应向所在市区税务机关缴纳的城市维护建设税 =（362 - 30 - 50）×7% = 19.74（万元）。

9. 【答案】B

【解析】出口货物的完税价格不包括出口关税税额，离境口岸至境外口岸之间的运费、保险费。

10. 【答案】A

【解析】农村居民占用耕地新建住宅，按照当地适用税额减半征收耕地占用税。张某应缴纳耕地占用税 = 300×25×50% = 3 750（元）。

11. 【答案】C

【解析】选项A，纳税人出租房产，自交付房产之次月起缴纳房产税；选项B，纳税人自行新建房屋用于生产经营，从建成之次月起缴纳房产税；选项D，房地产开发企业自用、出租、出借本企业建造的商品房，自房屋使用之次月起缴纳房产税。

12. 【答案】B

【解析】应纳税额 = 8 000×（1 - 30%）×1.2%÷12×10 = 56（万元）。

13. 【答案】D

【解析】土地使用权赠与，由征收机关参照土地使用权出售的市场价格核定计税依据。

14. 【答案】B

【解析】车船税的纳税地点：扣缴义务人代收代缴车船税的，纳税地点为扣缴义务人所在地；纳税人自行申报缴纳车船税的，纳税地点为车船登记地的主管税务机关所在地；依法不需要办理登记的车船，纳税地点为车船所有人或者管理人主管税务机关所在地。

15. 【答案】A

【解析】委托方提供原材料；原材料不计税，计税依据为加工费和辅料的合计数，按加工承揽合同的0.5‰计税。

16. 【答案】B

【解析】实际支付的关联方利息 = 3 000×8% = 240（万元）；可以扣除利息支出 = 300×2×8% = 48（万元）；不得扣除利息支出 = 240 - 48 = 192（万元）。

17. 【答案】D

【解析】对各级税务局的具体行政行为不服的，可向其上一级税务局申请行政复议。

18. 【答案】D

【解析】自产自用3辆，有同类购置价格，应缴纳车辆购置税＝3×200 000×10%＝60 000（元）。

19. 【答案】B

【解析】存款利息虽满足应税条件，但属于不缴纳增值税的情形；其他A、C、D选项均应按贷款服务缴纳增值税。

20. 【答案】A

【解析】选项B，日化厂将自产的高档化妆品移送用于生产护肤品，属于将应税消费品用于连续生产非应税消费品，高档化妆品移送时缴纳消费税，但无须缴纳增值税；选项C，大轿车要缴纳增值税，但无须缴纳消费税。选项D，金银镶嵌首饰在零售环节缴纳消费税。

21. 【答案】B

【解析】对于被收购企业的股东取得的收购企业股权的计税基础，以被收购股权的原有计税基础确定。所以股权支付的部分不确认所得和损失，对于非股权支付的部分，要按照规定确认所得和损失，依法计算缴纳企业所得税。甲企业转让股权的应纳税所得额＝（3 000×12－3 000×10）×3 600÷（32 400＋3 600）＝600（万元）。

22. 【答案】A

【解析】县级以上人民政府（包括政府有关部门，下同）将国有资产明确以股权投资方式投入企业，企业应作为国家资本金（包括资本公积）处理。该项资产如为非货币性资产，应按政府确定的接收价值确定计税基础。

23. 【答案】B

【解析】适用税率：10 000÷12＝833（元），适用3%的税率。

应纳个人所得税＝10 000×3%＝300（元）。

24. 【答案】D

【解析】选项D，公务费用的扣除标准，由省级地方税务局根据纳税人公务交通、通信费用的实际发生情况调查测算，报经省级人民政府批准后确定，并报国家税务总局备案。

二、多项选择题

1. 【答案】BD

【解析】选项A、C，属于税法的基本原则。

2. 【答案】ABCD

3. 【答案】AD

【解析】选项B，应该以纳税人同类应税消费品最高售价作为计税依据；选项C，应该以纳税人同类消费品平均销售价格作为计税依据。

4. 【答案】ABCD

【解析】考察一般纳税人可以选择适用简易计税方法的特殊情况。

5. 【答案】AB

【解析】选项C，在中国境内未设立机构、场所，但有来源于中国境内所得的外国企业，属于非居民企业；选项D，在中国境内未设立机构、场所且没有来源于中国境内所得的外国企业，不是中国企业所得税的纳税人。

6. 【答案】BCD

【解析】教育费附加与城建税在征收范围、计税依据、征收管理的规定上是一致的，其征收比率统一为3%；地方教育附加为2%。

7.【答案】AC

【解析】选项B，非机动驳船按相同净吨位船舶税率的50%计征船舶吨税；选项D，应纳税额为人民币50元以下的船舶，免征船舶吨税。

8.【答案】ABCD

【解析】以上四个选项均正确。

9.【答案】ABCD

【解析】以上四个选项均正确。

10.【答案】ABD

【解析】企业厂区以外的公共绿化用地和向社会开放的公园用地，免税。

11.【答案】AC

【解析】选项B，《海外账户税收遵从法案》的主要目的是追查全球范围内美国富人的逃避税款行为；选项D，该法案适用范围远超过美国辖区。

12.【答案】ABCD

【解析】以上四个选项均正确。

13.【答案】ABCD

【解析】以上四个选项均正确。

14.【答案】AB

【解析】行政复议期间，有下列情形之一的，行政复议中止：（1）作为申请人的公民死亡，其近亲属尚未确定是否参加行政复议的。（2）作为申请人的公民丧失参加行政复议的能力，尚未确定法定代理人参加行政复议的。（3）作为申请人的法人或者其他组织终止，尚未确定权利义务承受人的。（4）作为申请人的公民下落不明或者被宣告失踪的。（5）申请人、被申请人因不可抗力，不能参加行政复议的等。

三、计算问答题

1.【答案及解析】

（1）酒精不属于消费税征税范围，不缴消费税。

（2）业务（2）应缴纳的消费税 = 20×10% = 2（万元），注意是配置酒，不是啤酒、黄酒、白酒的其他所有酒都只是从价计征。

应缴纳的消费税 = 20×10% = 2（万元）。

（3）业务（3）应缴纳的消费税 = 40÷80%×20%×10% = 1（万元）。

（4）业务（4）应缴纳的消费税 = 40×10% = 4（万元）。

（5）该企业9月应缴纳的增值税 = 1.3 + 2.6 + 5.2 - 5 = 4.1（万元）。

2.【答案及解析】

（1）2019年子女教育支出专项扣除额 = 9 000（元）。

（2）夫妻双方婚前分别购买住房发生的首套住房贷款，其贷款利息支出，婚后可以选择其中一套购买的住房，由购买方按扣除标准的100%扣除，本题中夫妻双方商定选择妻子购买的住房作为首套住房贷款利息支出扣除，所以郑某不得扣除住房贷款利息支出。

（3）不用纳税收入包括省政府颁发的科技创新奖、储蓄存款利息和保险赔款。

（4）银行储蓄存款利息免税；个人从公开发行和转让市场取得的上市公司股票，持股期限在1个月以上至1年（含1年）的，暂减按50%计入应纳税所得额；从非上市公司取得股息，全额计税。应纳个人所得税＝1 500×50%×20%＋2 000×20%＝550（元）。

（5）全年一次性奖金，以全年一次性奖金收入除以12个月得到的数额，按照月度税率表，确定适用税率和速算扣除数，单独计算纳税。找税率：350 000÷12＝29 166.67，适用税率25%，速算扣除数2 660。计算税额：应纳税额＝350 000×25%－2 660＝84 840（元）

（6）① 全年综合收入额＝500 000＋95 000×（1－20%）×（1－30%）＝553 200（元）。

② 全年减除费用＝60 000（元），专项扣除＝39 600（元），专项附加扣除＝9 000＋24 000＋3 600＝36 600（元）。

扣除项目合计＝60 000＋39 600＋36 600＝136 200（元）。

③ 综合所得应纳税所得额＝553 200－136 200＝417 000（元）。

④ 综合所得全年应纳个人所得税额＝417 000×25%－31 920＝72 330（元）。

3.【答案及解析】

（1）在进口环节不征资源税，即从国外进口原油，不缴纳资源税。

（2）业务（2）应缴纳资源税＝（2 260＋2.26＋1.13）÷（1＋13%）×6%＝120.18（万元）。

（3）业务（3）应缴纳资源税＝0.39÷（1＋13%）×1 000×6%＝20.71（万元）。

（4）纳税人既有对外销售应税产品，又有将应税产品用于除连续生产应税产品以外的其他方面的，则自用的这部分应税产品按纳税人对外销售应税产品的平均价格计算销售额征收资源税。直接对外销售的6 000吨原油销售额＝2 260÷（1＋13%）＝2 000（万元），通过关联方对外销售的1 000吨原油销售额＝0.39÷（1＋13%）×1 000＝345.13（万元）。

计算加权平均价格＝（2 000＋345.13）÷（6 000＋1 000）＝0.34（万元/吨）。

业务（4）应缴纳资源税＝2 000×0.34×6%＝40.8（万元）。

4.【答案及解析】

（1）纳税人应在转让房地产合同签订后7日内，向房地产所在地主管税务机关办理纳税申报，并向税务机关提交相关合同等资料。

（2）甲公司办公楼的评估价格＝重置成本价×成新度折扣率＝16 000×60%＝9 600（万元）。

（3）转让存量房的扣除项目包括：① 取得土地使用权所支付的金额；② 房屋及建筑物的评估价格；③ 转让环节缴纳的税金。

计算土地增值税时允许扣除项目金额的合计数＝6 000＋9 600＋1 356＝16 956（万元）。

（4）增值额＝24 000－16 956＝7 044（万元），增值率＝7 044÷16 956×100%＝41.54%＜50%，税率为30%。转让办公楼应缴纳的土地增值税＝7 044×30%＝2 113.2（万元）。

四、综合题

1.【答案及解析】

（1）业务（1）的销项税额＝106÷（1＋6%）×6%＋（63.6－53）÷（1＋6%）×6%＝6.6（万元）。

（2）不属于"统借统还"。"统借统还"业务是指企业集团向金融机构借款或对外发行债券取得资金后，将所借资金分拨给下属单位，并向下属单位收取用于归还金融机构或债券购买方本息的业务。

（3）业务（2）的进项税额＝530÷（1＋6%）×6%＝30（元）。向银行支付的"汇款手续费"可以抵扣进项税额。购进的贷款服务、餐饮服务、居民日常服务和娱乐服务不得抵扣进项税额。纳税人接受贷款服务向贷款方支付的与该笔贷款直接相关的投融资顾问费、手续费、咨询费等费用，其进项税额不得从销项税额中抵扣。

(4) 业务（3）应代扣代缴的增值税 = 600 × 6% = 36（万元），业务（3）应代扣代缴的城市维护建设税 = 36 × 7% = 2.52（万元），业务（3）应代扣代缴的教育费附加 = 36 × 3% = 1.08（万元），业务（3）应代扣代缴的地方教育附加 = 36 × 2% = 0.72（万元）。

(5) 业务（3）中可以抵扣的进项税额 = 1 000 × 9% + 36 = 126（万元）。

(6) 业务（4）销项税额 =（12.99 − 2 × 4.5 ÷ 9）÷（1 + 9%）× 9% × 10 000 = 9 900（万元），可抵扣的进项税额 =（5 × 9% + 1 × 6%）× 10 000 = 5 100（万元），增值税应纳税额 = 9 900 − 5 100 = 4 800（万元），税负率 = 4800 ÷（12.99 × 10 000 − 9 900）× 100% = 4%。

(7) 业务（5）可以抵扣的进项税额 = 1 × 13% = 0.13（万元），业务（5）视同销售的销项税额 = 2 000 × 5.65 ÷（1 + 13%）× 13% ÷ 10 000 = 0.13（万元）。

(8) 业务（5）需要在项目所在地预缴的增值税税额 = 8 400 ÷（1 + 5%）× 3% = 240（万元），在机构所在地需要缴纳的增值税税额 = 8 400 ÷（1 + 5%）× 5% − 240 = 160（万元）。

(9) 业务（6）对于会议系统设备的增值税处理方法不正确。因为购进的固定资产兼用于一般计税方法计税项目、简易计税方法计税项目、免征增值税项目、集体福利或者个人消费的，进项税额可以按照增值税专用发票上注明的税额全额抵扣，不需要作进项税额转出处理。

2.【答案及解析】

(1) 应缴纳的增值税 = 1 300 ÷（1 + 5%）× 5% = 61.90（万元）。

应缴纳的城建税、教育费附加、地方教育附加和印花税 = 61.90 ×（7% + 3% + 2%）+ 1 300 × 0.5‰ = 7.43 + 0.65 = 8.08（万元）。

应缴纳的土地增值税：扣除金额 = 200 + 8.08 + 1 600 × 50% = 1 008.08（万元），增值额 = 1 300 ÷（1 + 5%）− 1 008.08 = 230.16（万元），增值率 = 230.16 ÷ 1 008.08 × 100% = 23%，应缴纳的土地增值税 = 230.16 × 30% = 69.05（万元）。

(2) 专用设备投入使用当年应计提的折旧费用 = 600 ÷ 10 ÷ 12 × 1 = 5（万元）。

(3) 该企业2019年度的会计利润总额 = 1 100 − 8.08 − 69.01 − 5 + 33.9 = 1 051.81（万元）。

(4) 标准1：业务招待费的扣除标准 = 130 × 60% = 78（万元）；

标准2：业务招待费的扣除标准 = 40 000 × 5‰ = 200（万元）；

业务招待费应调整的应纳税所得额 = 130 − 78 = 52（万元）。

(5) 职工福利费、职工工会经费、职工教育经费应调整的应纳税所得额合计 =（180 − 1 200 × 14%）+（28 − 1 200 × 2%）= 12 + 4 = 16（万元）。

(6) 转让国债应调整的应纳税所得额 = 72 ×（5% ÷ 365）× 700 = 6.90（万元）。

(7) 公益性捐赠应调整的应纳税所得额 = 180 − 1 051.81 × 12% = 53.78（万元）。

(8) 该企业2019年度应纳税所得额 = 1 051.81 + 52 + 16 − 6.90 + 53.78 = 1 166.69（万元）。

(9) 该企业2019年度应缴纳的企业所得税 = 1 166.69 × 25% − 600 × 10% = 231.67（万元）。

模拟试卷二

一、**单项选择题**（本题型共24小题，每小题1分，共24分）

1. 下列各项中，不属于国际重复征税产生原因的是（　　）。
   A. 居民（公民）管辖权与收入管辖权的重叠
   B. 居民（公民）管辖权与居民（公民）管辖权的重叠
   C. 居民（公民）管辖权与地域管辖权的重叠
   D. 地域管辖权与地域管辖权的重叠

2. 下列关于委托加工业务消费税处理的说法，正确的是（　　）。
   A. 将委托加工收回的已税消费品直接加价销售的，不征收消费税
   B. 纳税人委托个体经营者加工应税消费品，由委托方收回后在委托方所在地缴纳消费税
   C. 委托加工应税消费品的，若委托方未提供原材料成本，由委托方所在地主管税务机关核定其材料成本
   D. 委托方委托加工应税消费品，受托方没有代收代缴税款的，一律由受托方补税

3. 下列业务中，属于营改增交通运输应税服务范围的是（　　）。
   A. 装卸搬运服务　　　　　　　　B. 道路通行服务
   C. 航空运输企业的湿租业务　　　D. 车辆停放服务

4. 某企业2019年支付正式职工的合理工资总额为1 000万元，临时工工资为30万元，企业当年缴纳的工会经费为28万元，在计算企业所得税时，工会经费应调增的应纳税所得额为（　　）万元。
   A. 7.40　　　　B. 28.00　　　　C. 9.76　　　　D. 8.00

5. 2017年3月某商贸公司以经营租赁方式租入临街商铺一间，租期10年。2020年3月公司发生商铺改建支出35万元。关于该笔改建支出，正确的企业所得税处理是（　　）。
   A. 按1年分期摊销扣除　　　　　B. 按3年分期摊销扣除
   C. 按7年分期摊销扣除　　　　　D. 在发生的当期一次性扣除

6. 某外国公司实际管理机构不在中国境内，也未在中国境内设立机构场所，2019年从中国境内某企业取得其专利技术使用权转让收入42.4万元（含增值税），发生成本10万元。该外国公司在中国境内应缴纳企业所得税（　　）万元。
   A. 1.5　　　　B. 4.2　　　　C. 3.0　　　　D. 4.0

7. 下列关于个人所得税相关规定的说法错误的是（　　）。
   A. 2019年甲公司依法破产，职工李某从该公司取得一次性安置费1万元免征个税

B. 2019年李某与原公司解除劳动合同后领取的一次性补偿收入，在计征其个人所得税时，可以扣除按比例实缴的医疗保险

C. 2019年王某与原公司解除劳动合同后领取的一次性补偿收入，在计征其个人所得税时，不可以扣除按比例实缴的住房公积金

D. 刘某因与用人单位解除劳动关系而取得的一次性补偿收入，其收入在当地上年职工平均工资3倍数额以内的部分免征个人所得税

8. 张某于2019年2月购入某上市公司股票，2019年12月该上市公司分得红利5 000元，则张某分得红利应纳个人所得税（　　）元。

　　A. 800　　　　　　B. 250　　　　　　C. 500　　　　　　D. 1 000

9. 李先生2019年1月达到法定退休年龄而退休，每月领取退休工资3 600元，2月份李先生被一家公司聘用，月工资4 500元。2019年2月李先生应预扣预缴个人所得税（　　）元。

　　A. 0　　　　　　B. 33　　　　　　C. 365　　　　　　D. 535

10. 下列进口货物中，免征进口关税的是（　　）。

　　A. 外国政府无偿赠送的物资

　　C. 因保管不慎造成损坏的进口货物

　　B. 具有一定商业价值的货样

　　D. 关税税额为人民币80元的一票货物

11. 资源税实行从价计征资源税后，下列各项不计入资源税计税销售额的有（　　）。

　　A. 资源税　　　　　　　　　　B. 增值税

　　C. 向购买方收取的手续费　　　　D. 向购买方收取的包装费

12. 下列各项中，不符合城镇土地使用税规定的有（　　）。

　　A. 单独建造的地下建筑用地，暂按应纳税款的50%征收土地使用税

　　B. 纳税人使用土地不属于同一省的，由纳税人向注册地税务机关缴纳

　　C. 纳税单位无偿使用免税单位的土地，纳税单位应当缴纳城镇土地使用税

　　D. 由省、自治区、直辖市人民政府确定的单位组织测定土地面积的，以测定的面积为准

13. 某企业2020年1月缴纳了10辆客车车船税，其中一辆5月被盗，已办理车船税退还手续；8月由公安机关找回并出具证明，企业补缴车船税，假定该类型客车年基准税额为560元，该企业2020年实际缴纳的车船税总计为（　　）元。

　　A. 420　　　　　B. 5 040　　　　　C. 5 460　　　　　D. 5 600

14. 下列合同中，应按照"技术合同"税目征收印花税的是（　　）。

　　A. 工程项目论证合同　　　　　C. 税务筹划咨询合同

　　B. 会计制度咨询合同　　　　　D. 经济法律咨询合同

15. 下列关于印花税计税依据的表述中，不正确的是（　　）。

　　A. 技术合同的计税依据不包括研究开发经费

B. 财产保险合同的计税依据为支付（收取）的保险费，不包括所保财产的金额
C. 货物运输合同的计税依据包括货物装卸费和保险费
D. 记载资金账簿的计税依据为新增的"实收资本"和"资本公积"的合计金额

16. 居民企业存在下列（   ）情形，应当在报送《年度关联业务往来报告表》时填报国别报告。

A. 该居民企业为跨国企业集团的最终控股企业，且其上一会计年度合并财务报表中的各类收入金额合计超过50亿元
B. 该居民企业被跨国企业集团指定为国别报告的报送企业
C. 跨国企业集团未向任何国家提供国别报告
D. 虽然跨国企业集团已向其他国家提供国别报告，且我国与该国已建立国别报告信息交换机制，但国别报告实际未成功交换至我国

17. 纳税人的下列财产或财产权利，不得作为纳税质押品的是（   ）。

A. 房屋　　　　　　　　　　　　B. 汽车
C. 活期存款单　　　　　　　　　D. 定期存款单

18. 关于税款优先的原则中，表述不正确的有（   ）。

A. 当纳税人发生的欠税在前时，税收优先于抵押权
B. 税收优先于担保债权
C. 纳税人欠税，同时被税务机关处以罚款时，税款优先于罚款
D. 纳税人欠税，同时被工商局处以罚款时，税款优先于罚款

19. 纳税人有下列（   ）情形，不适用纳税担保。

A. 在限期内税务机关有根据认为纳税人有明显的转移、隐匿其应纳税的商品、货物以及其他财产或者应纳税收入的迹象
B. 纳税人未按规定期限纳税
C. 纳税人同税务机关在纳税上发生争议而未缴清税款，需要申请行政复议的
D. 欠缴税款、滞纳金的纳税人或者其法定代表人需要出境的

20. 下列税务行政纠纷案件中，必须经复议程序的是（   ）。

A. 税收保全措施　　　　　　　　B. 强制执行措施
C. 纳税信用等级评定行为　　　　D. 确认纳税主体、征税对象

21. 在税务行政复议期间发生的下列情形中，应当终止行政复议的是（   ）。

A. 作为申请人的公民下落不明的
B. 申请人要求撤回行政复议申请，行政复议机构准予撤回的
C. 案件涉及法律适用问题，需要有权机关作出解释或者确认的
D. 作为申请人的公民死亡，其近亲属尚未确定是否参加行政复议的

22. 下列车辆中，免征车辆购置税的是（   ）。

A. 受赠的车辆
B. 自产自用的车辆

C. 进口自用的车辆

D. 中国人民解放军和中国人民武装警察部队列入军队武器装备订货计划的车辆

23. 下列车船中，享受减半征收车船税优惠的是（　　）。

A. 捕捞、养殖渔船　　　　　　　B. 军队、武警专用的车船

C. 警用车船　　　　　　　　　　D. 符合规定标准的节约能源车船

24. 下列关于印花税，说法不正确的是（　　）。

A. 财产租赁合同，计税依据为租赁金额，税额不足1元的按照1元贴花

B. 印花税应纳税额不足1角的，免纳印花税；1角以上的，四舍五入

C. 合同在签订时无法确定计税金额，可在签订时先按定额5元贴花，以后结算时再按实际金额计税，补贴印花

D. 印花税应纳税额不足1元的，免纳印花税

二、多项选择题（本题型共14小题，每小题1.5分，共21分）

1. 居民甲将一处两居室房屋无偿赠送给他的孙子乙，双方填写了"个人无偿赠与不动产登记表"。产权转移等手续办完后乙又将该套房屋与丙的一套三居室住房进行交换，双方签订了房屋交换合同。下列关于甲、乙、丙应纳印花税及契税的表述中，正确的有（　　）。

A. 乙应对接受甲的房屋赠与计算缴纳契税

B. 乙和丙交换房屋应按所交换房屋的市场价格分别计算缴纳契税

C. 甲应对"个人无偿赠与不动产登记表"按产权转移书据税目缴纳印花税

D. 乙应对"个人无偿赠与不动产登记表"和与丙签订的房屋交换合同按产权转移书据税目缴纳印花税

2. 下列各项关于房产税纳税说法中，正确的有（　　）。

A. 对外投资、承担风险的房产，由投资方按余值缴纳房产税

B. 产权出典的，由承典人缴纳房产税

C. 无租使用其他单位房产的应税单位和个人，由使用人代为缴纳房产税

D. 个人出租住房，不区分实际用途，均按4%的税率征收房产税

3. 下列关于耕地占用税的表述中，正确的有（　　）。

A. 建设直接为农业生产服务的生产设施而占用农用地的，不征收耕地占用税

B. 获准占用耕地的单位或者个人，应当在收到土地管理部门的通知之日起60日内缴纳耕地占用税

C. 耕地占用税实行一次性征收

D. 纳税人在批准临时占用耕地期满之日起一年内依法复垦，恢复种植条件的，全额退还已经缴纳的耕地占用税

4. 下列各项中，不需要计算缴纳环境保护税的是（　　）。

A. 企业向依法设立的污水集中处理场所排放应税水污染物

B. 企业在符合国家环境保护标准的场所贮存固体废物

C. 医院直接向环境排放应税水污染物

D. 机动车排放应税污染物

5. 在中国境内未设立机构、场所的非居民企业从中国境内取得的下列所得，应按收入全额计算征收企业所得税的有（   ）。

   A. 设备转让所得　　　　　　　　B. 融资租赁费

   C. 担保费　　　　　　　　　　　D. 特许权使用费

6. 我国纳税人依法享有纳税人权利，下列属于纳税人权利的有（   ）。

   A. 有权向税务机关了解国家税收法律、行政法规的规定

   B. 控告税务人员的违法违纪行为

   C. 纳税人、扣缴义务人对税务机关所做出的决定，享有陈述权

   D. 要求税务机关为纳税人的商业秘密保密

7. 下列项目中，进项税额不得从纳税人销项税额中抵扣的有（   ）。

   A. 用于生产了不合格产品的购进货物

   B. 被执法部门依法没收的购进货物

   C. 用于对外捐赠产品所耗用的购进货物

   D. 用于集体福利的购进货物

8. 下列关于船舶吨税的说法，正确的有（   ）。

   A. 拖船和非机动驳船按相同净吨位船舶税率的50%计征税款

   B. 拖船按照发动机功率每千瓦折合净吨位0.67吨

   C. 吨税按照船舶净吨位和执照期限征收

   D. 吨税由海关负责征收

9. 下列各项中，符合消费税纳税地点规定的有（   ）。

   A. 委托加工业务，由受托方向所在地主管税务机关代收代缴消费税税款

   B. 委托个人加工的应税消费品，由委托方向其机构所在地或者居住地主管税务机关申报纳税

   C. 进口的应税消费品，由进口人或者其代理人向报关地海关申报纳税

   D. 纳税人到外县（市）销售或委托外县（市）代销自产应税消费品的，于应税消费品销售后，向机构所在地或者居住地主管税务机关申报纳税

10. 下列关于城市维护建设税计税依据的表述中，正确的有（   ）。

    A. 免征"两税"时应同时免征城市维护建设税

    B. 对出口产品退还增值税的，不退还已缴纳的城市维护建设税

    C. 纳税人被查补"两税"时应同时对查补的"两税"补缴城市维护建设税

    D. 纳税人违反"两税"有关税法被加收的滞纳金应计入城市维护建设税的计税依据

11. 下列关于烟叶税的说法中，正确的有（   ）。

    A. 纳税人收购烟叶实际支付的价款总额包括纳税人支付给烟叶生产销售单位和个人

的烟叶收购价款和价外补贴

B. 纳税地点为收购地主管税务机关

C. 烟叶税的纳税人是种植烟叶的单位和个人

D. 按月计征，于纳税义务发生月终了之日起15日内申报纳税

12. 下列车辆中，免征车辆购置税的是（　　）。

A. 悬挂应急救援专用号牌的国家综合性消防救援车辆

B. 中国人民解放军和中国人民武装警察部队列入军队武器装备订货计划的车辆

C. 城市公交企业购置的公共汽电车辆

D. 设有固定装置的非运输车辆

13. 下列各项中，符合税收征收管理法税款征收有关规定的是（　　）。

A. 税务机关征收税款时，必须给纳税人开具完税凭证

B. 税务机关查封商品、货物或者其他财产时必须开付清单

C. 税务机关扣押商品、货物或者其他财产时必须开付收据

D. 税务机关减免税时，必须给纳税人开具承诺文书

14. 自2020年1月1日起，纳入纳税信用管理的企业纳税人，符合条件的，可在规定期限内向主管税务机关申请纳税信用修复，条件包括（　　）。

A. 纳税人发生未按法定期限办理纳税申报、税款缴纳、资料备案等事项且已补办的

B. 未按税务机关处理结论缴纳或者足额缴纳税款、滞纳金和罚款，未构成犯罪，纳税信用级别被直接判为D级的纳税人，在税务机关处理结论明确的期限期满后60日内足额缴纳、补缴的

C. 纳税人履行相应法律义务并由税务机关依法解除非正常户状态的

D. 纳税人发生未按法定期限办理纳税申报、税款缴纳、资料备案等事项且未补办的

三、计算问答题（本题型共4小题，共24分）

1. 2020年1月15日，某房地产开发公司（增值税一般纳税人）收到主管税务机关的《土地增值税清算通知书》，要求对其建设的A项目进行清算。该项目总建筑面积18 000平方米，其中可售建筑面积17 000平方米，不可售建筑面积1 000平方米（产权属于全体业主所有的公共配套设施）。

截至清算前，可售建筑面积中已出售15 000.80平方米，取得含税销售收入50 000万元。该公司对A项目选择简易计税方法。

经审核，A项目取得土地使用权所支付的金额合计8 240万元；房地产开发成本15 000万元；管理费用4 000万元，销售费用4 500万元，财务费用3 500万元（其中利息支出3 300万元，无法提供金融机构证明）。

已知：A项目所在省政府规定，房地产开发费用扣除比例为10%。A项目清算前已预缴土地增值税1 000万元。其他各项税费均已及时足额缴纳。城市维护建设税税率7%，教育费附加3%，地方教育附加2%，不考虑印花税。

根据上述资料，回答下列问题：

(1) 计算 A 项目的清算比例。
(2) 计算 A 项目清算时允许扣除的与转让房地产有关的税金。
(3) 计算项目清算时允许扣除的房地产开发费用金额。
(4) 项目清算时允许扣除项目金额合计。

2. 某金店（增值税一般纳税人）2020 年 3 月发生如下业务：

(1) 1 日—24 日，零售纯金首饰取得含税销售额 226 万元，零售玉石首饰取得含税销售额 113 万元。

(2) 25 日，采取以旧换新方式零售 A 款纯金首饰，实际收取价款 56.5 万元，同款新纯金首饰零售价为 78 万元。

(3) 27 日，接受消费者委托加工 B 款金项链 20 条，收取含税加工费 5 650 元，无同类金项链销售价格。黄金材料成本 30 000 元，当月加工完成并交付委托人。

(4) 30 日，将新设计的 C 款金项链发放给优秀员工作为奖励。该批金项链耗用黄金 500 克，不含税购进价格 270 元/克，无同类首饰售价。

已知：贵重首饰及珠宝玉石成本利润 6%，金银首饰消费税税率 5%，其他贵重首饰和珠宝玉石消费税税率为 10%。

根据上述资料，回答下列问题：

(1) 计算业务（1）应纳消费税。
(2) 计算业务（2）应纳消费税。
(3) 计算业务（3）应纳消费税。
(4) 计算业务（4）应纳消费税。

3. 我国公民张某是境内某上市公司的员工，2019 年取得以下收入：

(1) 每月应税工资 50 000 元。

(2) 取得境内一次性稿酬 3 000 元。

(3) 2018 年 5 月被授予公司股票期权 10 000 股，授予价 1 元/股；2019 年 6 月按 36 元/股全部行权；2019 年 11 月取得该公司股息收入 1 500 元；12 月将该股票（非限售股）全部转让，取得转让收入 380 000 元，与转让有关的税费合计 1 000 元。

(4) 担任非任职公司独立董事，年终一次性取得董事费 50 000 元。

根据上述资料，回答下列问题：

(1) 计算张某 1 月工资薪金所得被预扣预缴的个人所得税。
(2) 计算张某稿酬所得被预扣预缴的个人所得税。
(3) 计算张某股票期权行权所得应缴纳的个人所得税。
(4) 计算张某取得股息收入应缴纳的个人所得税。
(5) 计算张某股票转让所得应缴纳个人所得税。
(6) 计算张某取得的董事费被预扣预缴的个人所得税。

4. 我国境内某制造有限公司为一家生产企业，适用企业所得税税率 25%。2019 年境内产品不含税销售收入 4 000 万元，销售成本 2 000 万元，缴纳税金及附加 20 万元，销售费用 700 万元（其中广告费 620 万元），管理费用 500 万元，财务费用 80 万元，取得境外分支机构税后经营所得 9 万元，分支机构所在国企业所得税税率为 20%，该分支机构享受了该国减半征收所得税的优惠。

根据上述资料，回答下列问题：
（1）计算该企业来源于境外的应纳税所得额。
（2）计算该企业境外所得抵免税额。
（3）计算该企业来源于境内的应纳税所得额。
（4）计算该企业实际应缴纳的企业所得税。

四、综合题（本题型共 2 小题，共 31 分）

1. 某市一家进出口公司为增值税一般纳税人，2019 年 7 月发生以下业务：

（1）从国外进口中档护肤品一批，该批货物在国外的买价为 200 万元人民币，由进出口公司支付的购货佣金 10 万元人民币，运抵我国海关卸货前发生的运输费为 30 万元人民币，保险费无法确定。该批货物已报关，取得海关开具的增值税专用缴款书。

（2）从境内某服装公司采购服装一批，增值税专用发票上注明的价款和税金分别为 80 万元和 10.4 万元。当月将该批服装全部出口，离岸价格为 150 万元人民币。

（3）将 2017 年购置的一处位于外省某市区的房产出租，取得收入（含增值税）110 万元。

（4）在公司所在地购置房产一处，会计上按固定资产核算，取得的增值税专用发票上注明的价款和税金分别为 1 500 万元和 135 万元。

（5）从境外公司承租仪器一台，支付租金（含增值税）174 万元人民币。该境外公司所属国未与我国签订税收协定，且未在我国设有经营机构，也未派人前来我国。

（6）当月将业务（1）购进的护肤品 98% 销售，取得不含增值税的销售收入 300 万元，2% 作为本公司职工的福利并发放。

（其他相关资料：销售货物、提供有形动产租赁的增值税税率为 13%，出口的退税率为 13%，不动产租赁的增值税税率为 9%，进口护肤品的关税税率为 10%，期初留抵税额为 0，相关票据均已比对认证。）

根据上述资料，回答下列问题，如有计算须计算出合计数。
（1）计算业务（1）应缴纳的进口关税。
（2）计算业务（1）应缴纳的进口环节增值税。
（3）计算业务（2）的出口退税额。
（4）计算业务（3）在不动产所在地应预缴的增值税和应预缴的城市维护建设税。
（5）计算业务（4）当月允许抵扣的进项税额。
（6）计算业务（5）应扣缴的增值税。
（7）计算业务（5）应扣缴的企业所得税。
（8）计算业务（6）的增值税销项税额。
（9）计算当月允许抵扣的进项税额。

（10）计算当月合计缴纳的增值税。

2. 位于某市的一家生产企业，2019年度会计自行核算取得主营业务收入68 000万元、其他业务收入6 000万元、营业外收入4 500万元、投资收益1 500万元，应扣除的主营业务成本42 000万元、其他业务成本3 500万元、营业外支出3 200万元、税金及附加6 100万元、管理费用6 500万元、销售费用13 000万元、财务费用3 100万元，当年实现利润总额2 600万元，拟申请的企业所得税应纳税所得额与利润总额相等，全年已预缴企业所得税240万元，2020年2月经聘请的会计师事务所进行审核，发现该企业2019年度自行核算存在以下问题：

（1）一栋闲置生产车间未申报缴纳房产税和城镇土地使用税，该生产车间占地面积1 000平方米，原值650万元，已提取折旧420万元，车间余值为230万元。

（2）2019年12月8日购置办公楼一栋，支付不含增值税的金额2 200万元、增值税198万元并办妥权属证明，当月已经提取折旧费用20万元，但未缴纳契税。

（3）营业外支出中包含通过非盈利的社交团体向贫困山区捐款360万元。

（4）扣除的成本和管理费用中包含了实发工资总额5 600万元、职工福利费920万元、拨缴的工会经费120万元、职工教育经费468万元。

（5）财务费用和管理费用中包含全年发生的广告费11 300万元、业务招待费660万元。

（6）财务费用中含向非居民企业借款支付的6个月利息费用130万元，借款金额为3 200万元，当年同期同类银行贷款年利息率为6%。

（7）管理费用中含新产品研究开发费用460万元。

（8）投资收益中含取得的国债利息收入70万元、直接投资居民企业的股息收入150万元。

（9）其他业务收入中含技术转让收入2 300万元，与收入对应的成本和税费共计1 400万元。

（其他相关资料：该企业计算房产原值的扣除比例为20%，契税税率为4%，城镇土地使用税适用税额30元/平方米。）

根据上述相关资料，回答下列问题，如有计算须计算出合计数。

（1）分别计算该企业2019年度应补缴的城镇土地使用税和房产税。
（2）计算该企业12月购置办公楼应缴纳的契税。
（3）计算该企业2019年度的利润总额、向贫困山区捐赠款应调整的应纳税所得额。
（4）计算职工福利费、工会经费和职工教育经费应调整的应纳税所得额。
（5）分别计算广告费用、业务招待费应调整的应纳税所得额。
（6）计算向非居民企业借款支付利息费用应调整的应纳税所得额。
（7）计算新产品研究开发费用应调整的应纳税所得额。
（8）说明国债利息收入、投资居民企业的股息收入应调整的应纳税所得额。
（9）计算该企业技术转让收入应缴纳的企业所得税。

(10) 计算该企业2019年度应补缴的企业所得税。

参考答案及解析

一、单项选择题

1.【答案】A

【解析】国际重复征税根据产生的原因可以分为：居民（公民）管辖权同地域管辖权的重叠；居民（公民）管辖权同居民（公民）管辖权的重叠；地域管辖权同地域管辖权的重叠。

2.【答案】B

【解析】选项A，委托方收回的应税消费品，以高于受托方计税价格出售的，须按规定申报缴纳消费税，在计税时准予扣除受托方已代收代缴的消费税；选项C，委托加工应税消费品的，若委托方未提供原材料成本，受托方所在地主管税务机关有权核定其材料成本；选项D，受托方没有代收代缴税款的，委托方要补缴税款。

3.【答案】C

【解析】选项A，属于现代服务——物流辅助服务；选项B、D，属于不动产租赁服务。

4.【答案】A

【解析】工会经费可以扣除的限额 =（1 000 + 30）×2% = 20.6（万元）< 实际缴纳的28万元，应纳税所得额调增 = 28 - 20.6 = 7.4（万元）。

5.【答案】C

【解析】租入固定资产的改建支出，按照合同约定的剩余租赁期限分期摊销。该题中剩余租赁期为7年，所以按照7年分期摊销扣除。

6.【答案】D

【解析】非居民企业未在中国境内设立机构场所的，实际所得税税率10%，应缴纳企业所得税 = 42.4 ÷（1 + 6%）× 10% = 4（万元）。

7.【答案】C

【解析】选项A，企业职工从破产企业取得的一次性安置费收入，免征个人所得税；选项C，个人领取一次性补偿收入时按照国家和地方政府规定的比例实际缴纳的住房公积金、医疗保险费、基本养老保险费、失业保险费，可以在计征其一次性补偿收入的个人所得税时予以扣除。

8.【答案】C

【解析】个人投资者从上市公司取得的持股期限在1个月以上至1年（含1年）的股息、红利所得，暂减按50%计入个人应纳税所得额，依照现行税法规定计征个人所得税。应纳个人所得税 = 5 000 × 50% × 20% = 500（元）。

9.【答案】A

【解析】法定退休工资免征个人所得税。退休人员再任职取得的收入按照"工资、薪金所得"项目计征个人所得税。李先生月工资小于费用扣除标准，无须缴纳个人所得税。

10.【答案】A

【解析】选项B，无商业价值的广告品和货样，可免征关税；选项C，海关查验时已经破漏、损坏或者腐烂，经证明不是保管不慎造成的，经海关查明属实，可酌情减免进口关税；选项D，关税税额为人民币50元以下的一票货物，可免征关税。

11.【答案】B

【解析】资源税为价内税,包含在计税销售额中;增值税为价外税,不包含在计税销售额中。

12.【答案】B

【解析】纳税人使用的土地不属于同一省、自治区、直辖市管辖的,由纳税人分别向土地所在地的税务机关缴纳土地使用税。

13.【答案】C

【解析】已办理退税的被盗抢车船,失而复得的,纳税人应当从公安机关出具相关证明的当月起计算缴纳车船税。实际缴纳的车船税 = 9×560 + 560÷12×9 = 5 460(元)。

14.【答案】A

【解析】选项B、C、D所立合同不征收印花税。

15.【答案】C

【解析】选项C,货物运输合同的计税依据为取得的运输费金额(即运费收入),不包括所运货物的金额、装卸费和保险费等。

16.【答案】B

【解析】选项A,该居民企业为跨国企业集团的最终控股企业,且其上一会计年度合并财务报表中的各类收入金额合计超过55亿元,区分"应当"和"可要求";选项C、D,为税务机关可要求在实施特别纳税调查时企业提供国别报告。

17.【答案】A

【解析】房屋可以作为纳税抵押品;纳税质押包括动产质押(现金以及其他除不动产以外的财产提供的质押)和权利质押(汇票、支票、本票、债券、存款单等权利凭证提供的质押)。

18.【答案】B

【解析】选项B,税收优先于无担保债权,但并不是说优先于所有的无担保债权,对于法律另有规定的无担保债权,不能行使税收优先权。

19.【答案】B

【解析】纳税人有下列情况之一的,适用纳税担保:(1)税务机关有根据认为从事生产、经营的纳税人有逃避纳税义务行为,在规定的纳税期之前经责令其限期缴纳应纳税款,在限期内发现纳税人有明显的转移、隐匿其应纳税的商品、货物以及其他财产或者应纳税收入的迹象,责成纳税人提供纳税担保。(2)欠缴税款、滞纳金的纳税人或者其法定代表人需要出境的。(3)纳税人同税务机关在纳税上发生争议而未缴清税款,需要申请行政复议的。

20.【答案】D

【解析】选项D是征税行为,属于必经复议的范围。

21.【答案】B

【解析】行政复议期间,有下列情形之一的,行政复议终止:(1)申请人要求撤回行政复议申请,行政复议机构准予撤回的。(2)作为申请人的公民死亡,没有近亲属,或者其近亲属放弃行政复议权利的。(3)作为申请人的法人或者其他组织终止,其权利义务的承受人放弃行政复议权利的。(4)申请人与被申请人依照《税务行政复议规则》第八十七条的规定,经行政复议机构准许达成和解的。(5)行政复议申请受理以后,发现其他行政复议机关已经先于本机关受理,或者人民法院已经受理的。

22.【答案】D

【解析】中国人民解放军和中国人民武装警察部队列入军队武器装备订货计划的车辆免税,其他均应正常纳税。

23.【答案】D

【解析】A、B、C 均免税。对节约能源的车船，减半征收车船税；纯电动商用车、插电式（含增程式）混合动力汽车、燃料电池商用车免征车船税。纯电动乘用车和燃料电池乘用车不属于车船税征税范围，对其不征车船税。

24.【答案】D

【解析】印花税应纳税额不足 1 角的，免纳印花税；1 角以上的，四舍五入。

二、多选题

1.【答案】ACD

【解析】房屋交换，价格相等不缴纳契税，价格不等由支付差价一方缴纳契税，所以选项 B 的表述不正确。

2.【答案】BCD

【解析】对外投资、承担风险的房产，由被投资方按余值缴纳房产税；对外投资、不承担风险的房产，由投资方按固定收益（租金）缴纳房产税；融资租赁房产的，由承租人自合同约定开始日的次月起缴纳房产税；未约定开始日的，由承租人自合同签订的次月起缴纳房产税。

3.【答案】ACD

【解析】获准占用耕地的单位或者个人应在收到土地管理部门的通知之日起 30 日内缴纳耕地占用税。纳税人临时占用耕地，应当依照条例规定缴纳耕地占用税。

4.【答案】ABD

【解析】选项 A、B，不属于直接向环境排放污染物，不缴纳相应污染物的环境保护税；选项 D，暂予免征环境保护税。

5.【答案】CD

【解析】非居民企业从中国境内取得的股息、红利等权益性投资收益和利息、租金、特许权使用费所得，以收入全额为应纳税所得额。担保费按照对利息所得规定的税率计算缴纳企业所得税。

6.【答案】ABCD

【解析】纳税人、扣缴义务人的权利：（1）纳税人、扣缴义务人有权向税务机关了解国家税收法律、行政法规的规定以及与纳税程序有关的情况。（2）纳税人、扣缴义务人有权要求税务机关为纳税人、扣缴义务人的情况保密。（3）纳税人依法享有申请减税、免税、退税的权利。（4）纳税人、扣缴义务人对税务机关所做出的决定，享有陈述权、申辩权；依法享有申请行政复议、提起行政诉论、请求国家赔偿等权利。（5）纳税人、扣缴义务人有权控告和检举税务机关、税务人员的违法违纪行为。

7.【答案】BD

【解析】选项 A，不属于非正常损失；选项 C，按视同销售处理。

8.【答案】ABCD

【解析】以上四个选项均正确。

9.【答案】ABCD

10.【答案】ABC

【解析】选项 D，纳税人违反"两税"有关税法而加收的滞纳金和罚款，是税务机关对纳税人违法行为的经济制裁，不作为城市维护建设税的计税依据。

11.【答案】ABD

【解析】选项C，烟叶税的纳税人是收购烟叶的单位。

12.【答案】ABCD

【解析】以上四个选项均免征车辆购置税。

13.【答案】ABC

【解析】税务机关作出的减免税审批决定，应当向纳税人送达减免税审批书面决定，但这不是承诺文书。

14.【答案】ABC

【解析】可在规定期限内向主管税务机关申请纳税信用修复的条件之一为：纳税人发生未按法定期限办理纳税申报、税款缴纳、资料备案等事项且已补办的。

三、计算问答题

1.【答案及解析】

（1）清算比例＝已转让的房地产建筑面积÷整个项目可售建筑面积×100%＝15 000.8÷17 000×100%＝88.24%。

（2）增值税＝50 000÷（1＋5%）×5%＝2 380.95（万元），A项目清算时允许扣除的与转让房地产有关的税金＝2 380.95×（7%＋3%＋2%）＝285.71（万元）。

（3）允许扣除的取得土地使用权所支付的金额＝8 240×88.24%＝7 270.98（万元）。

允许扣除的房地产开发成本＝15 000×88.24%＝13 236（万元）。

允许扣除的房地产开发费用＝（7 270.98＋13 236）×10%＝2 050.70（万元）。

（4）项目清算时允许扣除项目金额合计＝7 270.98＋13 236＋2 050.70＋285.71＋（7 270.98＋13 236）×20%＝26 944.79（万元）。

2.【答案及解析】

（1）该金店零售纯金首饰需要缴纳消费税，零售玉石首饰不缴纳消费税。业务（1）应纳消费税＝226÷（1＋13%）×5%＝10（万元）。

（2）纳税人采用以旧换新（含翻新改制）方式销售的金银首饰，应按实际收取的不含增值税的全部价款确定计税依据征收消费税。业务（2）应纳消费税＝56.5÷（1＋13%）×5%＝2.5（元）。

（3）带料加工的金银首饰，应按受托方销售同类金银首饰的销售价格确定计税依据征收消费税。没有同类金银首饰销售价格，按照组成计税价格计算纳税。组成计税价格＝（材料成本＋加工费）÷（1－金银首饰消费税税率）＝[（30 000＋5 650÷（1＋13%）]÷（1－5%）＝36 842.11（元）。业务（3）应纳消费税＝36 842.11×5%＝1 842.11（元）。

（4）纳税人自产应税消费品用于奖励优秀员工视同对外销售，没有同类消费品销售价格的，按照组成计税价格计算纳税。组成计税价格＝成本×（1＋成本利润率）÷（1－消费税比例税率）＝500×270×（1＋6%）÷（1－5%）＝150 631.58（元）。业务（4）应纳消费税＝150 631.58×5%＝7 531.58（元）。

3.【答案及解析】

（1）张某1月工资薪金所得被预扣预缴的个人所得税＝（50 000－5 000）×10%－2 520＝1 980（元）。

（2）张某稿酬所得被预扣预缴的个人所得税＝（3 000－800）×70%×20%＝308（元）。

（3）张某股票期权行权所得应缴纳个人所得税＝（36－1）×10 000×25%－31 920＝55 580（元）。

(4) 张某取得股息收入应缴纳个人所得税 = 1 500 × 50% × 20% = 150（元）。

(5) 个人将行权后的境内上市公司股票再行转让而取得的所得，暂不征收个人所得税。

(6) 张某取得的董事费被预扣预缴的个人所得税 = 50 000 × （1 - 20%） × 30% - 2 000 = 10 000（元）。

4. 【答案及解析】

(1) 来源于境外的应纳税所得额 = 9 ÷ （1 - 20% × 50%） = 10（万元）。

(2) 境外所得抵免限额 = 10 × 25% = 2.5（万元）。

(3) 广告费扣除限额 = 4 000 × 15% = 600（万元），实际发生 620 万元，超标纳税调增 20 万元。来源于境内的应纳税所得额 = 4 000 - 2 000 - 20 - 700 - 500 - 80 + 20 = 720（万元）。

(4) 实际应缴纳企业所得税 = 720 × 25% + 10 × 25% - 1 = 181.5（万元）。

注意不考虑预提所得税和税收饶让，那么境外实际已纳税额就是 1 万元，不超过抵免限额，那么补税 1.5 万元。

四、综合题

1. 【答案及解析】

(1) 关税完税价格 = （200 + 30） + （200 + 30） × 0.3% = 230.69（万元）。

关税应纳税额 = 230.69 × 10% = 23.07（万元）。

(2) 增值税应纳税额 = （230.69 + 23.07） × 13% = 32.99（万元）。

(3) 应退税额 = 80 × 13% = 10.4（万元）。

(4) 应预缴的增值税 = 110 ÷ （1 + 9%） × 3% = 3.03（万元），应预缴的城市维护建设税 = 3.03 × 7% = 0.21（万元）。

(5) 允许抵扣的进项税额为 135（万元），因为从 2019 年 4 月 1 日起，不动产的进项税额一次性抵扣。

(6) 应扣缴增值税 = 174 ÷ （1 + 13%） × 13% = 153.98 × 13% = 20.02（万元）。

(7) 应扣缴的企业所得税 = 153.98 × 10% = 15.40（万元）。

(8) 销项税额 = 300 × 13% = 39（万元）。

(9) 当月允许抵扣的进项税额 = 32.99 × 98% + 135 + 20.02 = 187.35（万元）。

(10) 当月合计缴纳增值税 = 110 ÷ （1 + 9%） × 9% + 39 - 187.35 - 3.03 = -142.30（万元）。

2. 【答案及解析】

(1) 2019 年度补缴的房产 = 650 × （1 - 20%） × 1.2% = 6.24（万元）。

2019 年度补缴的城镇土地使用税 = 1 000 × 30 ÷ 10 000 = 3（万元）。

(2) 该企业 12 月购置办公楼应缴纳的契税 = 2 200 × 4% = 88（万元）。

(3) 该企业 2019 年度的利润总额 = 2 600 - 6.24 - 3 + 20 = 2 610.76（万元）。

向贫困山区捐赠款扣除限额 = 2 610.76 × 12% = 313.29（万元），实际发生 360 万元，应调增应纳税所得额 = 360 - 313.29 = 46.71（万元）。

(4) 职工福利费扣除限额 = 5 600 × 14% = 784（万元），实际发生 920 万元，应调增应纳税所得额 = 920 - 784 = 136（万元）。工会经费扣除限额 = 5 600 × 2% = 112（万元），实际发生 120 万元，应调增应纳税所得额 = 120 - 112 = 8（万元）。职工教育经费扣除限额 = 5 600 × 8% = 448（万元），实际发生 468 万元，应调增应纳税所得额 = 468 - 448 = 20（万元），职工福利费、工会经费和职工教育经费应调整的应纳税所得额合计数 = 136 + 8 + 20 = 164（万元）。

(5) 广告费扣除限额 = (68 000 + 6 000) × 15% = 11 100（万元），实际发生 11 300 万元，纳税调增应纳税所得额 = 11 300 – 11 100 = 200（万元）。业务招待费扣除限额 1 = 660 × 60% = 396（万元），业务招待费扣除限额 = (68 000 + 6 000) × 5‰ = 370（万元）。因此业务招待费税前扣除限额为 370 万元，实际发生额为 660 万元，纳税调增应纳税所得额 = 660 – 370 = 290（万元）。

(6) 利息费用应调增应纳税所得额 = 130 – 3 200 × 6% ÷ 12 × 6 = 34（万元）。

(7) 应调减应纳税所得额 = 460 × 75% = 345（万元）。

(8) 国债利息收入应调减应纳税所得额 70 万元，股息收入应调减应纳税所得额 150 万元。应调减应纳税所得额 = 70 + 150 = 220（万元）。

(9) 技术转让收入应缴纳的企业所得税 = (2 300 – 1 400 – 500) × 50% × 25% = 50（万元）。

(10) 应补缴所得税额 = [2 610.76 + 46.71 + 136 + 8 + 20 + 200 + 290 + 34 – 345 – 70 – 150 – (2 300 – 1 400)] × 25% + 50 – 240 = 280.12（万元）。

第四部分 历年试卷精析

2018年注册会计师考试税法真题

一、单项选择题（本题型共24小题，每小题1分，共24分）

1. 下列承包经营的情形中，应以发包人为增值税纳税人的是（　　）。
   A. 以承包人名义对外经营，由承包人承担法律责任的
   B. 以发包人名义对外经营，由发包人承担法律责任的
   C. 以发包人名义对外经营，由承包人承担法律责任的
   D. 以承包人名义对外经营，由发包人承担法律责任的

2. 下列应税消费品中，除了在生产销售环节征收消费税外，还应在批发环节征收消费税的是（　　）。
   A. 高档手表　　　　　　　　B. 高档化妆品
   C. 卷烟　　　　　　　　　　D. 超豪华小汽车

3. 下列车船中，免征车船税的是（　　）。
   A. 辅助动力帆艇　　　　　　B. 武警专用车船
   C. 半挂牵引车　　　　　　　D. 客货两用汽车

4. 个人取得的下列所得中，适用按年征收个人所得税的是（　　）。
   A. 经营家庭旅馆取得的所得
   B. 将房产以年租的方式取得的租金所得
   C. 转让房产取得的所得
   D. 转让持有期满一年的股票取得的所得

5. 个人取得的下列所得中，应确定为来源于中国境内所得的是（　　）。
   A. 在境外开办教育培训取得的所得
   B. 拥有的专利在境外使用而取得的所得
   C. 从境外上市公司取得的股息所得
   D. 将境内房产转让给外国人取得的所得

6. 科技型中小企业开展研发活动中实际发生的研发费用，在企业所得税税前加计扣除的比例为（　　）。
   A. 50%　　　B. 75%　　　C. 25%　　　D. 100%

7. 下列税种中，其收入全部作为中央政府固定收入的是（　　）。

A. 耕地占用税 B. 个人所得税
C. 车辆购置税 D. 企业所得税

8. 在税务行政诉讼中，税务机关可享有的权利是（   ）。
   A. 应诉权   B. 反诉权   C. 起诉权   D. 撤诉权

9. 某居民企业以其持有的一处房产投资设立一家公司，如不考虑特殊性税务处理，下列关于该投资行为涉及企业所得税处理的是（   ）。
   A. 以房产的账面价值作为被投资方的计税基础
   B. 以房产对外投资确认的转让所得，按6年分期均匀计入相应年度的应纳税所得额
   C. 以签订投资协议的当天为纳税申报时间
   D. 对房产进行评估，并按评估后的公允价值扣除计税基础后的余额确认房产的转让所得

10. 税务行政复议期间发生的下列情形中，应当终止行政复议的是（   ）。
    A. 作为申请人的公民死亡且没有近亲属
    B. 案件涉及法律适用问题，需要有权机关作出解释
    C. 作为申请人的公民下落不明
    D. 作为申请人的法人终止且尚未确定权利义务承受人

11. 境内单位和个人发生的下列跨境应税行为中，适用增值税零税率的是（   ）。
    A. 向境外单位转让的完全在境外使用的技术
    B. 向境外单位提供的完全在境外消费的电信服务
    C. 在境外提供的广播影视节目播映服务
    D. 无运输工具承运业务的经营者提供的国际运输服务

12. 境内机构对外支付下列外汇资金时，须办理和提交《服务贸易等项目对外支付税务备案表》的是（   ）。
    A. 境内机构在境外发生的商品展销费用
    B. 进口贸易项下境外机构获得的国际运输费用
    C. 境内机构在境外承包工程的工程款
    D. 我国区县级国家机关对外无偿捐赠援助资金

13. 下列行为在计算增值税销项税额时，应按照差额确定销售额的是（   ）。
    A. 商业银行提供贷款服务
    B. 企业逾期未收回包装物不再退还押金
    C. 转让金融商品
    D. 直销员将从直销企业购买的货物销售给消费者

14. 下列关于资源税优惠政策的表述，不正确的是（   ）。
    A. 稠油资源税减征40%
    B. 从深水油气田开采的原油、天然气，减征30%资源税
    C. 高含硫天然气资源税减征30%

D. 高凝油资源税减征 50%

15. 下列情形中，纳税人应当注销税务登记的是（   ）。

    A. 纳税人改变生产经营方式的

    B. 纳税人被工商行政管理部门吊销营业执照的

    C. 纳税人改变名称的

    D. 纳税人改变住所和经营地点未涉及改变原主管税务机关的

16. 下列单位占用的耕地中，应减征耕地占用税的是（   ）。

    A. 幼儿园　　　　　　　　　　　B. 养老院

    C. 港口　　　　　　　　　　　　D. 省政府批准成立的技工学校

17. 下列情形中，属于直接向环境排放污染物从而应缴纳环境保护税的是（   ）。

    A. 企业在符合国家和地方环境保护标准的场所处置固体废物的

    B. 事业单位向依法设立的生活垃圾集中处理场所排放应税污染物的

    C. 企业向依法设立的污水集中处理场所排放应税污染物的

    D. 依法设立的城乡污水集中处理场所超过国家和地方规定的排放标准排放应税污染物的

18. 下列税费的征收管理，适用《中华人民共和国税收征收管理法》的是（   ）。

    A. 房产税　　　　　　　　　　　B. 地方教育附加

    C. 关税　　　　　　　　　　　　D. 海关代征消费税

19. 下列从境外进入我国港口的船舶中，免征船舶吨税的是（   ）。

    A. 养殖渔船

    B. 非机动驳船

    C. 拖船

    D. 吨水执照期满后 24 小时内上下客货的船舶

20. 下列情形中，纳税人应当进行土地增值税清算的是（   ）。

    A. 取得销售许可证满 1 年仍未销售完毕的

    B. 转让未竣工结算房地产开发项目 50% 股权的

    C. 直接转让土地使用权的

    D. 房地产开发项目尚未竣工但已销售面积达到 50% 的

21. 下列人员中，属于车辆购置税纳税义务人的是（   ）。

    A. 应税车辆的捐赠者　　　　　　B. 应税车辆的获奖者

    C. 应税车辆的出口者　　　　　　D. 应税车辆的销售者

22. 下列行为中，应当缴纳契税的是（   ）。

    A. 承包者获得农村集体土地承包经营权

    B. 企业受让土地使用权

    C. 企业将厂房抵押给银行

    D. 个人承租居民住宅

23. 非居民企业取得的下列所得中，应当计算缴纳企业所得税的是（   ）。
   A. 国际金融组织向中国政府提供优惠贷款取得利息所得
   B. 国际金融组织向中国居民企业提供优惠贷款取得利息所得
   C. 外国政府向中国政府提供贷款取得利息所得
   D. 外国金融机构向中国居民企业提供商业贷款取得利息所得
24. 关联交易同期资料中的主体文档，应当在企业集团最终控股企业会计年度终了之日起一定期限内准备完毕。这一期限为（   ）。
   A. 15个月   B. 18个月   C. 12个月   D. 24个月

二、多项选择题（本题型共14小题，每小题1.5分，共21分）

1. 金融企业提供金融服务取得的下列收入中，按"贷款服务"缴纳增值税的有（   ）。
   A. 以货币资金投资收取的保底利润
   B. 融资性售后回租业务取得的利息收入
   C. 买入返售金融商品利息收入
   D. 金融商品持有期间取得的非保本收益
2. 下列各项中，适用消费税出口免税并退税政策的有（   ）。
   A. 有出口经营权的外贸企业购进应税消费品直接出口
   B. 生产企业委托外贸企业代理出口自产的应税消费品
   C. 有出口经营权的生产性企业自营出口应税消费品
   D. 外贸企业受其他外贸企业委托代理出口应税消费品
3. 下列关于房产税纳税义务发生时间的表述中，正确的有（   ）。
   A. 纳税人自行新建房屋用于生产经营，从建成之月起缴纳房产税
   B. 纳税人将原有房产用于生产经营，从生产经营之月起缴纳房产税
   C. 纳税人出租房产，自交付出租房产之次月起缴纳房产税
   D. 房地产开发企业自用本企业建造的商品房，自房屋使用之次月起缴纳房产税
4. 个人转让股权的下列情形中，税务机关可以核定股权转让收入的有（   ）。
   A. 因遭遇火灾而无法提供股权转让收入的相关资料
   B. 转让方拒不向税务机关提供股权转让收入的有关资料
   C. 申报的股权转让收入明显偏低但有正当理由
   D. 未按规定期限申报纳税，且超过税务部门责令申报期限仍未申报
5. 下列各项税费中，应计入出口货物完税价格的有（   ）。
   A. 货物运至我国境内输出地点装载前的保险费
   B. 货物运至我国境内输出地点装载前的运输费用
   C. 货物出口关税
   D. 货价中单独列明的货物运至我国境内输出地点装载后的运输费用
6. 下列商品中，目前属于消费税征税范围的有（   ）。

A. 变压器　　　　　B. 高尔夫车　　　　C. 铅蓄电池　　　　D. 翡翠电池

7. 下列各项中，属于税法适用原则的有（　　）。

   A. 实体法从旧，程序法从新

   B. 层次高的法律优于层次低的法律

   C. 国内法优于国际法

   D. 同一层次的法律中，特别法优于普通法

8. 对下列事项进行行政复议时，申请人和被申请人在行政复议机关作出行政复议前可以达成和解的有（　　）。

   A. 行政赔偿　　　　B. 行政奖励　　　　C. 行政处罚　　　　D. 核定税率

9. 下列污染物中，属于环境保护税征收范围的有（　　）。

   A. 建筑噪声　　　　B. 二氧化硫　　　　C. 煤矸石　　　　　D. 氮氧化物

10. 根据《税收征收管理法》规定，下列情形中的企业不得作为纳税保证人的有（　　）。

    A. 与纳税人存在担保关联关系的

    B. 纳税信用等级被评为C级以下的

    C. 有欠税行为的

    D. 因有税收违法行为正在被税务机关立案处理的

11. 某民办学校计划按照非营利组织的免税收入认定条件，申请学费收入免征企业所得税。下列各项中，属于非营利组织免税收入认定条件的有（　　）。

    A. 工作人员工资福利开支控制在规定的比例内

    B. 投入人对投入该学校的财产不保留或者享有任何财产权利

    C. 依法履行非营利组织登记手续

    D. 财产及孳生息可以在合理范围内根据确定的标准用于分配

12. OECD于2015年10月发布税基侵蚀和利润转移项目全部15项产出成果。下列各项中，属于该产出成果的有（　　）。

    A. 《防止税收协定优惠的不当授予》

    B. 《金融账户涉税信息自动交换标准》

    C. 《消除混合错配安排的影响》

    D. 《确保转让定价结果与价值创造相匹配》

13. 下列土地中，属于法定免缴城镇土地使用税的有（　　）。

    A. 个人所有的居住房屋用地

    B. 免税单位无偿使用纳税单位的土地

    C. 名胜古迹自用土地

    D. 国家财政部门拨付事业经费的学校用地

14. 下列合同中，应按照"产权转移书据"税目缴纳印花税的有（　　）。

    A. 商品房销售合同　　　　　　　　　B. 专利实施许可合同

C. 股权转让合同　　　　　　　　D. 专利申请权转让合同

三、计算问答题（本题型共 4 小题，共 24 分）

1. 甲酒厂为增值税一般纳税人，主要经营粮食白酒的生产与销售，2019 年 11 月发生下列业务：

（1）以自产的 10 吨 A 类白酒换入企业乙的蒸汽酿酒设备，取得企业乙开具的增值税专用发票上注明价款 20 万元，增值税 2.6 万元。已知该批白酒的生产成本为 1 万元/吨，不含增值税平均销售价格为 2 万元/吨，不含增值税最高销售价格为 2.5 万元/吨。

（2）移送 50 吨 B 类白酒给自设非独立核算门市部，不含增值税售价为 1.5 万元/吨，门市部对外不含增值税售价为 3 万元/吨。

（3）受企业丙委托加工 20 吨粮食白酒，双方约定由企业丙提供原材料，成本为 30 万元，开具增值税专用发票上注明的加工费 8 万元、增值税 1.04 万元。甲酒厂同类产品售价为 2.75 万元/吨。

（其他相关资料：白酒消费税税率为 20% 加 0.5 元/500 克，粮食白酒成本利润率为 10%。）

根据上述资料，回答下列问题，如有计算须计算出合计数。

（1）简要说明税务机关应核定白酒消费税最低计税价格的两种情况。
（2）计算业务（1）应缴纳的消费税税额。
（3）计算业务（2）应缴纳的消费税税额。
（4）说明业务（3）的消费税纳税义务人和计税依据。
（5）计算业务（3）应缴纳的消费税税额。

2. 甲公司为一家注册在香港的公司，甲公司通过其在开曼群岛设立的特殊目的公司 SPV 公司，在中国境内设立了一家外商投资企业公司。SPV 公司是家空壳公司，自成立以来不从事任何实质业务，没有配备资产和人员，也没有取得经营性收入。甲公司及其子公司相关股权架构示意如下，持股比例均为 100%。

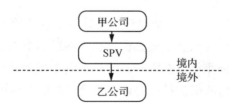

乙公司于 2017 年发生了如下业务：

① 5 月 5 日，通过 SPV 公司向甲公司分配股息 1 000 万元。

② 7 月 15 日，向甲公司支付商标使用费 1 000 万元，咨询费 800 万元，7 月 30 日向甲公司支付设计费 5 万元，甲公司派遣相关人员来中国提供服务。

③ 12 月 20 日，甲公司将 SPV 公司的全部股权转让给另一中国居民企业丙公司。

（其他相关资料：1 美元折合 6.5 元人民币。）

根据上述资料，回答下列问题：

（1）计算乙公司向 SPV 公司分配股息时应代扣代缴的企业所得税。

（2）计算乙公司向甲公司支付商标使用费，咨询费，设计费应代扣代缴的增值税。

（3）计算乙公司向甲公司支付商标使用费，咨询费，设计费应代扣代缴的企业所得税。

（4）.指出乙公司上述对外支付的款项中，需要办理税务备案手续的项目有哪些？并说明理由。

（5）判断甲公司转让 SPV 公司的股权是否需要在中国缴纳企业所得税？并说明理由。

3. 甲公司 2018 年 7 月 1 日转让其位于市区的一栋办公大楼，取得不含增值税销售收入 24 000 万元。2010 年建造该办公楼时，为取得土地使用权支付金额 6 000 万元，发生建造成本 8 000 万元。转让时经政府批准的房地产评估机构评估后，确定该办公楼的重置成本价为 16 000 万元，成新度折旧率为 60%，允许扣除的有关税金及附加 1 356 万元。

根据上述资料，回答下列问题，如有计算须计算出合计数。
（1）回答甲公司办理土地增值税纳税申报的期限。
（2）计算土地增值税时甲公司办公楼的评估价格。
（3）计算土地增值税时允许扣除项目金额的合计数。
（4）计算转让办公楼应缴纳的土地增值税。

4. 甲为某企业员工，2017 年发生了如下经济行为：
（1）单位依照国家标准为甲办理了企业年金并缴费 800 元。
（2）年初取得该企业年金计划分配的上年投资收益 2 000 元，甲将该部分收益存入年金个人账户。
（3）购买福利彩票中奖 100 万元，在领取奖金时当场向民政部门捐款 10 万元。
（4）取得持有期满两年的某 A 股股票分红 6 000 元，另取得持股期 6 个月的另一 A 股股票分红 8 000 元。

根据上述资料，回答下列问题，如有计算须计算出合计数。
（1）回答单位为甲缴纳的企业年金是否应在当期缴纳个人所得税并说明理由。
（2）回答甲取得上年企业年金投资收益时是否应在当期缴纳个人所得税并说明理由。
（3）判断甲向民政部门的捐款是否允许税前全额扣除并说明理由。
（4）计算甲取得的彩票中奖收入应缴纳的个人所得税。
（5）计算甲取得的股票分红收入应缴纳的个人所得税。

四、综合题（本题型共 2 小题，共 31 分）

1. 甲制造企业为增值税一般纳税人，自 2017 年起被认定为高新技术企业。其 2019 年度的生产经营情况如下：
（1）当年销售货物实现销售收入 8 000 万元，对应的成本为 5 100 万元。
（2）12 月购入新设备，取得增值税专用发票上注明的金额为 600 万元，当月投入使用。会计上作为固定资产核算并按照5年计提折旧。

（3）通过其他业务收入核算转让5年以上非独占许可使用权收入700万元，与之相应的成本及税费为100万元。

（4）当年发生管理费用800万元，其中含新产品研究开发费用200万元（已独立核算管理）、业务招待费80万元。

（5）当年发生销售费用1 800万元，其中含广告费1 500万元。

（6）当年发生财务费用200万元。

（7）取得国债利息收入150万元，企业债券利息收入180万元。

（8）全年计入成本、费用的实发合理工资总额400万元（含残疾职工工资50万元），实际发生职工福利费120万元，职工教育经费33万元，拨缴工会经费18万元。

（9）当年发生营业外支出共计130万元，其中违约金5万元，税收滞纳金7万元，补缴高管个人所得税15万元。

（10）当年税金及附加科目共列支200万元。

（其他相关资料：各扣除项目均已取得有效凭证，相关优惠已办理必要手续。）

根据上述资料，回答下列问题，如有计算须计算出合计数。

（1）判断12月份购进新设备的成本能否一次性税前列支并说明理由。

（2）计算当年的会计利润。

（3）计算业务（3）中转让非独占许可使用权应纳税所得额调整金额。

（4）计算业务（4）中研究开发费及业务招待费应纳税所得额调整金额。

（5）计算业务（5）中广告费应纳税所得额调整金额。

（6）计算业务（7）涉及的应纳税所得额调整金额。

（7）计算业务（8）中工资、职工福利费、工会经费、职工教育经费应纳税所得额调整金额。

（8）计算业务（9）涉及的应纳税所得额调整金额。

（9）计算当年该企业的企业所得税应纳税所得额。

（10）计算当年该企业应缴纳的企业所得税。

2. 机构所在地位于A市的某综合性甲企业（一般纳税人）2019年12月发生如下业务：

（1）将位于B市的一处办公用房（系2017年5月1日后取得）对外出租，收取月租金（含税）4万元；

（2）将位于C市的一栋库房对外转让（该库房于2017年6月建成使用），取得转让收入（不含税）560万元；

（3）将本企业的电梯广告位出租给某广告公司发布广告，本月收取含税广告位占用费3.5万元，该电梯建于"营改增前"，企业对此项业务选择按照简易计税方法计税；

（4）允许广告公司在本企业2017年12月建成的围墙上喷涂家电、服装广告，价税合计收取3万元；

（5）维修原值190万元的仓库，为修缮购进货物和设计服务费支出100万元，取得对方开具的增值税专用发票注明进项税合计8万元；

（6）与乙广告公司签订价税合计为45 000元的广告拍摄和发布合同，预付广告公司50%的款项并取得广告公司开具的与预付款相对应的增值税专用发票；

（7）购进一批小家电，发给职工每人一件，取得对方开具的增值税专用发票注明的价税合计金额12万元。

根据上述资料，回答下列问题：

（1）计算甲企业本月出租办公用房在B市应预缴的增值税。

（2）计算甲企业本月转让库房在C市应预缴的增值税。

（3）计算甲企业本月在A市应确认的销项税额合计数。

（4）计算甲企业本月可抵扣的进项税额合计数。

（5）计算甲企业本月在A市应缴纳的增值税额合计数。

参考答案及解析

一、单项选择题

1.【答案】B

【解析】以承包、承租、挂靠方式经营的，承包人、承租人、挂靠人（以下统称承包人）以发包人、出租人、被挂靠人（以下统称发包人）名义对外经营并由发包人承担相关法律责任的，以该发包人为纳税人；否则以承包人为纳税人。

2.【答案】C

【解析】自2009年5月1日起，在卷烟批发环节加征一道消费税。本题所考察的知识点是卷烟批发环节应纳消费税的计算。

3.【答案】B

【解析】选项B，军队、武装警察部队专用的车船，免征车船税。

4.【答案】A

【解析】选项A，按年计征；选项B、C、D，按次计征。

5.【答案】D

【解析】下列所得，不论支付地点是否在中国境内，均为来源于中国境内的所得：（1）因任职、受雇、履约等而在中国境内提供劳务取得的所得；（2）将财产出租给承租人在中国境内使用而取得的所得；（3）转让中国境内的建筑物、土地使用权等财产或者在中国境内转让其他财产取得的所得（选项D）；（4）许可各种特许权在中国境内使用而取得的所得；（5）从中国境内的公司、企业以及其他经济组织或者个人取得的利息、股息、红利所得。

6.【答案】B

【解析】科技型中小企业开展研发活动中实际发生的研发费用，未形成无形资产计入当期损益的，在按规定据实扣除的基础上，在2017年1月1日至2019年12月31日期间，再按照实际发生额的75%在税前加计扣除；形成无形资产的，在上述期间按照无形资产成本的175%在税前摊销。

7.【答案】C

【解析】中央政府固定收入包括消费税（含进口环节海关代征部分）、车辆购置税、关税、海关代征的进口环节增值税等。本题所考察的知识点是税收收入划分。

8.【答案】A

【解析】在行政诉讼案件中，税务机关不享有起诉权，只有应诉权，即只能当作被告。本题所考察的知识点是税务行政诉讼的起诉和受理。

9.【答案】D

【解析】选项A，以房产的公允价值作为被投资方的计税基础；选项B，以房产投资对外确认的转让所得不超过5年期限内，分期均匀计入相应年度的应纳税所得额；选项C，应于投资协议生效并办理股权登记手续时，确认非货币性资产转让收入的实现。本题所考察的知识点是非货币性资产投资企业所得税的处理。

10.【答案】A

【解析】行政复议期间，有下列情形之一的，行政复议终止：（1）申请人要求撤回行政复议申请，行政复议机构准予撤回的。（2）作为申请人的公民死亡，没有近亲属，或者其近亲属放弃行政复议权利的。（3）作为申请人的法人或者其他组织终止，其权利义务的承受人放弃行政复议权利的。（4）申请人与被申请人依照规定，经行政复议机构准许达成和解的。（5）行政复议申请受理以后，发现其他行政复议机关已经先于本机关受理，或者人民法院已经受理的。本题所考察的知识点是税务行政复议的终止。

11.【答案】A

【解析】选项B、C、D，适用增值税免税政策；选项D，无运输工具承运业务的经营者提供的国际运输服务适用增值税零税率。本题所考察的知识点是增值税零税率、免税。

12.【答案】D

【解析】选项A、B、C，属于对外付汇无须进行税务备案的情形；选项D，我国省级以上国家机关对外无偿捐赠援助资金，无须进行税务备案，我国区县级国家机关对外无偿捐赠援助资金须进行税务备案。本题所考察的知识点是中国境内机构和个人对外付汇的税收管理。

13.【答案】C

【解析】转让金融商品，按照卖出价扣除买入价后的余额为销售额。本题所考察的知识点是按差额确定销售额。

14.【答案】D

【解析】高凝油资源税减征40%。

15.【答案】B

【解析】注销税务登记的适用范围：（1）纳税人因经营期限届满而自动解散；（2）企业由于改组、分立、合并等原因而被撤销；（3）企业资不抵债而破产；（4）纳税人住所、经营地址迁移而涉及改变原主管税务机关；（5）纳税人被工商行政管理部门吊销营业执照；（6）纳税人依法终止履行纳税义务的其他情形。本题所考察的知识点是税务登记管理。

16.【答案】C

【解析】铁路线路、公路线路、飞机场跑道、停机坪、港口、航道占用耕地，减按每平方米2元的税额征收耕地占用税。学校、幼儿园、养老院、医院占用地免征耕地占用税。本题所考察的知识点是耕地占用税税收优惠和征收管理。

17.【答案】D

【解析】依法设立的城乡污水集中处理、生活垃圾集中处理场所排放相应应税污染物，不超过国家和地方规定的排放标准的，免征环保税。超过国家和地方标准的，应当征税。本题所考察的知识点是环境保护税税收减免。

18.【答案】A

【解析】《税收征管法》的适用范围是税务机关征收的各种税收。由海关征收的关税及代征的增值税、消费税，不属于《税收征管法》的适用范围。本题所考察的知识点是税收征收管理法的适用范围。

19.【答案】A

【解析】选项A，免征船舶吨税；选项B、C，非机动驳船和拖船分别按相同净吨位船舶税率的50%计征税款；选项D，吨税执照期满后24小时内"不上下"客货的船舶免征船舶吨税。本题所考察的知识点是船舶吨税税收优惠。

20.【答案】C

【解析】纳税人应进行土地增值税清算的情况：（1）房地产开发项目全部竣工、完成销售的；（2）整体转让未竣工决算房地产开发项目的；（3）直接转让土地使用权的。本题所考察的知识点是房地产开发企业土地增值税清算。

21.【答案】B

【解析】车辆购置税的纳税人是指在我国境内"购置"应税车辆的单位和个人。车辆购置税的应税行为包括：购买使用行为；进口使用行为；受赠使用行为；自产自用行为；获奖使用行为以及以拍卖、抵债、走私、罚没等方式取得并使用的行为。本题所考察的知识点是车辆购置税纳税义务人与征税范围。

22.【答案】B

【解析】选项A、C、D均不征收契税。

23.【答案】D

【解析】非居民企业取得的下列所得免征企业所得税：（1）外国政府向中国政府提供贷款取得的利息所得；（2）国际金融组织向中国政府和居民企业提供优惠贷款取得的利息所得；（3）经国务院批准的其他所得。本题所考察的知识点是非居民企业优惠。

24.【答案】C

【解析】主体文档应当在企业集团最终控股企业。会计年度终了之日起12个月内准备完毕本题所考察的知识点是同期资料管理。

二、多项选择题

1.【答案】ABC

【解析】选项A，以货币资金投资收取的固定利润或者保底利润，按照贷款服务缴纳增值税；选项B、C，各种占用、拆借资金取得的收入，包括金融商品持有期间（含到期）利息（保本收益、报酬、资金占用费、补偿金等）收入、信用卡透支利息收入、买入返售金融商品利息收入、融资融券收取的利息收入，以及融资性售后回租、押汇、罚息、票据贴现、转贷等业务取得的利息及利息性质的收入，按照贷款服务缴纳增值税；选项D，金融商品持有期间（含到期）取得的非保本的收益，不属于利息或利息性质的收入，不征收增值税。本题所考察的知识点是征税范围。

2.【答案】AD

【解析】选项A、D，适用免税并退税政策；选项B、C，适用免税但不退税政策。本题所考察的知识点是消费税出口退税的计算。

3. 【答案】BCD

【解析】选项 A，纳税人自行新建房屋用于生产经营，从建成之次月起缴纳房产税。本题所考察的知识点是房产税纳税义务发生时间。

4. 【答案】ABD

【解析】符合下列情形之一的，主管税务机关可以核定股权转让收入：（1）申报的股权转让收入明显偏低且无正当理由的；（2）未按照规定期限办理纳税申报，经税务机关责令限期申报，逾期仍不申报的；（3）转让方无法提供或拒不提供股权转让收入的有关资料；（4）其他应核定股权转让收入的情形。本题所考察的知识点是个人转让股权应纳税额的计算。

5. 【答案】AB

【解析】出口货物的完税价格，由海关以该货物向境外销售的成交价格为基础审查确定，并应当包括货物运至中华人民共和国境内输出地点装载前的运输及其相关费用、保险费。但其中包含的出口关税税额，应当扣除。本题所考察的知识点是出口货物的完税价格。

6. 【答案】CD

【解析】选项 A，变压器油、导热类油等绝缘油类产品不属于润滑油，不征收消费税；选项 B，电动汽车以及沙滩车、雪地车、卡丁车、高尔夫车等均不属于小汽车税目征税范围，不征消费税。本题所考察的知识点是消费税征税范围。

7. 【答案】ABD

【解析】税法适用原则包括：（1）法律优位原则（选项 B）；（2）法律不溯及既往原则；（3）新法优于旧法原则；（4）特别法优于普通法原则（选项 D）；（5）实体从旧，程序从新原则（选项 A）；（6）程序优于实体原则。选项 C 说法错误。本题所考察的知识点是税法适用原则。

8. 【答案】ABCD

【解析】对下列行政复议事项，按照自愿、合法的原则，申请人和被申请人在行政复议机关作出行政复议决定以前可以达成和解，行政复议机关也可以调解：（1）行使自由裁量权作出的具体行政行为，如行政处罚（选项 C）、核定税额（选项 D）、确定应税所得率等。（2）行政赔偿（选项 A）。（3）行政奖励（选项 B）。（4）存在其他合理性问题的具体行政行为。本题所考察的知识点是税务行政复议和解与调解。

9. 【答案】ABCD

【解析】环保税的税目包括大气污染物、水污染物、固体废物和噪声。四个选项均属于应征收环保税的污染物。本题所考察的知识点是环境保护税的征税范围。

10. 【答案】ABCD

【解析】有以下情形之一的，不得作为纳税保证人：（1）有偷税、抗税、骗税、逃避追缴欠税行为被税务机关、司法机关追究过法律责任未满 2 年的；（2）因有税收违法行为正在被税务机关立案处理或涉嫌刑事犯罪被司法机关立案侦查的（选项 D）；（3）纳税信誉等级被评为 C 级以下的（选项 B）；（4）在主管税务机关所在地的市（地、州）没有住所的自然人或税务登记不在本市（地、州）的企业；（5）无民事行为能力或限制民事行为能力的自然人；（6）与纳税人存在担保关联关系的（选项 A）；（7）有欠税行为的（选项 C）。本题所考察的知识点是纳税保证。

11. 【答案】ABC

【解析】符合条件的非营利组织的收入属于企业所得税中的免税收入。其中符合条件的非营利组织是指：（1）依法履行非营利组织登记手续（选项 C）。（2）从事公益性或者非营利性活动。（3）取得的收入除用于与该组织有关的、合理的支出外，全部用于登记核定或者章程规定的公益性或者非营利性事业。（4）财产及其孳生息不用于分配。（5）按照登记核定或者章程规定，该组织注销后的剩余财产用于公益性或者非营利性目的，或者由登记管理机关转赠给与该组织性质、宗旨相同的组织，并向社会公告。（6）投入人对投入该组织的财产不保留或者享有任何财产权利（选项B）。（7）工作人员工资福利开支控制在规定的比例内，不变相分配该组织的财产（选项A）。（8）国务院财政、税务主管部门规定的其他条件。本题所考察的知识点是符合条件的非营利组织。

12.【答案】ACD

【解析】税基侵蚀和利润转移项目成果有以下15项：（1）《关于数字经济面临的税收挑战的报告》。(2)《消除混合错配安排的影响》（选项C）。(3)《制定有效受控外国公司规则》。(4)《对利用利息扣除和其他款项支付实现的税基侵蚀予以限制》。(5)《考虑透明度和实质性因素有效打击有害税收实践》。(6)《防止税收协定优惠的不当授予》（选项A）。(7)《防止人为规避构成常设机构》。(8)—(10)无形资产、风险和资本、其他高风险交易《确保转让定价结果与价值创造相匹配》（选项D）。(11)《衡量和监控BEPS》。(12)《强制披露规则》。(13)《转让定价文档与国别报告》。(14)《使争议解决机制更有效》。(15)《开发用于修订双边税收协定的多边工具》。

本题所考察的知识点是税基侵蚀和利润转移项目成果。

13.【答案】BCD

【解析】选项A，属于省、自治区、直辖市地方税务局确定的土地使用税减免优惠，不是"法定减免"。本题所考察的知识点是城镇土地使用税的税收优惠。

14.【答案】ABC

【解析】本题所考察的知识点是印花税税目。考生要分清只有需要到相关部门登记过户的销售业务签订的合同，才属于"产权转移书据"。选项A，商品房销售合同按照"产权转移书据"缴纳印花税，不是按照"购销合同"；选项B、C，按照"产权转移书据"缴纳印花税；选项D，"非专利技术转让合同"和"专利申请权转让合同"按照"技术合同"计征印花税。

三、计算问答题

1.【答案及解析】

（1）① 白酒生产企业销售给销售单位的白酒，生产企业消费税计税价格低于销售单位对外销售价格（不含增值税）70%以下的，税务机关应核定消费税最低计税价格；

② 自2015年6月1日起，纳税人将委托加工收回的白酒销售给销售单位，消费税计税价格低于销售单位对外销售价格（不含增值税）70%以下的，也应核定消费税最低计税价格。

本题所考察的知识点是消费税计税依据的特殊规定。

（2）业务（1）应缴纳的消费税 = $10 \times 2.5 \times 20\% + 10 \times 2\,000 \times 0.5 \div 10\,000 = 6$（万元）。

纳税人用于换取生产资料、消费资料、投资入股、抵偿债务的应税消费品，按照同类应税消费品的最高销售价格计算消费税。本题所考察的知识点是消费税计税依据的特殊规定。

（3）业务（2）应缴纳的消费税 = $3 \times 50 \times 20\% + 50 \times 2\,000 \times 0.5 \div 10\,000 = 35$（万元）。

纳税人通过自设非独立核算门市部销售的自产应税消费品，应按门市部对外销售额或者销售数量征收消费税。本题所考察的知识点是消费税计税依据的特殊规定。

（4）① 业务（3）的消费税纳税义务人是企业丙。符合委托加工条件的应税消费品的加工，消费税的纳税人是委托方。② 从价部分的计税依据 = $2.75 \times 20 = 55$（万元）。从量部分的计税依据为20吨。委托加工的应税消费品，按照受托方的同类消费品的销售价格计算纳税；没有同类消费品销售价格的，按照组成计税价格计算纳税。

（5）业务（3）应缴纳的消费税 = 2.75×20×20% + 20×2 000×0.5÷10 000 = 13（万元）。

2.【答案及解析】

（1）应代扣代缴的企业所得税 = 1 000×10% = 100（万元）。

（2）应代扣代缴增值税 =（1 000 + 800 + 5）÷（1 + 6%）×6% = 102.17（万元）。

（3）应代扣代缴企业所得税 =（1 000 + 800 + 5）÷（1 + 6%）×10% = 170.28（万元）。

（4）需要备案的项目有：分配股息、支付商标使用费、咨询费。

理由：境内机构和个人向境外单笔支付等值5万美元以上（不含等值5万美元）下列外汇资金，除无须进行税务备案的情形外，均应向所在地主管国税机关进行税务备案，主管税务机关仅为地税机关的，应向所在地同级国税机关备案。

① 境外机构或个人从境内获得的包括运输、旅游、通信、建筑安装及劳务承包、保险服务、金融服务、计算机和信息服务、专有权利使用和特许、体育文化和娱乐服务、其他商业服务、政府服务等服务贸易收入。

② 境外个人在境内的工作报酬，境外机构或个人从境内获得的股息、红利、利润、直接债务利息、担保费以及非资本转移的捐赠、赔偿、税收、偶然性所得等收益和经常转移收入。

③ 境外机构或个人从境内获得的融资租赁租金、不动产的转让收入、股权转让所得以及外国投资者其他合法所得。

外国投资者以境内直接投资合法所得在境内再投资单笔5万美元以上的，也应按照规定进行税务备案。

（5）需要在中国缴纳企业所得税。

理由：非居民企业通过实施不具有合理商业目的的安排，间接转让中国居民企业股权，规避企业所得税纳税义务的应重新定性该间接转让交易，确认为直接转让中国居民企业股权。

3.【答案及解析】

（1）纳税人应在转让房地产合同签订后7日内，向房地产所在地主管税务机关办理纳税申报，并向税务机关提交相关合同等资料。

（2）甲公司办公楼的评估价格 = 重置成本价×成新度折扣率 = 16 000×60% = 9 600（万元）。

（3）转让存量房的扣除项目包括：① 取得土地使用权所支付的金额；② 房屋及建筑物的评估价格；③ 转让环节缴纳的税金。

计算土地增值税时允许扣除项目金额的合计数 = 6 000 + 9 600 + 1 356 = 16 956（万元）。

（4）本题所考察的知识点是土地增值税应纳税额的计算。

增值额 = 24 000 − 16 956 = 7 044（万元），增值率 = 7 044÷16 956×100% = 41.54% < 50%，税率为30%，转让办公楼应缴纳的土地增值税 = 7 044×30% = 2 113.2（万元）。

4.【答案及解析】

（1）单位为甲缴纳的企业年金不需要在当期缴纳个人所得税。

企业根据国家有关政策规定的办法和标准，为在本单位任职或者受雇的全体职工缴付的企业年金单位缴费部分，在计入个人账户时，个人暂不缴纳个人所得税。

（2）甲取得上年企业年金投资收益时不需要在当期缴纳个人所得税。年金基金投资运营收益分配计入个人账户时，个人暂不缴纳个人所得税。

（3）甲向民政部门的捐款可以在税前全额扣除。

个人将其所得通过中国境内的社会团体、国家机关向教育和其他社会公益事业以及遭受严重自然灾害地区、贫困地区捐赠，捐赠额未超过纳税义务人申报的应纳税所得额30%的部分，可以从其应纳税所得额中扣除。本题应纳税所得额的30% = 100×30% = 30（万元），大于捐款支出10万元，所以甲向民政部门的捐款可以在税前全额扣除。

（4）甲取得的彩票中奖收入应缴纳的个人所得税 = （100 - 10）×20% = 18（万元）。

（5）甲取得的股票分红收入应缴纳的个人所得税 = 8 000×50%×20% = 800（元）。

个人从公开发行和转让市场取得的上市公司股票，持股期限超过1年的，股息红利所得暂免征收个人所得税。持股期限在1个月以内（含1个月）的，其股息红利所得全额计入应纳税所得额；持股期限在1个月以上至1年（含1年）的，暂减按50%计入应纳税所得额；上述所得统一适用20%的税率计征个人所得税。

四、综合题

1.【答案及解析】

（1）12月份购进新设备的成本不能一次性税前列支。

税法规定对所有行业企业2018年1月1日至2020年12月31日期间新购进的设备、器具（房屋、建筑物以外的固定资产），单位价值不超过500万的，允许一次性扣除。

（2）当年的会计利润 = 8 000 - 5 100 + 700 - 100 - 800 - 1 800 - 200 + 150 + 180 - 130 - 200 = 700（万元）。

（3）转让非独占许可使用权应调减应纳税所得额 = （700 - 100）-（700 - 100 - 500）×50% = 550（万元）。

符合条件的技术转让所得可以免征、减征企业所得税，是指一个纳税年度内，居民企业技术转让所得不超过500万元的部分，免征企业所得税；超过500万元的部分，减半征收企业所得税。

技术转让的范围包括居民企业转让专利技术、计算机软件著作权、集成电路布图设计权、植物新品种、生物医药新品种、5年以上（含5年）非独占许可使用权以及财政部和国家税务总局确定的其他技术。

（4）研究开发费用应调减应纳税所得额 = 200×75% = 150（万元）。

业务招待费限额1 = （8 000 + 700）×0.5% = 43.5（万元），业务招待费限额2 = 80×60% = 48（万元），业务招待费应调增应纳税所得额 = 80 - 43.5 = 36.5（万元）。

（5）广告费扣除限额 = （8 000 + 700）×15% = 1 305（万元），广告费应调增应纳税所得额 = 1 500 - 1 305 = 195（万元）。

（6）业务（7）应调减应纳税所得额150万元。

（7）残疾职工工资应调减应纳税所得额50万元；

工会经费扣除限额 = 400×2% = 8（万元），应调增应纳税所得额 = 18 - 8 = 10（万元）；

职工福利费扣除限额 = 400×14% = 56（万元），应调增应纳税所得额 = 120 - 56 = 64（万元）；

职工教育经费扣除限额 = 400×8% = 32（万元），应调增应纳税所得额 = 33 - 32 = 1（万元）；

合计应调增应纳税所得额 = -50 + 10 + 64 + 1 = 25（万元）。

（8）业务（9）应调增应纳税所得额 = 7 + 15 = 22（万元）。

（9）企业所得税的应纳税所得额 = 700 - 550 - 150 + 36.5 + 195 - 150 + 25 + 22 = 128.5（万元）。

（10）应缴纳的企业所得税 = 128.5×15% = 19.28（万元）。

2.【答案及解析】

(1) 出租的不动产所在地与机构所在地不一致的,应在不动产所在地预缴,在机构所在地申报纳税。

甲企业在 B 市预缴增值税 = 40 000÷(1+9%)×3% = 1 100.92(元)。

(2) 企业转让其自建的不动产,应以全部价款和价外费用计算缴纳增值税,不动产所在地与机构所在地不一致的,应在不动产所在地预缴,在机构所在地申报纳税。

甲企业在 C 市预缴增值税 = 5 600 000×5% = 280 000(元)。

(3) 甲企业本月在 A 市应确认的销项税额:

出租办公用房在 A 市应确认的销项税额 = 40 000÷(1+9%)×9% = 504 000(元)。

转让库房在 A 市应确认的销项税额 = 5 600 000×9% = 504 000(元)。

在建筑物上出租广告位,按照不动产租赁缴纳增值税。在营改增前的建筑物上出租广告位的,可选择按照简易计税方法缴纳增值税;在营改增后的建筑物上出租广告位的,应按照一般计税方法计税。本月收取含税广告位占用费 3.5 万元,不属于销项税。

围墙广告位出租应确认的销项税额 = 30 000÷(1+9%)×9% = 2 477.06(元)。

本月在 A 市应确认的销项税额的合计数 = 3 302.75 + 504 000 + 2 477.06 = 509 779.81(元)。

(4) 甲企业本月可抵扣的进项税额:

修缮仓库的购进货物和设计服务费可以抵扣60%;进项税额 = 80 000×60% = 48 000(元)。

支付广告公司广告费可以抵扣进项税额 = 45 000×50%÷(1+6%)×6% = 1273.58(元)。

发给职工的小家电不可以抵扣进项税。

本月可抵扣的进项税额合计数 = 48 000 + 1 273.58 = 49 273.58(元)。

(5) 甲企业本月应缴纳的增值税额合计数:

电梯广告位出租应缴纳的增值税 = 35 000÷(1+5%)×5% = 1 666.67(元),甲企业本月在 A 市应纳增值税合计数 = 509 779.81 - 49 273.58 + 1 666.67 - 1 100.92 - 280 000 = 181 071.98(元)。

2019年注册会计师考试税法真题

一、单项选择题（本题型共24小题，每小题1分，共24分）

1. 按照随进口货物的价格由高至低而由低至高设置的关税税率计征的关税是（   ）。

   A. 复合税　　　　B. 滑准税　　　　C. 选择税　　　　D. 从量税

2. 企业发生的下列支出中，在计算企业所得税应纳税所得额时准予扣除的是（   ）。

   A. 向投资者分配的红利　　　　B. 缴纳的增值税税款
   C. 按规定缴纳的财产保险费　　D. 违反消防规定被处以的行政罚款

3. 下列应税污染物中，在确定计税依据时只对超过规定标准的部分征收环境保护税的是（   ）。

   A. 工业噪声　　　B. 固体废物　　　C. 水污染物　　　D. 大气污染物

4. 下列房产转让的情形中，产权承受方免于缴纳契税的是（   ）。

   A. 以获奖方式承受土地、房屋权属
   B. 将房产赠与非法定继承人
   C. 法定继承人通过继承承受土地、房屋权属
   D. 以预付集资建房款方式承受土地、房屋权属

5. 某税务稽查局2019年6月对辖区内一家企业进行的税务检查时，发现该企业2018年6月转增的注册资金按万分之五的税率缴纳了印花税，检查结束后，检查人员告知该企业可去申请退还印花税已缴纳金额的50%。该检查人员的这一做法遵循的税法使用原则是（   ）。

   A. 税收效率原则　　　　　　　B. 税收公平原则
   C. 法律不溯及既往原则　　　　D. 新法优于旧法原则

6. 下列关于个人所得税专项附加扣除时限的表述中，符合税法规定的是（   ）。

   A. 同一学历继续教育，扣除时限最长不得超过48个月
   B. 住房贷款利息，扣除时限最长不得超过180个月
   C. 子女教育，扣除时间为子女满3周岁当月至全日制学历教育结束的次月
   D. 专业技术人员职业资格继续教育，扣除时间为取得相关证书的次年

7. 某居民企业2018年度境内应纳所得额为1 000万元，设立在甲国的分公司就其境外所得在甲国已纳企业所得税60万元，甲国企业所得税税率为30%，该居民企业2018年企业所得税应纳税所得额是（   ）。

   A. 1 018　　　　B. 940　　　　C. 1 200　　　　D. 1 060

8. 下列商品中，属于消费税征收范围的是（　　）。

A. 高尔夫车　　B. 酒精　　C. 溶剂油原料　　D. 鞭炮药引线

9. 在中国境内未设立机构、场所的非居民企业，计算企业所得税应纳税所得额，所用的下列方法中，符合税法规定的是（　　）。

A. 租金所得以租金收入减去房屋折旧为应纳税所得额

B. 股息所得以收入全额为应纳税所得额

C. 特许权使用费所得以收入减去特许权摊销费用为应纳税所得额

D. 财产转让所得以转让收入减去财产原值为应纳税所得额

10. 下列项目占用耕地，可以直接免征耕地占用税的是（　　）。

A. 机场跑道　　B. 军事设施　　C. 铁路线路　　D. 港口码头

11. 出租车公司向使用本公司自有出租车的司机收取管理费用，应缴纳增值税，该业务属于增值税征税范围中的（　　）。

A. 物流辅助服务　　　　　　B. 交通运输服务

C. 居民日常服务　　　　　　D. 商务辅助服务

12. 下列收入免征个人所得税的是（　　）。

A. 提前退休人员取得的一次性补贴收入

B. 退休人员再任取得的收入

C. 个人在办理内部退养手续后从原任职单位取得的一次性收入

D. 福利费、抚恤金、救济金

13. 下列出口应纳税消费品的行为中，适用消费税免税不退税政策的是（　　）。

A. 商业批发企业委托外贸企业代理出口卷烟

B. 有出口经营权的酒厂出口自产白酒

C. 有出口经营权的外贸企业购进高档化妆品直接出口

D. 外贸企业受其他外贸企业委托代理出口实木地板

14. 甲企业与运输公司签订货物运输合同，记载装卸费20万元，保险费10万元，运输费30万元，则甲企业按"货物运输合同"税目计算缴纳印花税的计税依据为（　　）万元。

A. 40　　B. 30　　C. 60　　D. 50

15. 某进出口公司2019年8月进口摩托车20辆，成交价共计27万元，该公司另支付入关前的运费4万元，保险费无法确定，摩托车关税税率25%，该公司应缴纳的关税为（　　）万元。

A. 6.78　　B. 6.75　　C. 7.77　　D. 7.75

16. 下列可以作为税务行政复议申请人的是（　　）

A. 有权申请行政复议的股份制企业，其股东代表大会

B. 有权申请行政复议的公民下落不明的，其近亲属

C. 有权申请行政复议的公民为限制行为能力人，其法定代理人

D. 有权申请行政复议的法人发生终止的，该法人的法定代表人

17. 下列税费中，应计入车辆购置税计税依据的是（　　）。

A. 购车时随购车款，同时支付的车辆装饰费

B. 购车时支付的增值税

C. 购车时支付的已取得公安交管部门票据的临时牌照费

D. 购车时支付的已取得保险公司票据的保险费

18. 某企业2018年年初占用土地20 000平方米，其中幼儿园占地400平方米，其余为生产经营用地，6月购置一栋办公楼，占地300平方米，该企业所在地城镇土地使用税年税额6元/平方米，则该企业2018年应缴纳城镇土地使用税为（　　）元。

A. 118 500　　　　B. 118 350　　　　C. 119 400　　　　D. 118 650

19. 下列情形中，应从租计征房产税的是（　　）。

A. 融资租赁租出房产的

B. 以居民住宅区内业主共有的经营性房产进行自营的

C. 接受劳务抵付房租的

D. 具有房屋功能的地下建筑自用的

20. 境内机构对外付汇的下列情形中，需要进行税务备案的是（　　）。

A. 境内机构在境外发生差旅费10万美元以上的

B. 境内机构发生在境外的进出口贸易佣金5万美元以上的

C. 境内机构在境外发生会议费10万美元以上的

D. 境内机构向境外支付旅游服务费5万美元以上的

21. 下列经营行为中，属于增值税混合销售行为的是（　　）。

A. 商场销售相机及储存卡

B. 商场销售办公设备并提供送货服务

C. 疗养中心提供住宿并举办健康讲座

D. 健身房提供健身场所并销售减肥药

22. 下列关于纳税信用管理的表述中，符合规定的是（　　）。

A. 税务机关每年2月确定上一年度纳税信用评价结果

B. 实际生产经营期不满3年的纳税人，本评价年度不能评为B级

C. 年度内无生产经营业务收入的企业，不参加本期评价

D. 以直接判级进行纳税信用评价适用于有重大失信行为纳税人

23. 居民个人取得的下列所得，应纳入综合所得计征个人所得税的是（　　）。

A. 偶然所得　　　　　　　　　　　B. 特许权使用费

C. 股息红利所得　　　　　　　　　D. 财产转让所得

24. 位于某县城的甲企业2019年7月缴纳增值税80万元，其中含进口环节增值税20万元，缴纳消费税40万元，其中含进口环节消费税20万元。甲企业当月应缴纳的城市维护建设税为（　　）万元。

A. 2 B. 4 C. 6 D. 8

二、多项选择题（本题型共14小题，每小题1.5分，共21分）

1. 下列各项中，属于车船税征税范围的有（　　）。
   A. 拖拉机　　B. 非机动驳船　　C. 纯电动乘用车　　D. 节能汽车

2. 下列金融业务中，免征增值税的有（　　）
   A. 金融机构间的转贴现业务
   B. 人民银行对金融机构提供贷款业务
   C. 融资租赁公司从事融资性售后回租业务
   D. 商业银行提供国家助学贷款业务

3. 间接转让中国应税财产的交易双方及被间接转让股权的中国居民企业可以向主管税务机关报告股权转让事项，并提交相关资料。下列各项材料中属于相关资料的有（　　）。
   A. 股权转让合同
   B. 间接转让中国应税财产交易双方的公司章程
   C. 境外企业及直接或间接持有中国应税财产的下属企业上两个年度的会计报表
   D. 股权转让前后的企业股权架构图

4. 纳税人对税务机关作出下列行政处罚不服的，可申请行政复议，也可以直接向法院提起行政诉讼的有（　　）。
   A. 收缴发票行为　　B. 暂停免税办理
   C. 没收违法所得　　D. 阻止出入境行为

5. 下列应税污染物中，按污染物排放量折合的污染当量数作为环境保护税计税依据的有（　　）。
   A. 噪声　　B. 水污染物　　C. 大气污染物　　D. 煤矸石

6. 下列选项中，会计师事务所可从事的业务有（　　）。
   A. 税务咨询　　B. 税务策划　　C. 税务顾问　　D. 纳税申报

7. 某商场2019年5月零售的下列首饰中，应缴纳消费税的有（　　）。
   A. 翡翠项链　　B. 金银首饰　　C. 玉石手镯　　D. 钻石戒指

8. 下列进口的货物中，免征关税的有（　　）。
   A. 无商业价值的广告品
   B. 在海关放行前损失的货物
   C. 外国政府无偿援助的物资
   D. 国际组织无偿赠送的货物

9. 居民个人取得的下列收入中，按照劳务报酬项目预扣预缴个人所得税的有（　　）。
   A. 保险营销人员取得的佣金收入
   B. 企业对非雇员以免费旅游形式给予的营销业绩奖励
   C. 仅担任董事而不在该公司任职的个人取得的董事费
   D. 公司职工取得的用于购买企业国有股权的劳动分红

10. 下列取得房产的情形中，免征契税的有（   ）

A. 婚姻关系存续期间夫妻之间变更土地、房屋权属。

B. 非营利性的学校、医疗机构、社会福利机构承受土地、房屋权属用于办公、教学、医疗、科研、养老、救助

C. 承受荒山、荒地、荒滩土地使用权，并用于农、林、牧、渔业生产

D. 个人购买家庭第二套改善型住房

11. 2019 年 7 月，甲市某烟草公司向乙县某烟叶种植户收购了一批烟叶，收购价款 90 万元，价外补贴 9 万元。下列关于烟叶税征收处理表述中，符合税务规定的有（   ）。

A. 纳税人为烟叶种植户　　　　　B. 应在次月 15 日内申报纳税

C. 应在乙县主管税务机关申报纳税　　D. 应纳税额款为 19.8 万元

12. 下列关于城镇土地使用税的纳税义务发生时间的表述中符合税法规定的有（   ）。

A. 纳税人出租房产，自交付出租房产之次月起纳税

B. 纳税人新征用的耕地，自批准征用之次月起纳税

C. 纳税人购置新建商品房，自房屋交付使用之次月起纳税

D. 纳税人出借房产，自出借房产之次月起纳税

13. 在办理税务注销时，对处于税务检查状态，欠款罚款、已缴销增值税专用发票及税控专用设备，且符合下列情形之一的纳税人，可采用"承诺制"容缺办理的有（   ）。

A. 纳税信用等级为 B 级的纳税人

B. 省人民政府引进人才创办的企业

C. 控股母公司的纳税信用级别为 B 级的 M 级纳税人

D. 未达到增值税起征点的纳税人

14. 下列关于所得来源地表述中，符合企业所得税法规定的有（   ）。

A. 股权转让所得按转出方所在地确定

B. 不动产转让所得按不动产所在地确定

C. 特许权使用费所得按收取特许权使用费所得的企业所在地确定

D. 销售货物所得按交易活动发生地确定

三、计算问答题（本题型共 4 小题，共 24 分）

1. 甲卷烟厂为增值税一般纳税人，2019 年 5 月发生的业务如下：

（1）采用分期收款的方式销售 A 类卷烟 180 箱，销售额为 650 万元，合同规定当月收取价款的 70%，实际收到 40%。采用直接收款的方式销售 B 类卷烟 80 箱，销售额为 380 万元。

（2）进口一批烟丝，价款为 300 万元，甲卷烟厂另行承担并支付运抵我国口岸前的运输和保险费用 8 万元。

（3）将 200 箱 B 类卷烟转移给下设的非独立核算门市部，门市部当月将其销售，取得销售额 900 万元。

(4) 外购一批烟丝,增值税专用发票上注明价款165万元,税额21.45万元,当月领用80%用于继续产卷烟。

(5) 税务机关发现,2019年3月甲厂接受乙厂委托加工一批烟丝,甲厂未代收代缴消费税。已知乙厂,提供烟叶的成本为95万元,甲厂收取加工费20万元,乙厂尚未销售收回的烟丝。

(其他相关资料:A类、B类卷烟均为甲类卷烟,甲类卷烟增值税税率为13%,消费税税率为56%加每箱150元,烟丝消费税为30%,进口烟丝关税税率为10%。以上销售额和费用均不含增值税。)

根据上述资料,回答下列问题,如有计算须计算出合计数。

(1) 计算业务(1)当月应缴纳的消费税税额。
(2) 计算业务(2)应缴纳的增值税、消费税额。
(3) 计算业务(3)应缴纳的消费税额。
(4) 计算甲厂国内销售卷烟应缴纳的消费税额。
(5) 计算乙厂应补缴的消费税额,并说明甲厂未代收代缴消费税应承担的法律责任。

2. 居民个人王某及其配偶名下均无住房,在某省会工作并租房居住,2018年9月开始攻读工商管理硕士。2019年王某收入及部分支出如下:

(1) 王某每月从单位领取扣除社会保险费用及住房公积金后的收入为8 000元,截至11月第累计已经预扣预缴个人所得税税款363元。

(2) 取得年终奖48 000元,选择单独计税。

(3) 利用业余时间出版一部摄影集,取得稿费收入20 000元。

(4) 每月支付房租3 500元。

(其他相关资料:以上专项扣除均由王某100%扣除。)

附:综合所得个人所得税税率表暨居民个人工资薪金所得预扣预缴税率表(部分)

级数	全年应纳税所得额(累计预扣预缴应纳税所得额)	预扣率/%	速算扣除数/元
1	不超过36 000元的部分	3	0
2	超过36 000元~144 000元的部分	10	2 520
3	超过144 000元~300 000元的部分	20	16 920

按月换算后的综合所得税率表(部分)

级数	全月应纳税所得额	税率/%	速算扣除数/元
1	不超过3 000元的部分	3	0
2	超过3 000元~12 000元的部分	10	210
3	超过12 000元~25 000元的部分	20	1 410

根据上述资料,回答下列问题,如有计算须计算出合计数。

(1) 计算2019年12月王某应预扣预缴的个人所得税。
(2) 计算王某取得年终奖应纳的个人所得税。

(3) 计算王某取得稿酬应预扣预缴的个人所得税。
(4) 计算王某取得 2019 年综合所得应缴纳的个人所得税税额。
(5) 计算王某就 2019 年综合所得向主管税务机关办理汇算清缴时应补缴的税款或申请的应退税额。

3. 某房地产开发企业拟对其开发的位于县城一房地产项目进行土地增值税清算,该项目相关信息如下:
(1) 2015 年 12 以 10 000 万元竞得国有土地一宗,并按规定缴纳契税。
(2) 该项目 2016 年开工建设,未取得建筑工程施工许可证,建筑工程承包合同注明的开工日期为 3 月 25 日,2019 年 1 月竣工,发生房地产开发成本 7 000 万元;开发费用 3 400 万元。
(3) 该项目所属物业用房建成后产权归全体业主所有,并已移交物业公司使用,物业用房开发成本 500 万元。
(4) 2019 年 4 月,该项目销售完毕,取得含税销售收入 42 000 万元。
(其他相关资料:契税税率 4%,利息支出无法提供金融机构证明,当地省政府规定的房地产开发费用扣除比例为 10%,企业对该项目选择简易计税方法计征增值税。)
根据上述资料,回答下列问题,如有计算须计算出合计数。
(1) 说明该项目选择简易纳税方法计征增值税的理由。
(2) 计算该项目应缴纳的增值税额。
(3) 计算土地增值税时允许扣除的城市维护城建税、教育费附加和地方教育费附加。
(4) 计算土地增值税时允许扣除的开发费用。
(5) 计算土地增值税时允许扣除项目金额的合计数。
(6) 计算该房地产开发项目应缴纳的土地增值税额。

4. 某石化生产企业为增值税一般纳税人,该企业原油生产成本为 1 400 元/吨,最近时期同类原油的平均不含税销售单价为 1 650 元/吨,2019 年 12 月生产经营业务如下(题中涉及原油均为同类同质原油):
(1) 开采原油 8 万吨,采用直接收款方式销售原油 5 万吨,取得不含税销售额 8 250 万元,另外收取含税优质费 9.36 万元。
(2) 11 月份采用分期收款方式销售原油 5 万吨,合同约定分 3 个月等额收回价款,每月应收不含税销售额 2 800 万元,12 月按照合同约定收到本月应收款项并收到上月应收未收含税价款 116 万元及违约金 4.64 万元。
(3) 将开采的原油 1.2 万吨对外投资,取得 10% 的股份,开采原油过程中修井用原油 0.1 万吨;用开采的同类原油 2 万吨移送非独立炼油部门加工生产成品油。
(4) 销售汽油 0.1 万吨,取得不含税销售额 400 万元。
(5) 购置炼油机器设备,取得增值税专用发票,注明税额 24 万元,支付运输费用取得增值税专用发票,注明税额 0.3 万元。
(其他相关资料:原油成本利润率 10%,资源税税率 6%,汽油 1 吨 = 1 388 升,消费税税率1.52元/升,本月取得的相关凭证均符合税法规定,并在当期认证抵扣进项税额。)

要求:根据上述资料,按照下列序号回答问题,如有计算需计算出合计数。

(1) 计算业务(1)应纳资源税。
(2) 计算业务(2)应纳资源税。
(3) 计算业务(3)应纳资源税。
(4) 计算企业当月应纳消费税。
(5) 计算企业当月应纳增值税。

四、综合题(本题型共2小题,共31分)

1. 位于市区的某集团总部为增值税一般纳税人,2019年7月经营业务如下:

(1) 销售一批货物。价税合计2 260万元,因购货方在两天内付款,给予现金折扣,实际收取2 100万元。

(2) 向境外客户提供完全在境外消费的咨询服务,取得30万元。

(3) 向境内客户提供会展服务,取得价税合计金额424万元。

(4) 将一栋位于市区的办公楼对外出租,预收半年的租金价税合计105万元,该楼于2015年购入,选择简易方法计征增值税。

(5) 购买银行非保本理财产品取得收益300万元。

(6) 处置使用过的一台设备,当年采购该设备时按规定未抵扣进项税税额,取得含税金额1.03万元,按购买方要求开具增值税专用发票。

(7) 转让位于市区的一处厂房,取得含税金额1 040万元,该厂房2010年购入,购置价200万元,能够提供购房发票,选择简易方法计征增值税。

(8) 进口一台厢式货车用于运营,关税完税价格为100万元。

(9) 当期的其他进项税额如下:购进一批原材料,取得增值税专用发票注明税额180万元;发生其他无法准确划分用途的支出,取得增值税专用发票注明税额19.2万元。

(其他相关资料:销售货物的增值税税率为13%,进口厢式货车的关税税率为15%,进口业务当月取得海关进口增值税专用缴款书,上述业务涉及的相关票据均已申报抵扣。)

根据上述资料,回答下列问题,如有计算须计算出合计数。

(1) 计算业务(1)的销项税额。
(2) 判断业务(2)是否需要缴纳增值税,并说明理由。
(3) 计算业务(3)的销项税额。
(4) 计算业务(4)应缴纳的增值税额。
(5) 判断业务(5)是否需要缴纳增值税,并说明理由。
(6) 计算业务(6)应缴纳的增值税额。
(7) 计算业务(7)应缴纳的增值税额。

（8）计算业务（8）进口厢式货车应缴纳的关税、车辆购置税和增值税额。

（9）根据业务（9）计算当期不可抵扣的进项税额。

（10）回答主管税务机关是否有权对企业按月计算得出的不可抵扣进项税额进行调整；如果有权调整，应如何调整。

（11）计算当期应向主管税务机关缴纳的增值税额。

（12）计算当期应缴纳的城市维护建设税额和教育费附加、地方教育附加。

2. 位于市区的医药行业上市公司甲为增值税一般纳税人。2018年甲企业实现营业收入100 000万元、投资收益5 100万元；发生营业成本55 000万元、税金及附加4 200万元、管理费用5 600万元、销售费用26 000万元、财务费用2 200万元、营业外支出800万元。甲企业自行计算会计利润为11 300万元。

2019年2月甲企业进行2018年所得税汇算清缴时聘请了某会计师事务所进行审核，发现如下事项：

（1）5月接受母公司捐赠的原材料用于生产应税药品，取得增值税专用发票，注明价款1 000万元、税款160万元，进项税额已抵扣，企业将1 160万元计入资本公积，赠与双方无协议约定。

（2）6月采用支付手续费方式委托乙公司销售药品，不含税价格为3 000万元，成本为2 500万元，药品已经发出；截至2018年12月31日未收到代销清单，甲企业未对该业务进行增值税和企业所得税相应处理。

（3）投资收益中包含直接投资居民企业分回的股息4 000万元、转让成本法核算的非上市公司股权的收益1 100万元。

（4）9月份对甲企业50名高管授予限制性股票，约定服务期满1年后每人可按6元/股购买1 000股股票，授予日股票公允价格为10元/股。12月31日甲企业照企业会计准则进行如下会计处理：

借：管理费用 500 000

  贷：资本公积 500 000

（5）成本费用中含实际发放员工工资25 000万元；另根据合同约定支付给劳务派遣公司800万元，由其发放派遣人员工资。

（6）成本费用中含发生职工福利费1 000万元、职工教育经费2 200万元、拨缴工会经费400万元，工会经费取得相关收据。

（7）境内自行研发产生的研发费用为2 400万元；委托关联企业进行研发，支付研发费用1 600万元，已经收到关联企业关于研发费用支出明细报告。

（8）发生广告费和业务宣传费22 000万元，业务招待费600万元。

（其他相关资料：2018年各月月末"应交税费——应交增值税"科目均无借方余额，2018年企业药品销售适用增值税税率2018年4月30日之前为17%，5月1日以后适用16%。）

根据上述资料，顺序回答下列问题，如有计算须计算出合计数。

（1）回答业务（1）中计入资本公积的处理是否正确并说明理由。

（2）业务（2）中企业增值税和所得税处理是否正确并说明理由。

（3）计算业务（2）应调整的增值税应纳税额、城市维护建设税额、教育费附加及地方教育附加。

（4）计算业务（3）应调整的企业所得税应纳税所得额。

（5）计算业务（4）应调整的企业所得税应纳税所得额。

（6）回答支付给劳务派遣公司的费用能否计入企业的工资薪金总额基数并说明理由。

（7）计算职工福利费应调增的应纳税所得额。

（8）研发费能否扣除？如果不能，计算应调整的应纳税所得额。

（9）计算广告费应调增的应纳税所得额。

（10）计算业务招待费应调增的应纳税所得额。

（11）计算会计利润。

（12）计算应纳税额。

参考答案及解析

一、单项选择题

1.【答案】B

【解析】滑准税是根据货物的不同价格适用不同税率的一类特殊的从价关税。它是一种关税税率随进口货物价格由高至低而由低至高设置计征关税的方法。简单地讲，就是进口货物的价格越高，其进口关税税率越低；进口商品的价格越低，其进口关税税率越高。

2.【答案】C

【解析】选项A，向投资者支付的股息、红利等权益性投资收益款项不得在税前扣除；选项B，缴纳的增值税税款，不影响损益，不得在税前扣除；选项D，纳税人违反国家有关法律、法规规定，被有关部门处以的罚款不得在税前扣除。

3.【答案】A

【解析】应税污染物的计税依据，按照下列方法确定：（1）应税大气污染物按照污染物排放量折合的污染当量数确定；（2）应税水污染物按照污染物排放量折合的污染当量数确定；（3）应税固体废物按照固体废物的排放量确定；（4）应税噪声按照超过国家规定标准的分贝数确定。

4.【答案】C

【解析】法定继承人通过继承承受土地、房屋权属，免征契税。

5.【答案】D

【解析】新法、旧法对同一事项有不同规定时，新法的效力优于旧法。2018年的最新规定，自2018年5月1日起，对按万分之五税率贴花的资金账簿减半征收印花税。因此在2018年6月企业应适用新法，不再适用之前旧法万分之五的规定。

6.【答案】A

【解析】选项B，住房贷款利息，扣除期限最长不超过240个月。选项C，子女教育：学前教育阶段，为子女年满3周岁当月到小学入学前一月；学历教育，为子女接受全日制学历教育入学的当月至全日制学历教育结束的当月。选项D，纳税人接受技能人员职业资格继续教育、专业技术人员职业资格继续教育支出，在取得相关证书的当年定额扣除。

7.【答案】C

【解析】甲国企业取得的境外所得＝60/30%＝200（万元），我国应缴税所得额＝1 000＋200＝1 200（万元）。

8.【答案】C

【解析】溶剂油属于成品油，是消费税的征税范围。

9.【答案】B

【解析】选项A、B、C，股息、红利等权益性投资收益和利息、租金、特许权使用费所得，以收入全额为应纳税所得额；选项D，转让财产所得，以收入全额减除财产净值后的余额为应纳税所得额。

10.【答案】B

【解析】免征耕地占用税的情形：（1）军事设施占用耕地。（2）学校、幼儿园、社会福利机构、医疗机构占用耕地。（3）农村烈士遗属、因公牺牲军人遗属、残疾军人以及符合农村最低生活保障条件的农村居民，在规定用地标准以内新建自用住宅。

11.【答案】B

【解析】出租车公司向使用本公司自有出租车的出租车司机收取的管理费用，按照陆路运输服务缴纳增值税。

12.【答案】D

【解析】福利费、抚恤金、救济金，免征个人所得税。

13.【答案】B

【解析】选项A，不免税也不退税；选项C、D，出口免税并退税。

14.【答案】B

【解析】货物运输合同的计税依据为取得的运输费金额（即运费收入），不包括所运货物的金额、装卸费和保险费等。

15.【答案】C

【解析】关税完税价格＝货价＋运费＋保险费，进口货物的保险费无法确定或者未实际发生，海关应当按照"货价加运费"两者总额的0.3%计算保险费。关税完税价格＝27＋4＋（27＋4）×0.3%＝31.09（万元），关税＝31.09×25%＝7.77（万元）。

16.【答案】C

【解析】有权申请行政复议的公民为无行为能力人或者限制行为能力人，其法定代理人可以代理申请行政复议。

17.【答案】A

【解析】支付的车辆装饰费应作为价外费用并入计税依据中计税。

18.【答案】A

【答案解析】（20 000－400）×6＋300×6×6/12＝118 500（元）。

19.【答案】C

【解析】选项A、B、D，均属于按照房产余值从价计征房产税的情形。

20.【答案】D

【解析】境内机构和个人向境外单笔支付等值5万美元以上（不含等值5万美元下同）不列外汇资

金,除无须进行税务备案的情形外,均应向所在地主管国税机关进行税务备案:(1)境外机构或个人从境内获得的包括运输、旅游、通信、建筑安装及劳务承包、保险服务、金融服务、计算机和信息服务、专有权利使用和特许、体育文化和娱乐服务、其他商业服务、政府服务等服务贸易收入。(2)境外个人在境内的工作报酬/境外机构或个人从境内获得的股息、红利、利润、直接债务利息、担保费以及非资本转移的捐赠、赔偿、税收、偶然性所得等收益和经常转移收入。(3)境外机构或个人从境内获得的融资租赁租金、不动产的转让收入、股权转让所得以及外国投资者其他合法所得。

21. 【答案】B

【解析】一项销售行为如果既涉及货物又涉及服务,为混合销售。选项B,销售货物的同时,提供运输服务,因此属于混合销售行为。

22. 【答案】D

【解析】选项A,税务机关每年4月确定上一年度纳税信用评价结果;选项B,实际生产经营期不满3年的纳税人,本评价年度不能评为A级;选项C,纳税评级管理办法,适用于评价年度内无生产经营业务收入的企业。

23. 【答案】B

【解析】居民个人取得工资、薪金、劳务报酬、稿酬、特许权使用费四项所得为综合所得。

24. 【答案】B

【解析】应缴纳的城市维护建设税=〔(80-20)+(40-20)〕×5%=4(万元)。

二、多项选择题

1. 【答案】BD

【解析】选项A,拖拉机不需要缴纳车船税;选项C,纯电动乘用车不属于车船税征税范围,对其不征车船税。

2. 【答案】ABD

【解析】选项A,金融机构之间开展的转贴现业务免征增值税;选项B,人民银行对金融机构的贷款利息收入免征增值税;选项D,国家助学贷款利息收入免征增值税;选项C,融资性售后回租按贷款服务计算增值税。

3. 【答案】ACD

【解析】间接转让中国应税财产的交易双方及被间接转让股权的中国居民企业可以向主管税务机关报告股权转让事项,并提交以下资料:(1)股权转让合同或协议(为外文文本的须同时附送中文译本);(2)股权转让前后的企业股权架构图;(3)境外企业及直接或间接持有中国应税财产的下属企业上两个年度财务、会计报表;(4)间接转让中国应税财产交易不适用第1条的理由。

4. 【答案】ACD

【解析】申请人对"征税行为"的行为不服的,应当先向行政复议机关申请行政复议;对行政复议决定不服的,可以向人民法院提起行政诉讼。其中,选项B属于征税行为。

5. 【答案】BC

【解析】应税污染物的计税依据,按照下列方法确定:(1)应税大气污染物按照污染物排放量折合的污染当量数确定;(2)应税水污染物按照污染物排放折合的污染当量数确定;(3)应税固体废物按照固体废物的排放量确定;(4)应税噪声按照超过国家规定标准的分贝数确定。

6. 【答案】ABCD

【解析】涉税专业服务机构涉税业务内容:(1)纳税申报代理;(2)一般税务咨询;(3)专业税

务顾问;(4)税收策划;(5)涉税鉴证;(6)纳税情况审查;(7)其他税务事项代理;(8)其他涉税服务。

7.【答案】BD

【解析】金银首饰、铂金首饰、钻石及钻石饰品在零售环节征消费税。

8.【答案】ABCD

【解析】下列货物、物品予以减免关税:(1)关税税额在人民币 50 元以下的一票货物,可免征关税。(2)无商业价值的广告品和货样,可免征关税。(3)外国政府、国际组织无偿赠送的物资,可免征关税。(4)进出境运输工具装载的途中必需的燃料、物料和饮食用品,可予免税。(5)在海关放行前损失的货物,可免征关税。(6)在海关放行前遭受损坏的货物,可以根据海关认定的受损程度减征关税。(7)我国缔结或者参加的国际条约规定减征、免征关税的货物、物品,按照规定予以减免关税。(8)法律规定减征、免征关税的其他货物、物品。

9.【答案】ABC

【解析】公司职工取得的用于购买企业国有股权的劳动分红,按"工资、薪金所得"缴纳个人所得税。

10.【答案】ABC

【解析】有下列情形之一的免征契税:(1)国家机关、事业单位、社会团体、军事单位承受土地、房屋用于办公、教学、医疗、科研和军事设施的,免征契税。(2)法定继承人通过继承承受土地、房屋权属。(3)非营利性的学校、医疗机构、社会福利机构承受土地、房屋权属用于办公、教学、医疗、科研、养老、救助。(4)承受荒山、荒地、荒滩土地使用权,并用于农、林、牧、渔业生产。(5)婚姻关系存续期间夫妻之间变更土地、房屋权属。(6)依照法律规定应当予以免税的外国驻华使馆、领事馆和国际组织驻华代表机构承受土地、房屋权属。

11.【答案】BCD

【解析】选项 A,在中华人民共和国境内依照《中华人民共和国烟叶税暂行条例》的规定收购烟叶的单位为烟叶税的纳税人;选项 B,烟叶税按月计征,纳税人应当于纳税义务发生月终了之日起十五日内申报并缴纳税款;选项 C,纳税人收购烟叶,应当向烟叶收购地的主管税务机关申报缴纳烟叶税纳税;选项 D,纳税人收购烟叶实际支付的价款总额包括纳税人支付给烟叶生产销售单位和个人的烟叶收购价款和价外补贴。其中,价外补贴统一按烟叶收购价款的 10% 计算。收购金额 = 90 ×(1 + 10%)× 20% = 19.8(万元)。

12.【答案】ACD

【解析】本题考察城镇土地使用税纳税义务发生时间。选项 A、D,纳税人出租、出借房产,自交付出租、出借房产之次月起,缴纳城镇土地使用税;选项 B,纳税人新征用的耕地,自批准征用之日起满 1 年时开始缴纳城镇土地使用税;选项 C,纳税人购置新建商品房,自房屋交付使用之次月起,缴纳城镇土地使税。

13.【答案】ABD

【解析】本题考查的变更注销登记。对向市场监管部门申请一般注销的纳税人,税务机关在为其办理税务注销时,进一步落实限时办结规定。对未处于税务检查状态、无欠税(滞纳金)及罚款、已缴销增值税专用发票及税控专用设备,且符合下列情形之一的纳税人,优化即时办结服务,采取"承诺制"容缺办理,即纳税人在办理税务注销时,若资料不齐,可在其作出承诺后,税务机关即时出具清税文书:(1)纳税信用级别为 A 级和 B 级的纳税人。(2)控股母公司纳税信用级别为 A 级的 M 级纳税人。(3) 省级人民政府引进人才或经省级以上行业协会等机构认定的行业领军人才等创办的企业。(4) 未纳入纳税信用级别评价的定期定额个体工商户。(5) 未达到增值税纳税起征点的纳税人主。纳税人应按承诺的时限补齐资料并办结相关事项。若未履行承诺的，税务机关将对其法定代表人、财务负责人纳入纳税信用 D 级管理。选项 C，不符合条件。

14. 【答案】BD

【解析】选项 A，权益性投资资产转让所得按照被投资企业所在地确定；选项 C，利息所得、租金所得、特许权使用费所得，按照负担、支付所得的企业或者机构、场所所在地确定，或者按照负担、支付所得的个人的住所地确定。

三、计算问答题

1. 【答案及解析】

(1) 纳税人采用赊销和分期收款结算方式的，消费税纳税义务的发生时间为书面合同约定的收款日期的当天。

业务 (1) 应缴纳的消费税额 = (650×56% + 180×150/10 000) × 70% + 380×56% + 80×150÷10 000 = 470.69 (万元)。

(2) 业务 (2) 进口烟丝的组成计税价格 = (300+8) × (1+10%) ÷ (1-30%) = 484 (万元)，进口环节应缴纳的增值税 = 484×13% = 62.92 (万元)。

业务 (2) 进口环节应缴纳的消费税 = 484×30% = 145.2 (万元)，业务 (2) 合计应缴纳的增值税、消费税额 = 62.92 + 145.2 = 208.12 (万元)。

(3) 纳税人通过自设非独立核算门市部销售的资 = 应税消费品，应按门市部对外销售额或者销售数量征收消费税。

业务 (3) 应缴纳的消费税额 = 900×56% + 200×150÷10 000 = 507 (万元)。

(4) 将外购烟丝用于连续生产卷烟的，可以按照生产领用量抵扣外购烟丝已纳的消费税。

甲厂国内销售卷烟应缴纳的消费税 = 470.69 + 507 − 165×30%×80% = 938.09 (元)。

(5) 委托加工的应税消费品提货时受托方没有按照规定代收代缴消费税，委托方要补缴税款，收回的应税消费品尚未销售或不能直接销售的，按照组成计税价格计税补缴。

乙厂应补缴的消费税额 = (95+20) ÷ (1-30%) × 30% = 49.29 (万元)。

甲厂未代收代缴消费税，主管税务机关应处以甲厂应代收代缴的消费税 50% 以上 3 倍以下的罚款。

2. 【答案及解析】

(1) 12 月王某应预扣预缴个人所得税 = (8 000×12 − 5 000×12 − 1 500×12 − 400×12) ×3% − 363 = 33 (元)。

2018 年 9 月开始攻读工商管理硕士，2019 年的继续教育支出按 12 个月计算扣除。

(2) 48 000÷12 = 4 000 (元)，税率为 10%，速算扣除数为 210 元。年终奖应纳个人所得税 = 48 000×10% − 210 = 4 590 (元)。

(3) 稿酬预扣预缴个人所得税 = 2 000 × (1−20%) ×70%×20% = 2 240 (元)。

(4) 综合所得应纳税额 = [8 000×12 + 20 000× (1−20%) ×70% − 5 000×12 − 1 500×12 − 400×12] ×3% = 732 (元)。

(5) 王某应申请的退税额 = 363 + 33 + 2 240 − 732 = 1 904 (元)。

3. 【答案及解析】

(1) 未取得《建筑工程施工许可证》的，建筑工程承包合同注明的开工日期在 2016 年 4 月 30 日前的建筑工程项目为房地产老项目。房地产开发企业中的一般纳税人,销售自行开发的房地产老项目,可以选择适用简易计税方法按照5%的征收率计税。

(2) 该项目应缴纳的增值税额 = 42 000 ÷ (1 + 5%) × 5% = 2 000(万元)。

(3) 土地增值税前允许扣除的城市维护建设税、教育费附加和地方教育附加 = 2 000 × (5% + 3% + 2%) = 200(万元)。

(4) 允许扣除的开发费用 = [10 000 × (1 + 4%) + 7 000 + 500] × 10% = 1 790(万元)。

(5) 允许扣除的项目合计 = 10 000 × (1 + 4%) + 7 000 + 500 + 1 790 + 200 + [10 000 × (1 + 4%) + 7 000 + 500] × 20% = 23 470(万元)。

【提示】物业用房建成后产权归全体业主所有,其开发成本可以扣除。

(6) 增值额 = 42 000 ÷ (1 + 5%) − 23 470 = 16 530(万元)。增值率 = 16 530 ÷ 23 470 × 100% = 70.73%。应纳土地增值税 = 16 530 × 40% − 23 470 × 5% = 5 438.5(万元)。

4.【答案及解析】

(1) 业务(1) 应纳资源税 = (8 250 + 9.36 ÷ 1.13) × 6% = 495.50(万元)。

(2) 业务(2) 应纳资源税 = (2 800 + 4.64 ÷ 1.13) × 6% = 168.25(万元)。

(3) 业务(3) 应纳资源税 = (1.2 + 2) × 1 650 × 6% = 316.8(万元)。

(4) 企业当月应纳消费税 = 0.1 × 1 388 × 1.52 = 210.98(万元)。

(5) 企业当月应纳增值税 = (8 250 + 9.36 ÷ 1.13 + 2 800 + 4.64 ÷ 1.13 + 1.2 × 1 650 + 400) × 13% − 24 − 0.3 = 1 723.21(万元)。

四、综合题

1.【答案及解析】

(1) 业务(1) 的销项税额 = 2 260 ÷ (1 + 13%) × 13% = 260(万元)。

(2) 不需要缴纳;向境外客户提供完全在境外消费的咨询服务免增值税。

(3) 业务(3) 销项税额 = 424 ÷ (1 + 6%) × 6% = 24(万元)。

(4) 业务(4) 应缴纳的增值税额 = 105 ÷ (1 + 5%) × 5% = 5(万元)。

(5) 不需要缴纳增值税;非保本理财产品的投资收益不征收增值税。

(6) 业务(6) 应缴纳的增值税额 = 1.03 ÷ (1 + 3%) × 3% = 0.03(万元)。

(7) 业务(7) 应缴纳增值税额 = (1 040 − 200) ÷ (1 + 5%) × 5% = 40(万元)。

(8) 业务(8) 进口厢式货车应缴纳关税额 = 100 × 15% = 15(万元),应缴纳车辆购置税额 = (100 + 15) × 10% = 11.5(万元),应缴纳增值税额 = (100 + 15) × 13% = 14.95(万元)。

(9) 当期不可抵扣的进项税额 = 19.2 × (30 + 100 + 1 + 800) ÷ (2 000 + 30 + 400 + 100 + 1 + 800) = 5.37(万元)。

(10) 有权进行调整;主管税务机关可依据年度数据对不得抵扣的进项税额进行清算。

(11) 当期应向主管税务机关缴纳增值税 = 260 + 24 − [180 + (19.2 − 5.37) + 14.95] + 5 + 0.03 + 40 = 120.25(万元)。

(12) 当月应缴纳的城市维护建设税额 = 120.25 × 7% = 8.42(万元),当月应缴纳的教育费附加 = 120.25 × 3% = 3.61(万元),当月应缴纳的地方教育附加 = 120.25 × 2% = 2.41(万元),合计 = 8.42 + 3.61 + 2.41 = 14.44(万元)。

2.【答案及解析】

(1) 处理错误,因双方无协议约定,不应计入资本公积,应计入营业外收入。

(2) 企业增值税处理错误，所得税处理正确，委托代销货物，未收到代销清单 180 天应视同销售。

(3) 调整增值税应纳税额 = 3 000 × 16% = 480（万元）。

调整城市维护建设税额、教育费附加及地方教育附加 = 480 ×（7% + 3% + 2%）= 57.6（万元）。

(4) 居民企业分回的投资收益属于免税收入，调减应纳税所得额 4 000 万元。

(5) 未到行权日计入管理费用的股权激励不允许扣除，调增应纳税所得额 50 万元。

(6) 企业按照合同约定直接支付给劳务派遣公司的费用，应作为劳务费支出，不能计入企业工资薪金总额的基数。

(7) 职工福利费限额 = 25 000 × 14% = 3 500（万元），未超过限额，不需要调整。职工教育经费 = 25 000 × 8% = 2 000（万元），超过限额，调增应纳税所得额 200 万元。工会经费 = 25 000 × 2% = 500（万元），未超过限额，不需要调整。需要调整的应纳税所得额 = 200（万元）。

(8) 能扣除。应调减应纳税所得额 =（2 400 + 1 600）× 75% = 3 000（万元）。

(9) 广告费限额 = 100 000 × 30% = 30 000（万元），未超过限额，不需要调整。

(10) 业务招待费限额 = 100 000 × 5‰ = 500（万元）；600 × 60% = 360（万元），600 - 360 = 240（万元），超过限额，应调增 240 万元。

(11) 会计利润 = 11 300 + 1 160 - 57.6 = 12 402.4（万元）。

(12) 应纳税所得额 = 12 402.4 - 4 000 + 50 + 200 - 3 000 + 240 = 5 892.4（万元），应纳税额 = 5 892.4 × 25% = 1 473.1（万元）。

2020年注册会计师考试税法真题

一、**单项选择题**（本题型共24小题，每小题1分，共24分）

1. 下列关于城镇土地使用税征收方法的表述中，符合税法规定的是（　　）
   A. 按月计算缴纳
   B. 按半年计算、分期缴纳
   C. 按季计算缴纳
   D. 按年计算、分期缴纳

2. 货物运输合同计征印花税的计税依据是（　　）。
   A. 运费收入
   B. 运费收入加所运货物金额
   C. 运费收入加保险费
   D. 运费收入加装卸费

3. 下列关于税务行政处罚权设定的表述中，符合税法规定的是（　　）。
   A. 省级税务机关可以设定罚款
   B. 税务行政规章对非经营活动中的违法行为设定罚款不得超过1000元
   C. 市级税务机关可以设定警告
   D. 国务院可以设定各种税务行政处罚

4. 在以成交价格估价方法确定进口货物完税价格时，下列各项费用应计入完税价格的是（　　）。
   A. 由买方负担的购货佣金
   B. 在进口货物价款中单独列明的在境内复制进口货物而支付的费用
   C. 在进口货物价款中单独列明的设备进口后发生的维修费
   D. 在进口货物价款中单独列明的设备进口后发生的保修费用

5. 下列车船中，免征车船税的是（　　）。
   A. 洒水车
   B. 双燃料轻型商用车
   C. 非机动驳船
   D. 纯天然气动力船舶

6. 现行证券交易印花税收入在中央政府与地方政府之间划分的比例是（　　）
   A. 100% 归中央政府
   B. 中央政府分享97%，地方政府分享3%
   C. 100% 归地方政府
   D. 中央政府与地方政府各分享50%

7. 下列行为中，属于土地增值税征税范围的是（　　）。
   A. 企业间的房屋置换
   B. 某企业通过福利机构将一套房产无偿赠与养老院
   C. 某人将自有房产无偿赠与子女
   D. 某人将自有的一套闲置住房出租

8. 下列产品中，在计算缴纳消费税时准许扣除外购应税消费品已纳消费税的是（　　）。

A. 外购已税烟丝连续生产的卷烟　　B. 外购已税摩托车生产的应税摩托车
C. 外购已税游艇生产的应税游艇　　D. 外购已税溶剂油生产的应税涂料

9. 下列关于纳税信用修复的表述中，符合税法规定的是（　　）。
A. 非正常户失信行为一个纳税年度内可申请两次纳税信用修复
B. 纳税人履行相应法律义务并由税务机关依法解除非正常户状态的，可在规定期限内向税务机关申请纳税信用修复
C. 主管税务机关自受理纳税信用修复申请之日起30日内完成审核，并向纳税人反馈结果
D. 纳税信用修复完成后，纳税人之前已适用的税收政策和管理服务措施要作追溯调整

10. 居民甲将一套价值为100万元的一居室住房与居民乙交换一套两居室住房，支付给乙换房差价款50万元，当地契税税率为4%。则甲应缴纳的契税为（　　）。
A. 0万元　　B. 6万元　　C. 2万元　　D. 4万元

11. 某居民企业2019年境内应纳税所得额500万元，其在甲国非独立纳税的分支机构发生亏损600万元，则该分支机构可以无限期向后结转弥补的亏损额为（　　）。
A. 0万元　　B. 600万元　　C. 100万元　　D. 500万元

12. 下列关于税务机关在实施税收保全措施时应注意事项的表述中，符合税法规定的是（　　）。
A. 经税务所长批准后即能施行
B. 解除保全措施的时间是收到税款或银行转回的完税凭证之日起1日内
C. 可由1名税务人员单独执行货物查封
D. 税务机关可通知纳税人开户银行冻结其大于应纳税款的存款

13. 因纳税义务人违反规定而造成的少征关税，海关可以自纳税义务人缴纳税款或者货物、物品放行之日起的一定期限内追征。这一期限是（　　）
A. 1年　　B. 10年　　C. 3年　　D. 5年

14. 个人取得的下列利息收入中，应缴纳个人所得税的是（　　）。
A. 财政部发行国债的利息　　B. 国家发行金融债券的利息
C. 个人教育储蓄存款的利息　　D. 企业发行公司债券的利息

15. 某企业成立于2019年5月，其财务人员于2020年4月向聘请的注册会计师咨询可享受企业所得税优惠政策的小型微利企业认定标准。财务人员的下列表述中，符合税法规定的是（　　）。
A. 小型微利企业优惠政策可适用于限制性行业
B. 年度中间开业的小型微利企业从下一实际经营期开始确定相关指标
C. 计算小型微利企业从事人数指标时不包括企业接受的劳务派遣人数
D. 小型微利企业资产总额指标按企业全年的季度平均值确定

16. 居民个人取得的下列所得中，在计缴个人所得税时可享受专项附加扣除的是

(   )。

  A. 综合所得   B. 财产转让所得

  C. 偶然所得   D. 财产租赁所得

17. 下列产品中，属于消费税征税范围的是（   ）。

  A. 果啤   B. 洗发香波   C. 高尔夫车   D. 变压器油

18. 某公司2019年从业人数130人，资产总额2 000万元，年度应纳税所得额210万元，则该公司当年应纳企业所得税为（   ）。

  A. 10.5万元   B. 52.5万元   C. 16万元   D. 42万元

19. 下列增值税应税服务项目中，应按照"租赁服务"计征增值税的是（   ）。

  A. 融资性售后回租   B. 提供会议场地及配套服务

  C. 写字楼广告位出租   D. 航空运输的湿租业务

20. 预约定价安排中确定关联交易利润水平应采取的方法是（   ）。

  A. 中位值法   B. 百分位法   C. 四分位法   D. 八分位法

21. 增值税一般纳税人发生的下列应税行为中，适用6%税率计征增值税的是（   ）。

  A. 提供建筑施工服务

  B. 通过省级土地行政主管部门设立的交易平台转让补充耕地指标

  C. 销售非现场制作食品

  D. 出租2020年新购入的房产

22. 下列开采资源的情形中，依法免征资源税的是（   ）。

  A. 开采稠油

  B. 煤炭开采企业因安全生产需要抽采的煤层气

  C. 开采页岩气

  D. 从衰竭期矿山开采的矿产品

23. 下列关于城市维护建设税税务处理的表述中，符合税法规定的是（   ）。

  A. 纳税人违反增值税、消费税有关规定而加收的滞纳金和罚款，作为城建税的计税依据

  B. 实行增值税期末留抵退税的纳税人，准予从城市维护建设税的计税依据中扣除退还的增值税税额

  C. 海关进口产品代征的增值税应同时代征城市维护建设税

  D. 退还出口产品增值税时应同时退还已缴纳的城市维护建设税

24. 下列房屋及建筑物中，属于房产税征税范围的是（   ）。

  A. 加油站的遮阳棚   B. 建在室外的露天游泳池

  C. 农村的居住用房   D. 位于市区的经营性用房

二、多项选择题（本题型共14小题，每小题1.5分，共21分）

1. 下列排放物中，属于环境保护税征税范围的有（   ）。

A. 危险废物　　　　B. 氮氧化物　　　　C. 交通噪声　　　　D. 二氧化碳

2. 下列转让定价调整方法中，适用于有形资产购销关联交易的有（　　）。

　A. 成本加成法　　　　　　　　　　B. 可比非受控价格法

　C. 再销售价格法　　　　　　　　　D. 交易净利润法

3. 税务行政复议申请人可以在知道税务机关作出具体行政行为之日起60日内提出行政复议申请。下列申请期限计算起点的表述中，正确的有（　　）。

　A. 当场作出具体行政行为的，自具体行政行为作出之日起计算

　B. 被申请人能够证明申请人知道具体行政行为的，自证据材料证明其知道具体行政行为之日起计算

　C. 载明具体行政行为的法律文书直接送达的，自受送达人签收之日起计算

　D. 具体行政行为依法通过公告形式告知受送达人的，自公告之日起计算

4. 增值税一般纳税人的下列项目中，不得抵扣进项税额的有（　　）。

　A. 支付给境外的技术服务费，取得解缴税款的完税凭证

　B. 支付给某银行的利息支出，取得银行开具的增值税专用发票

　C. 支付给某酒店的餐费，取得酒店开具的增值税专用发票

　D. 接受银行贷款服务时，支付给银行与该笔贷款有关的融资顾问费

5. 下列关于房产税计税依据的表述中，符合税法规定的有（　　）。

　A. 融资租赁房屋的，以房产余值计算缴纳房产税

　B. 纳税人对原有房屋进行改建、扩建的，要相应增加房屋的原值

　C. 经营租赁房屋的，以评估价格计算缴纳房产税

　D. 房屋出典的，由承典人按重置成本计算缴纳房产税

6. 对下列增值税应税行为计算销项税额时，按照差额确定销售额的是（　　）。

　A. 贷款服务　　　　　　　　　　　B. 金融商品转让

　C. 一般纳税人提供客运场站服务　　D. 经纪代理服务

7. 应税船舶在吨税执照期限内发生的下列情形中，海关可按照实际发生天数批注延长吨税执照期限的有（　　）。

　A. 避难并不上下客货的　　　　　　B. 防疫隔离不上下客货的

　C. 武装警察部队征用的　　　　　　D. 补充供给不上下旅客的

8. 消费税纳税人销售货物一并收取的下列款项中，应计入消费税计税依据的有（　　）。

　A. 增值税税款

　B. 运输发票开给购货方收回的代垫运费

　C. 价外收取的返还利润

　D. 销售白酒收取的包装物押金

9. 企业破产清算时涉及的下列款项中，税务机关在人民法院公告的债权申报期限内，应向管理人申报的有（　　）。

A. 所欠各种税款　　　　　　　　B. 因特别纳税调整产生的利息
C. 滞纳金及罚款　　　　　　　　D. 企业欠缴的教育费附加

10. 从事生产、经营的个人取得的下列所得中，应按照"经营所得"项目计征个人所得税的有（　　）。

A. 提供有偿咨询服务的所得　　　B. 从事个体出租车运营的所得
C. 投资上市公司的股息所得　　　D. 从事彩票代销业务的所得

11. 企业取得的下列各项收入中，应缴纳企业所得税的有（　　）。

A. 接受捐赠收入　　　　　　　　B. 确实无法偿付的应付账款
C. 逾期未退包装物押金收入　　　D. 企业资产溢余收入

12. 下列关于研发费用加计扣除政策的表述中，符合企业所得税法规定的有（　　）。

A. 企业委托境外机构的研发费用可全额加计扣除
B. 按规定对研发人员进行股权激励的支出可作为人员人工费用全额加计扣除
C. 委托关联企业开展研发活动发生的费用可按照实际发生额70%加计扣除
D. 临时聘用且直接参与研发活动临时工的劳务费用可全额加计扣除

13. 以下列方式取得的车辆中，应缴纳车辆购置税的有（　　）。

A. 购置的二手汽车　　　　　　　B. 以受赠方式取得的自用汽车
C. 自产自用的汽车　　　　　　　D. 购买自用的汽车

14. 下列情形中的增值税专用发票，应列入异常凭证范围的有（　　）。

A. 纳税人丢失的税控设备中已开具并上传的增值税专用发票
B. 经税务总局大数据分析发现纳税人未按规定缴纳消费税的增值税专用发票
C. 非正常户纳税人未向税务机关申报缴纳税款的增值税专用发票
D. 经税务总局大数据分析发现纳税人涉嫌虚开的增值税专用发票

三、计算问答题（本题型共4小题，24分）

1. 某房地产开发公司是增值税一般纳税人，2020年5月，拟对其开发的位于市区的写字楼项目进行土地增值税清算。该项目资料如下：

（1）2016年1月以8 000万元竞得国有土地一宗，并按规定缴纳契税。

（2）2016年3月开始动工建设，发生房地产开发成本15 000万元，其中包括装修费用4 000万元。

（3）发生利息支出3 000万元，但不能提供金融机构贷款证明。

（4）2020年3月，该项目全部销售完毕，共计取得含税销售收入42 000万元。

（5）该项目已预缴土地增值税450万元。

（其他相关资料：契税税率为5%，利息支出不能提供金融机构贷款证明，当地省政府规定的房地产开发费用的扣除比例为10%，计算土地增值税允许扣除的有关税金及附加共计240万元，该公司对项目选择简易计税方法计缴增值税）

要求：根据上述资料，按照下列序号回答问题，如有计算需计算出合计数。

（1）说明该项目应进行土地增值税清算的原因。

(2) 计算土地增值税时允许扣除的取得土地使用权支付的金额。
(3) 计算该项目应缴纳的增值税额。
(4) 计算土地增值税时允许扣除的开发费用。
(5) 计算土地增值税时允许扣除项目金额的合计数。
(6) 计算该房地产开发项目应补缴的土地增值税额。

2. 甲公司为未在我国境内设立机构场所的非居民企业，2019年发生的与我国境内相关的部分业务如下：

(1) 1月20日，向我国境内乙公司投资2 000万元，持有乙公司10%的股权。

(2) 3月15日，委托我国境内丙公司，为其一项境外工程项目提供工程监理服务，合同注明价款为人民币80万元。

(3) 6月20日，为乙公司的一笔借贷资金提供担保服务，该笔借贷资金占乙公司全部借贷资金的20%，取得不含增值税担保费收入20万元（该笔借贷资金来自非金融机构）。

(4) 12月30日，乙公司按持股比例向甲公司分派股息10万元。

（其他相关资料：假设1美元折合人民币7元，甲公司在中国境内无常设机构，不考虑税收协定因素）

要求：根据上述资料，按照下列序号回答问题，如有计算需计算出合计数。

(1) 判断甲公司和乙公司是否构成关联关系并说明理由。
(2) 判断丙公司是否需要缴纳增值税并说明理由。
(3) 判断乙公司支付的担保费是否需要进行税务备案并说明理由。
(4) 计算业务（4）中乙公司应代扣代缴的预提所得税

3. 居民个人王某在某省会城市工作，其两个子女分别就读于中学和小学。2019年王某与个人所得税汇算清缴相关的收入及支出如下：

(1) 全年领取扣除按规定比例缴纳的社保费用和住房公积金后的工资共计180 000元，单位已为其预扣预缴个人所得税9 480元。

(2) 在工作地所在城市无自有住房，租房居住每月支付房租5 000元。将其位于另一城市的自有住房出租，每月取得租金收入4 500元。

（其他相关资料：以上专项附加扣除均由王某100%扣除，王某当年并未向单位报送其专项附加扣除信息；不考虑出租房产涉及的其他税费。）

附：综合所得个人所得税税率表（部分）

级数	全年应纳税所得额	税率（%）	速算扣除数
1	不超过36 000元的	3	0
2	超过36 000～144 000元的部分	10	2 520
3	超过144 000～300 000元的部分	20	16 920

要求：根据上述资料，按照下列序号回答问题，如有计算需计算出合计数。

(1) 计算王某2019年度出租房产应缴纳的个人所得税。

（2）回答王某是否可以享受2019年度专项附加扣除，如果可以，回答办理的时间期限和受理税务机关。

（3）计算王某2019年度可申请的综合所得退税额。

（4）王某如需办理2019年度个人所得税汇算清缴，回答其可选择哪些办理的渠道。

4．某涂料生产公司甲为增值税一般纳税人，2020年7月发生如下业务：

（1）5日以直接收款方式销售涂料取得不含税销售额350万元；以预收货款方式销售涂料取得不含税销售额200万元，本月已发出销售涂料的80%。

（2）12日赠送给某医院20桶涂料用于装修，将100桶涂料用于换取其他厂家的原材料。当月不含税平均销售价500元/桶，最高不含税销售价540元/桶。

（3）15日委托某乙涂料厂加工涂料，双方约定由甲公司提供原材料，材料成本80万元，乙厂开具的增值税专用发票上注明加工费10万元（含代垫辅助材料费用1万元）、增值税1.3元。乙厂无同类产品对外销售。

（4）28日收回委托乙厂加工的涂料并于本月售出80%，取得不含税销售85万元。

（其他相关资料：涂料消费税税率4%。）

要求：根据上述资料，按照下列序号回答问题，如有计算需计算出合计数。

（1）计算业务（1）甲公司应缴纳的消费税。

（2）计算业务（2）甲公司应缴纳的消费税。

（3）计算由乙厂代收代缴的消费税。

（4）说明业务（4）甲公司是否应缴纳消费税。如应缴纳，计算消费税应纳税额。

四、综合题（本题型共2小题，31分）

1．某饮料生产企业甲为增值税一般纳税人，适用企业所得税税率25%。2019年度实现营业收入80 000万元，自行核算的2019年度会计利润为5 600万元，2020年5月经聘请的会计师事务所审核后，发现如下事项：

（1）2月份收到市政府支持产业发展拨付的财政激励资金500万元，会计处理全额计入营业外收入，企业将其计入企业所得税不征税收入，经审核符合税法相关规定。

（2）3月份转让持有的部分国债，取得收入1 285万元，其中包含持有期间尚未兑付的利息收入20万元。该部分国债按照先进先出法确定的取得成本为1 240万元。

（3）5月份接受百分之百控股母公司乙无偿划转的一台设备。该设备原值3 000万元，已按税法规定计提折旧500万元，其市场公允价值为2 200元。该业务符合特殊性重组条件，企业选择采用特殊性税务处理。

（4）6月份购置一台生产线支付的不含税价格为400万元，会计核算按照使用期限5年、预计净残值率5%计提了累计折旧，企业选择一次性在企业所得税前进行扣除。

（5）发生广告费和业务宣传费用7 300万元，其中300万元用于冠名的真人秀于2020年2月制作完成并播放，企业所得税汇算清缴结束前尚未取得相关发票。

（6）成本费用中含发放的合理职工工资6 000万元，发生的职工福利费900万元、职工教育经费500万元，取得工会经费代收凭据注明的拨缴工会经费100万元。

(7) 发生业务招待费800万元。

(8) 12月1日签订两项借款合同，向非关联供货商借款1 000万元，向银行借款4 000万元，未计提印花税。甲于2020年3月1日补缴印花税税款及滞纳金，借款合同印花税税率为0.05‰。

(9) 企业从2013年以来经税务机关审核后的应纳税所得数据如下表：

年份	2013年	2014年	2015年	2016年	2017年	2018年
应纳税所得额（万元）	-4 000	-2 000	-600	1 200	1 800	3 000

要求：根据上述资料，按照下列顺序计算回答问题，如有计算需计算出合计数。

(1) 回答税法关于财政性资金计入企业所得税不征税收入的相关条件。

(2) 计算业务(1)应调整的企业所得税应纳税所得额。

(3) 回答企业转让不同时间购买的同一品种国债时，税法规定转让成本的确定方法。

(4) 计算业务(2)应调整的企业所得税应纳税所得额。

(5) 业务(3)符合特殊性税务重组，请确认甲公司接受无偿划转设备的计税基础。

(6) 计算业务(4)应调整的企业所得税应纳税所得额。

(7) 计算业务(5)应调整的企业所得税应纳税所得额。

(8) 计算业务(6)应调整的企业所得税应纳税所得额。

(9) 计算业务(7)业务招待费应调整的企业所得税应纳税所得额。

(10) 计算业务(8)应调整的企业所得税应纳税所得额。

(11) 计算2019年企业所得税前可弥补的亏损额。

(12) 计算2019年甲企业应缴纳的企业所得税。

2. 位于市区的某餐饮企业为增值税一般纳税人。2019年12月经营业务如下：

(1) 当月取得餐饮服务收入价税合计848万元，通过税控系统实际开票价款为390万元。

(2) 将一家经营不善的餐厅连同所有资产、负债和员工一并打包转让给某个体工商户，取得转让对价100万元。

(3) 向居民张某租入一家门面房用于餐厅经营，合同约定每月租金为3万元，租期为12个月，签约后已在本月一次性支付全额租金。

(4) 当月向消费者发行餐饮储值卡3 000张，取得货币资金300万元；当月消费者使用储值卡购买了该餐饮企业委托外部工厂生产的点心礼盒，确认不含税收入100万元。

(5) 将其拥有的某上市公司限售股在解禁流通后对外转让，相关收入和成本情况如下：

股数	初始投资成本（元/股）	IPO发行价（元/股）	售价（元/股）
500 000	1.20	6.82	10.00

(6) 转让其拥有的一个餐饮品牌的连锁经营权，取得不含税收入300万元。

(7) 当月申报抵扣的进项税额合计40万元，其中包含：由于仓库管理员失职丢失的一批食品,进项税额为3万元;外购用于公司周年庆典的装饰用品,进项税额为4万元;外购用于发放给优秀奖员工的手机,进项税额为2万元。

(8) 该企业符合增值税加计抵减的条件,上期末加计抵减余额为6万元。

(其他相关资料:财产租赁合同的印花税税率为0.1%。)

要求:根据上述资料,按照下列顺序计算回答问题,如有计算需计算出合计数。

(1) 计算业务(1)的销项税额。
(2) 判断业务(2)是否需要缴纳增值税,并说明理由。
(3) 判断业务(3)张某个人出租房屋是否可以享受增值税免税待遇,并说明理由。
(4) 计算业务(3)餐饮企业应缴纳的印花税。
(5) 计算业务(4)的销项税额。
(6) 计算业务(5)的销项税额。
(7) 计算业务(6)的销项税额。
(8) 计算当期可以加计抵减的进项税额。
(9) 计算当期应缴纳的增值税。
(10) 计算当期应缴纳的城市维护建设税、教育费附加及地方教育附加。

参考答案及解析

一、单项选择题

1. 【答案】D

【解析】城镇土地使用税实行按年计算、分期缴纳的征收方法,具体纳税期限由省、自治区、直辖市人民政府确定。

2. 【答案】A

【解析】货物运输合同的计税依据为取得的运输费金额,不包括所运货物的金额、装卸费和保险费等。

3. 【答案】B

【解析】选项A、C,国家税务总局可以通过规章的形式设定警告和罚款;选项D,国务院可以通过行政法规的形式设定除限制人身自由以外税务行政处罚。

4. 【答案】D

【解析】选项A,由买方负担的除购货佣金以外的佣金和经纪费计入完税价格(由买方负担的除购货佣金不计入关税完税价格);选项B,为在境内复制进口货物而支付的费用,不计入关税完税价格;选项C,厂房、机械、设备等货物进口后的基建、安装、装配、维修和技术服务的费用,不计入完税价格。

5. 【答案】D

【解析】选项A,无免税优惠,照章纳税;选项B、C,减半征收车船税。

6. 【答案】A

【解析】自2016年1月1日起,将证券交易印花税由按中央97%、地方3%比例分享全部调整为中央收入。

7. 【答案】A

【解析】选项B、C，房屋的继承、赠与（特指直系亲属或承担直接赡养义务人和公益性赠与）行为不缴纳土地增值税；选项D，出租未发生房产的权属转移，不发生土地增值税的纳税义务，不征收土地增值税。

8. 【答案】A

【解析】选项B、C、D，不得扣除外购应税消费品的已纳税额。

9. 【答案】B

【解析】选项A，非正常户失信行为纳税信用修复一个纳税年度内只能申请一次；选项C，主管税务机关自受理纳税信用修复申请之日起15个工作日内完成审核，并向纳税人反馈信用修复结果；选项D，纳税信用修复完成后，纳税人按照修复后的纳税信用级别适用相应的税收政策和管理服务措施，之前已适用的税收政策和管理服务措施不作追溯调整。

10. 【答案】C

【解析】土地使用权交换、房屋交换，以所交换的土地使用权、房屋的价格差额为计税依据，由支付差价的一方缴纳契税。甲应纳契税税额＝50×4%＝2（万元）。

11. 【答案】D

【解析】如果企业当期境内外所得盈利额与亏损额加总后和为负数（500－600＝－100），则以境外分支机构的亏损额超过企业盈利额部分的实际亏损额（100万元），按规定的期限进行亏损弥补，未超过盈利额部分的非实际亏损额（500万元）可无限期向后结转弥补。

12. 【答案】B

【解析】选项A，经县以上税务局（分局）局长批准才可以采取税收保全措施；选项C，税务机关执行扣押、查封商品、货物或者其他财产时，必须由2名以上税务人员执行，并通知被执行人；选项D，税收保全措施中应冻结纳税人"相当于"应纳税款的存款。

13. 【答案】C

【解析】因纳税人违反规定而造成的少征或者漏征税款，自纳税人缴纳税款或者货物、物品放行之日起3年内追征。

14. 【答案】D

【解析】国债和地方政府债券利息（选项A）、国家发行的金融债券利息（选项B）、储蓄存款利息（选项C），属于免税的利息。

15. 【答案】D

【解析】选项A，符合条件的小微企业是指全部生产经营活动产生的所得均负有我国企业所得税纳税义务且从事国家非限制和禁止行业的企业（包括采取查账征收方式和核定征收方式的企业）；选项B，年度中间开业或者终止经营活动的，以其实际经营期作为一个纳税年度确定相关指标；选项C，从业人数包括与企业建立劳动关系的职工人数和企业接受劳务派遣用工人数；选项D，从业人数和资产总额指标，应按企业全年的季度平均值确定。

16. 【答案】A

【解析】纳税人取得综合所得可以扣除专项附加扣除。

17. 【答案】A

【解析】选项A，果啤属于啤酒，征收消费税；选项B，高档化妆品的征税范围包括高档美容、修饰类化妆品及高档护肤类化妆品和成套化妆品，其中美容、修饰类化妆品是指香水、香水精、香粉、口红、指甲油、胭脂、眉笔、唇笔、蓝眼油、眼睫毛以及成套化妆品，不包括洗发香波；选项C，电动汽车、沙滩车、雪地车、卡丁车、高尔夫车，不征收消费税；选项D，变压器油、导热类油等绝缘油类产品不属于润滑油，不征收消费税。

18．【答案】C

【解析】小型微利企业认定标准：同时符合年度应纳税所得额不超过300万元、从业人数不超过300人、资产总额不超过5 000万元三个条件的企业。小型微利企业的税收优惠：自2019年1月1日至2021年12月31日，对小型微利企业年应纳税所得额不超过100万元的部分，减按25%计入应纳税所得额；对年应纳税所得额超过100万元的部分但不超过300万元的部分，减按50%计入应纳税所得额，按20%的税率缴纳企业所得税。应纳税额＝100×25%×20%＋（210－100）×50%×20%＝16（万元）。

19．【答案】C

【解析】选项A，融资性售后回租业务按照"贷款服务"缴纳增值税；选项B，宾馆、旅馆、旅社、度假村和其他经营性住宿场所提供会议场地及配套服务的活动，按照"会议展览服务"缴纳增值税；选项D，航空运输服务的湿租业务，属于航空运输服务。

20．【答案】C

【解析】预约定价安排采用四分位法确定价格或者利润水平，在预约定价安排执行期间，如果企业当年实际经营结果在四分位区间之外，税务机关可以将实际经营结果调整到四分位区间中位值。

21．【答案】B

【解析】选项A，提供建筑服务，适用9%的税率；选项B，属于转让无形资产，适用6%增值税率；选项C，销售非现场制作食品不属于餐饮服务而是属于销售货物，适用13%或者9%的税率；选项D，属于不动产经营租赁服务，适用9%的税率。

22．【答案】B

【解析】选项A，开采稠油、高凝油减征40%资源税；选项C，自2018年4月1日至2021年3月31日，对页岩气资源税（按6%的规定税率）减征30%；选项D，高含硫天然气，三次采油和从深水（超过300米）油气田开采原油、天然气，从衰竭期矿山开采的矿产品减征30%资源税。

23．【答案】B

【解析】选项A，纳税人违反增值税、消费税有关规定而加收的滞纳金和罚款，不作为城建税的计税依据；选项C、D，城建税适用"进口不征，出口不退"。

24．【答案】D

【解析】选项A、B，房产税以房产为征税对象，所谓房产，是指有屋面和围护结构（有墙或两边有柱），能够遮风避雨，可供人们在其中生产、学习、工作、娱乐、居住或储藏物资的场所，对于建在室外的露天游泳池、遮阳棚不属于房产税的征税范围；选项C，房产税的征税范围为城市、县城、建制镇和工矿区，不包括农村。

二、多项选择题

1．【答案】AB

【解析】环境保护税征税范围的应税污染物是指规定的大气污染物（不包括二氧化碳）、水污染物、固体废物和噪声（仅包括工业噪声）。

2．【答案】ABD

【解析】选项C，再销售价格法，通常适用于再销售者未对商品进行改变外形、性能、结构或更换商标等实质性增值加工的简单加工或单纯购销业务。

3.【答案】ABC

【解析】申请人可以在知道税务机关作出具体行政行为之日起60日内提出行政复议申请。申请期限的计算,依照下列规定办理:

(1) 当场作出具体行政行为的,自具体行政行为作出之日起计算。(选项A)

(2) 载明具体行政行为的法律文书直接送达的,自受送达人签收之日起计算。(选项C)

(3) 载明具体行政行为的法律文书邮寄送达的,自受送达人在邮件签收单上签收之日起计算;没有邮件签收单的,自受送达人在送达回执上签名之日起计算。

(4) 具体行政行为依法通过公告形式告知受送达人的,自公告规定的期限届满之日起计算。

(5) 税务机关作出具体行政行为时未告知申请人,事后补充告知的,自该申请人收到税务机关补充告知的通知之日起计算。

(6) 被申请人能够证明申请人知道具体行政行为的,自证据材料证明其知道具体行政行为之日起计算。(选项B)

4.【答案】BCD

【解析】选项A,允许抵扣进项税额。

5.【答案】AB

【解析】选项C,房屋出租的,以房产租金收入为房产税的计税依据;选项D,产权出典的房产,由承典人依照房产余值缴纳房产税。

6.【答案】BCD

【解析】贷款服务,以提供贷款服务取得的全部利息及利息性质的收入为销售额。

7.【答案】ABC

【解析】在吨税执照期限内,应税船舶发生下列情形之一的,海关按照实际发生的天数批注延长吨税执照期限:

(1) 避难、防疫隔离、修理、改造,并不上下客货;

(2) 军队、武装警察部队征用。

8.【答案】CD

【解析】选项A,销售额为纳税人销售应税消费品向购买方收取的全部价款和价外费用,不包括增值税。选项B,价外费用是指价外向购买方收取的基金、集资费、返还利润、补贴、违约金、延期付款利息、手续费、包装费、优质费、代收款项、代垫款项以及其他各种性质的价外收费。但同时符合以下条件的代垫运输费用不包括在内:(1) 承运部门的运输费用发票开具给购买方的;(2) 纳税人将该项发票转交给购买方的。

9.【答案】ABCD

【解析】税务机关在人民法院公告的债权申报期限内,向管理人申报企业所欠税款(含教育费附加、地方教育附加)、滞纳金及罚款。因特别纳税调整产生的利息,也应一并申报。

10.【答案】ABD

【解析】选项C,应按照"利息、股息、红利"项目计征个人所得税。

11.【答案】ABCD

【解析】(1) 企业以货币形式和非货币形式从各种来源取得的收入,为收入总额。包括:销售货物收入;提供劳务收入;转让财产收入;股息、红利等权益性投资收益;利息收入;租金收入;特许权使用费收入；接受捐赠收入（选项A）；其他收入。(2) 其他收入包括企业资产溢余收入（选项D）、逾期未退包装物押金收入（选项C）、确实无法偿付的应付款项（选项B）、已作坏账损失处理后又收回的应收款项、债务重组收入、补贴收入、违约金收入、汇兑收益等。

12. 【答案】BD

【解析】选项A，委托境外进行研发活动发生的费用，按照费用实际发生额的80%计入委托方的委托境外研发费用。委托境外研发费用不超过境内符合条件的研发费用三分之二的部分，可以按规定在企业所得税前加计扣除；选项C，企业委托外部机构或个人进行研发活动所发生的费用，按照费用实际发生额的80%计入委托方研发费用并计算加计扣除，受托方不得再进行加计扣除。

13. 【答案】BCD

【解析】车辆购置税的纳税人是指在中华人民共和国境内购置应税车辆的单位和个人。其中购置是指以购买、进口、自产、受赠、获奖或者其他方式取得并自用应税车辆的行为。

14. 【答案】BCD

【解析】符合下列情形之一的增值税专用发票，列入异常凭证范围：

（1）纳税人丢失、被盗税控专用设备中未开具或已开具未上传的增值税专用发票；

（2）非正常户纳税人未向税务机关申报或未按规定缴纳税款的增值税专用发票；

（3）增值税发票管理系统稽核比对发现"比对不符""缺联""作废"的增值税专用发票；

（4）经税务总局、省税务局大数据分析发现，纳税人开具的增值税专用发票存在涉嫌虚开、未按规定缴纳消费税等情形的；

（5）属于《国家税务总局关于走逃（失联）企业开具增值税专用发票认定处理有关问题的公告》（国家税务总局公告2016年第76号）第二条第（一）项规定情形的增值税专用发票。

三、计算问答题

1. 【答案及解析】

（1）符合下列情形之一的，纳税人应进行土地增值税的清算：① 房地产开发项目全部竣工、完成销售的；② 整体转让未竣工决算房地产开发项目的；③ 直接转让土地使用权的。本题中该项目全部销售完，应进行土地增值税清算。

（2）计算土地增值税时允许扣除的取得土地使用权支付的金额 = $8\,000 \times (1 + 5\%) = 8\,400$（万元）。

（3）该项目应缴纳的增值税额 = $42\,000 \div (1 + 5\%) \times 5\% = 2\,000$（万元）。

（4）计算土地增值税时允许扣除的开发费用 = $(8\,400 + 15\,000) \times 10\% = 2\,340$（万元）。

（5）计算土地增值税时允许扣除项目金额的合计数 = $8\,400 + 15\,000 + 2\,340 + 240 + (8\,400 + 15\,000) \times 20\% = 30\,660$（万元）。

（6）增值额 = $42\,000 - 2\,000 - 30\,660 = 9\,340$（万元）。

增值率 = $9\,340 \div 30\,660 = 30.46\%$，适用税率30%。

该房地产开发项目应缴纳的土地增值税额 = $9\,340 \times 30\% = 2\,802$（万元）。

该房地产开发项目应补缴的土地增值税额 = $2\,802 - 450 = 2\,352$（万元）。

2. 【答案及解析】

（1）甲公司和乙公司构成关联关系。

理由：双方存在持股关系或者同为第三方持股，虽持股比例未达到25%的规定比例，但双方之间借贷资金总额占任一方实收资本比例达到50%以上，或者一方全部借贷资金总额的10%以上由另一方担保（与独立金融机构之间的借贷或者担保除外）。

（2）不需要缴纳增值税。

理由：境内单位提供的工程项目在境外的工程监理服务，免征增值税。

（3）不需要进行税务备案。

理由：境内机构和个人向境外单笔支付等值5万美元以上（不含等值5万美元）的外汇资金，除无须进行税务备案的情形外，均应向所在地主管税务机关进行税务备案。

5万美元=5×7=35（万元人民币），乙公司支付的担保费20万元低于35万元，也就是低于5万美元，所以不需要进行税务备案。

（4）应代扣代缴的所得税=10×10%=1（万元）。

3.【答案及解析】

（1）王某2019年度出租房产应缴纳的个人所得税=4 500×（1-20%）×10%×12=4 320（元）。

（2）① 王某可以享受2019年度的专项附加扣除。

② 纳税人办理2019年度汇算的时间为2020年3月1日至6月30日。

③ 纳税人自行办理或受托人为纳税人代为办理2019年度汇算的，向纳税人任职受雇单位所在地的主管税务机关申报；有两处及以上任职受雇单位的，可自主选择向其中一处单位所在地的主管税务机关申报。纳税人没有任职受雇单位的，向其户籍所在地或者经常居住地的主管税务机关申报。

扣缴义务人在年度汇算期内为纳税人办理年度汇算的，向扣缴义务人的主管税务机关申报。

（3）综合所得全年应纳税额=（180 000-60 000-1 000×2×12-1 500×12）×10%-2 520=5 280（元）。

2019年度汇算应退税额=9 480-5 280=4 200（元）。

（4）可以通过以下渠道办理：

渠道一：网络办税渠道办理。纳税人可优先通过网上税务局（包括个人所得税APP）办理年度汇算，税务机关将按规定为纳税人提供申报表预填服务。

渠道二：通过邮寄方式或到办税服务厅办理。选择邮寄申报的，纳税人需将申报表寄送至任职受雇单位（没有任职受雇单位的，为户籍或者经常居住地）所在省、自治区、直辖市、计划单列市税务局公告指定的税务机关。

4.【答案及解析】

（1）业务（1）甲公司应缴纳的消费税=350×4%+200×80%×4%=20.4（万元）。

纳税人采取直接收款方式销售应税消费品的，其纳税义务的发生时间为收讫销售款或者取得索取销售款凭据的当天。纳税人采取预收货款结算方式销售应税消费品的，其纳税义务的发生时间为发出应税消费品的当天。

（2）业务（2）甲公司应缴纳的消费税=20×500×4%+100×540×4%=2 560（元）。

应税消费品用于换取生产资料、消费资料、投资入股、抵偿债务的，按照同类应税消费品的最高销售价格计算消费税。将自产应税消费品用于馈赠、赞助、集资、职工福利、奖励的，按照同类应税消费品的平均销售价格计算消费税。

（3）业务（3）乙厂代收代缴的消费税=（80+10）÷（1-4%）×4%=3.75（万元）。

（4）受托方的计税依据=（80+10）÷（1-4%）×80%=75（万元）<销售价格85万元。应缴纳的消费税=85×4%-75×4%=0.4（万元）。

需要缴纳消费税，委托方将委托加工的应税消费品收回后，以高于受托方的计税价格出售的，需按照规定申报缴纳消费税，在计税时准予扣除受托方已代收代缴的消费税。

四、综合题

1. 【答案及解析】

（1）企业从县级以上各级人民政府财政部门及其他部门取得的应计入收入总额的财政性资金，凡同时符合以下条件的，可以作为不征税收入，在计算应纳税所得额时从收入总额中减除：

① 企业能够提供规定资金专项用途的资金拨付文件；

② 财政部门或其他拨付资金的政府部门对该资金有专门的资金管理办法或具体管理要求；

③ 企业对该资金以及以该资金发生的支出单独进行核算。

（2）业务（1）应调减企业所得税应纳税所得额500万元。

（3）企业在不同时间购买同一品种国债的，其转让时的成本计算方法，可在先进先出法、加权平均法、个别计价法中选用一种。计价方法一经选用，不得随意改变。

（4）国债利息收入免税，业务（2）应调减企业所得税应纳税所得额20万元。

（5）受让企业取得转让企业资产的计税基础，以被转让资产的原有计税基础确定。甲公司接受无偿划转设备的计税基础＝3 000－500＝2 500（万元）。

（6）会计已经计提的累计折旧＝400×（1－5%）÷5×6÷12＝38（万元）。

业务（4）应调减的企业所得税应纳税所得额＝400－38＝362（万元）。

（7）300万元冠名费由于企业所得税汇算清缴结束前尚未取得相关发票，不得扣除。

广宣费扣除限额＝80 000×30%＝24 000（万元）＞7 000（7 300－300）（万元），7 000万元可以扣除。业务（5）应调增的企业所得税应纳税所得额＝300（万元）。

（8）职工福利费扣除限额＝6 000×14%＝840（万元）＜900（万元），应调增60万元。

职工教育经费扣除限额＝6 000×8%＝480（万元）＜500（万元），应调增20万元。

工会经费扣除限额＝6 000×2%＝120（万元）＞100（万元），无须调整。

业务（6）合计应调增企业所得税应纳税所得额＝60＋20＝80（万元）。

（9）业务招待费扣除限额1＝80 000×5‰＝400（万元），业务招待费扣除限额2＝800×60%＝480（万元），二者取孰低。

业务（7）业务招待费应调增的企业所得税应纳税所得额＝800－400＝400（万元）。

（10）应补缴的印花税＝4 000×0.05‰＝0.2（万元），滞纳金不得税前扣除。

业务（8）应调减的企业所得税应纳税所得额＝0.2（万元）。

（11）2019年企业所得税前可弥补的亏损额＝600（万元）。

（12）应纳税所得额＝5 600－500－20－362＋300＋80＋400－0.2－600＝4 897.8（万元）。

2019年甲企业应缴纳的企业所得税＝4 897.80×25%＝1 224.45（万元）。

2. 【答案及解析】

（1）业务（1）的销项税＝848÷（1＋6%）×6%＝48（万元）。

（2）业务（2）不需要缴纳增值税。

理由：纳税人在资产重组过程中，通过合并、分立、出售、置换等方式，将全部或部分实物资产以及与其相关联的债权、负债和劳动力一并转让给其他单位和个人，不属于增值税的征税范围，不征收增值税。

（3）可以享受增值税免税待遇。

理由：其他个人采取一次性收取租金出租不动产，取得的租金收入，可以在对应的租赁期内平均分摊，分摊后的月租金收入不超过10万元的，免征增值税。

（4）业务（3）餐饮企业应缴纳的印花税 = 3 × 12 × 1‰ × 10 000 = 360（元）。

（5）业务（4）销项税额 = 100 × 13% = 13（万元）。

接受单用途卡持卡人充值取得的预收资金，不缴纳增值税。

（6）业务（5）销项税额 =（10 - 6.82）× 500 000 ÷（1 + 6%）× 6% ÷ 10 000 = 9（万元）。

公司首次公开发行股票并上市形成的限售股，以及上市首日至解禁日期间由上述股份孳生的送、转股，以该上市公司股票首次公开发行（IPO）的发行价为买入价。

（7）业务（6）销项税额 = 300 × 6% = 18（万元）。

（8）可以加计抵减的进项税额 = 40 - 3 - 2 = 35（万元）。

（9）销项税额合计 = 48 + 13 + 9 + 18 = 88（万元）。

准予抵扣的进项税额 = 35（万元）。

本期计提的加计抵减额 = 35 × 15% = 5.25（万元）。

当期可抵减加计抵减额 = 6 + 5.25 = 11.25（万元）。

增值税应纳税额 = 88 - 35 - 11.25 = 41.75（万元）。

（10）应缴纳的城市维护建设税、教育费附加和地方教育附加 = 41.75 ×（7% + 3% + 2%）= 5.01（万元）。